문명연구 총서 5

계몽주의와 근대문명의 재조명

문명연구 총서 5

계몽주의와 근대문명의 재조명

이한구 · 김현구 · 정용덕 편

경희대학교 출판문화원

발간사

이 책은 2014년부터 지금까지 계속되고 있는 '인류 문명의 새로운 패러다임에 관한 탐구' 세미나의 결과물이다. 대주제는 '인류 문명의 새로운 패러다임에 대한 탐구'이지만, 소주제는 정치, 경제, 사회, 문화 등 인류 사회가 당면한 다양한 주제들을 다루었다. 시간이 지나면서 비슷한 주제들로 묶일 수 있는 논문들이 축적되었다. 그동안 개최된 70여 회의 세미나 결실이 문명연구 총서로 출간되고 있다.

이 세미나는 대주제가 암시하듯이 문명의 전환 시기에 논의할 수 있는 다양한 주제들을 다루면서, 특히 세 가지 차원에 초점을 맞추었다. 첫 번째는 농업혁명과 산업혁명에 이은 세 번째 혁명인 정보혁명이 진행되면서 인류 문명이 어떻게 변화하고 있는지를 밝히는 것이고, 두 번째는 이런 문명의 전환이 어떤 새로운 문제점들을 야기하고 있는가를 진단하는 일이며, 세 번째는 이런 문제점들을 해결하기 위한 방책을 제시하는 것이다. 말하자면, 인류 문명에 대한 새로운 이해, 문제점 진단, 새로운 패러다임의 제시를 통한 처방 등 세 영역이라 할 수 있다.

문명에 관한 저서는 꽤 많이 출간됐지만, 지나치게 전문적이거나 거대 담론에만 치우친 경우가 많다. 이 책은 이런 부류와는 다른 특색을 갖는다. 너무 전문적인 수준도 아니지만, 너무 거대 담론에만 치우쳐 실증적 근거가 약한 상태도 아니다. 어느 정도 수준의 전문성을 가지면서도 일반인이 읽을 수 있는 담론을 담았다.

《현대 문명의 전환》, 《자유주의와 민주주의의 새로운 모색》, 《과학기술 문명에 대한 성찰》, 《인공지능과 포스트휴먼》에 이어 이번에 《계몽주의와 근대문명의 재조명》을 총서 5권으로 출간하게 되었다.

계몽주의는 단순히 과거의 사상운동이 아니라, 현대 문명의 근간을 이루는 철학적 토대이자 우리 자신을 이해하는 중요한 프리즘이다. 임마누엘 칸트가 "계몽이란 인간이 스스로의 미성숙으로부터 벗어나는 것"이라고 정의했듯이, 계몽주의는 이성과 자율성을 통해 인간이 미신과 독단으로부터 해방되고 스스로의 사고를 책임지는 존재로 나아가야 한다는 신념을 핵심으로 삼는다. 이는 스스로의 이성(Vernunft)을 비판적으로 사용하여 세계를 이해하고 변화시키려는 의지를 촉구하는 것이기도 하다. 이처럼 계몽주의는 인간의 주체성을 확립하고 개인의 자유와 권리에 대한 인식을 심화시켰으며, 과학적 사고와 진보에 대한 믿음을 확산시키는 데 결정적인 역할을 했다.

그러나 계몽주의가 드리운 빛이 밝았던 만큼 그 그림자 또한 짙었다. 계몽주의는 합리성을 기반으로 보편적 진리를 추구했지만, 이성의 폭주는 전체주의와 제국주의 같은 비극으로 이어지기도 했으며, 인간의 주체성을 강조하면서도 자연과의 관계를 도구적으로 파악하여 환경문제를 야기하는 단초를 제공하기도 했다. 또한 합리주의적 주체의 개념이 서구중심적이고 남성중심적인 편향을 가졌다는 비판 또한 꾸준히 제기되어왔다.

우리는 《계몽주의와 근대문명의 재조명》을 통해 계몽주의가 남긴 유산을 무비판적으로 수용하기보다는 그 빛과 그림자를 동시에 직시하고자 한다. 18세기 계몽사상이 당대의 사회적·정치적 문제를 해결하기 위한 철학적 시도였다면, 21세기를 살아가는 우리는 계몽주의가 놓친 것, 그리고 그 한계가 현재 우리에게 어떤 문제로 나타나고 있는지를 철학적으로 성찰해야 할 상황에 놓여 있다. 단순히 지식을 늘리는 것을 넘어, 진정한 의미에서의 지혜를 추구하고, 서로 다른 존재들이 공존할 수 있는 새로운 윤리적 상상력을 발휘하는 것이야말로 오늘날 계몽주의를 재조명하는 진정한 의미일 것이다.

이번 총서 5권은 바로 이러한 문제의식에서 출발하여 근대문명의 형성 원리를 계몽주의라는 사상적 기획 속에서 되짚고, 그것의 현재적 의미와 한계를 탐문하려는 철학적 시도이다. 인간 중심성과 진보의 이상을 재해석하고, 그것이 오늘의 현실에서 어떻게 재구성될 수 있는지를 묻는 이 작업은 문명사적 전환기에 문명의 본질을 다시 묻는 일과 맞닿아 있다.

2025년 10월

인류사회재건연구원장 이한구

목차

제2부 계몽주의의 비판적 계승

서문

이한구*

계몽주의는 18세기 유럽을 중심으로 일어난 지적 혁명이자, 인간의 이성과 합리성을 중심에 둔 사상적 전환이었다. "과감히 알려고 하라(Sapere aude)!"는 칸트의 외침처럼, 계몽주의는 무지와 미신으로부터 벗어나려는 인간의 자율성과 비판적 사고의 선언이었다. 이 운동은 과학, 철학, 정치, 교육 등 다양한 분야에서 근대문명의 기초를 놓았으며, 이후 민주주의, 인권, 법치주의 같은 현대적 가치로 연결되었다.

계몽주의의 핵심은 이성과 진보에 대한 믿음이었다. 당시의 철학자들과 사상가들은 자연법과 보편 윤리를 통해 인간 사회를 합리적으로 설계할 수 있다고 보았다. 뉴턴의 과학적 발견은 자연의 질서를 인간 이성으로 이해 가능하다는 확신을 제공했고, 이는 인간 사회 역시 합리적으로 재구성할 수 있다는 낙관적 전망으로 이어졌다. 볼테르, 루소, 디드로, 몽테스키외 등은 이러한 세계관을 토대로 정치 체제, 교육, 언론, 종교 등에 대한 개혁을 주장했다.

계몽주의는 단지 학문적 사조에 그치지 않고 실제 역사적 전환점으로 이어졌다. 프랑스혁명은 계몽주의 사상이 현실 정치에 적용된 대표

* 경희대학교 석좌교수, 인류사회재건원장, 대한민국학술원 회원.

적 사례로 자유, 평등, 박애의 가치를 실현하려 했다. 물론 혁명은 피를 동반했고, 그 후속 과정에서 권위주의가 다시 고개를 들기도 했다. 그러나 이러한 역사적 과정을 통해 근대적 시민사회와 헌정 질서, 공공성의 개념이 자리 잡게 되었다.

오늘날 우리는 계몽주의로부터 많은 혜택을 누리고 있다. 언론의 자유, 정교분리, 보편 교육, 인권 존중 등은 모두 계몽주의 정신에 뿌리를 두고 있다. 그러나 동시에 계몽주의의 그림자도 함께 성찰해야 한다. 이성과 진보를 절대시한 나머지, 인간의 감성이나 공동체적 가치, 자연과의 조화가 경시되기도 했다. 특히 식민주의 이데올로기의 정당화에 계몽주의 담론이 일부 동원되었다는 점은 간과할 수 없는 비판 지점이다.

근대문명은 계몽주의를 바탕으로 눈부신 발전을 이루었지만, 오늘날 우리는 이 사상적 유산을 비판적으로 재조명해야 할 시점에 와 있다. 기술의 발전과 정보화 사회의 도래는 인간 이성과 지식의 확장을 넘어, 오히려 정보의 홍수 속에서 진실이 왜곡되고 인간성이 소외되는 아이러니를 초래하고 있다. 디지털 시대의 '탈-진실(post-truth)' 현상은 계몽주의의 합리성과 진리 추구의 가치가 얼마나 위협받고 있는지를 여실히 보여주고 있다.

또한 계몽주의가 강조한 개인의 자율성과 보편적 이성은 오늘날 다양성과 차이의 문제를 충분히 포용하지 못한 채 경직된 기준이 되기도 한다. 페미니즘, 탈식민주의, 생태철학 등은 기존 계몽 담론의 한계와 배제의 문제를 비판하며 새로운 방향의 사유를 요구하고 있다. 그럼에도 계몽주의 정신, 즉 질문하고 성찰하며 권위를 비판하는 태도는 여전히 현대사회가 지향해야 할 핵심 가치로 남아 있다.

결국 계몽주의는 완성된 사상이 아니라 여전히 '진행 중인 과제'다.

이성과 과학, 자유와 평등이라는 원칙을 현대적 맥락 속에서 재해석하고, 그것이 배제한 것들을 포용하는 방향으로 확장할 필요가 있다. 계몽주의의 정신을 계승하되, 21세기적 문제의식과 연결하여 문명의 지속 가능한 발전을 도모해야 한다.

계몽주의를 다시 조명한다는 것은 단순한 회고가 아니다. 그것은 오늘날 우리가 무엇을 믿고, 어떤 가치를 기준으로 사회를 설계할 것인가에 대한 질문이다. 우리는 다시 묻고, 다시 설계해야 한다. 계몽주의는 과거의 유산이자, 미래 문명을 위한 출발점이기도 하다.

제1부의 첫 번째 글인 〈계몽주의와 열린사회의 이념적 기초〉(이한구)는 열린사회가 단순히 20세기의 이념이 아니라, 그 근원적 뿌리를 계몽주의에 두고 있으며, 프랑스 시민혁명의 핵심 가치인 자유, 평등, 박애를 심화하고 발전시킨 형태라고 주장한다. 이 논문은 계몽주의의 핵심 사상을 이성, 과학, 자유주의, 자연권 그리고 진보라는 다섯 가지 관점에서 분석한다. 계몽주의 시대의 이성은 전통이나 계시가 아닌, 경험을 통찰하고 진리를 탐구하는 인간 최고의 능력으로 여겨졌으며, 뉴턴의 과학적 방법론에 큰 영향을 받았다. 이성의 발전은 물활론적 사고를 배제하고 기계론적 자연관을 확립하며, 인간과 지구의 우주적 지위를 재정립했다. 또한 계몽주의는 개인의 자유와 권리를 최우선 가치로 삼는 자유주의, 인간이 태어나면서부터 가지는 천부적 권리인 자연권, 그리고 시민의 합의에 기반한 정부의 정당성을 주장하는 사회계약론을 발전시켰다. 이 시기 사상가들은 인류 역사가 이성에 기반한 문명사회를 향해 무한히 진보할 것이라는 확신을 가졌다.

이러한 계몽주의를 바탕으로 열린사회는 개인주의적 존재론, 비판주의적 인식론 그리고 역공리주의적 사회윤리를 통해 그 정체성을 드러낸다. 열린사회는 개인이 사회의 근본 단위이며, 사회나 국가는 개인의 자유와 권리 보호를 위해 존재한다고 본다. 특히 자유의 역설을 극복하기 위해 국가가 경제적 약자를 보호하는 복지국가를 지향하며, 이는 고전적 자유주의의 한계를 넘어서는 지점이다. 인식론적으로 열린사회는 인간 이성의 오류 가능성을 인정하고 절대적 진리를 거부하며, 권력자에 대한 비판의 자유를 가장 중요한 가치로 삼는다. 윤리적으로는 최대 다수의 최대 행복을 추구하는 전통적 공리주의 대신 모든 이의 최소 고통을 지향하는 역공리주의를 주장하며, 존 롤즈의 정의로운 사회 원칙과도 맥을 같이한다.

이 논문은 열린사회가 계몽적 기획의 발전 형태임을 비판적 이성, 자유주의 그리고 인권이라는 세 가지 연결고리를 통해 논증한다. 열린사회는 독단적 이성을 거부하고 비판적 이성에 기반하며, 고전적 자유주의의 한계를 인식하고 사회적 자유주의로 확장하여 국가의 적극적인 역할을 인정한다. 또한 계몽주의가 가졌던 인권 개념의 시대적·사회적 한계를 넘어 보편적 인권을 주장하며 시민적·정치적 권리뿐 아니라 교육, 노동, 건강과 같은 사회적 권리까지 포괄하여 모든 이의 품위 있는 삶을 위한 사회적 책임을 강조한다.

계몽주의는 그 실현 과정에서 예상치 못한 부정적 측면, 즉 이성의 도구화, 전체주의적 경향 그리고 문화산업과 대중 기만이라는 일탈을 낳았다. 이성은 본래의 해방적 목적을 상실하고 효율성과 통제의 도구로 변질되었으며, 이는 전체주의적 억압과 문화의 상업화를 통한 대중 기만으로 이어졌다. 열린사회는 이러한 문제들을 계몽주의의 필연적 결과가 아닌 일탈로 규정하고, 비판적 이성과 도구적 이성의 균형을 통해 이를 극복하고자 한다. 열린사회는 비판적 사고를 기르는 교육, 건전한 시민사회, 그리고 권력으로부터 독립된 공론장 등을 통해 현대사회에서 소외된 비판적 이성을 복권하고, 독단적 체제에 대항하는 민주주의를 수호하려 한다.

〈스코틀랜드 계몽주의와 사익: 애덤 스미스를 중심으로〉(신중섭)는 18세기 스코틀랜드 계몽주의 사상가들이 인간의 사익을 도덕적·사회적 질서의 토대로 정당화한 과정을 탐구하며, 고전적 자유주의의 한 축을 형성한 사상적 흐름을 밝힌다. 당시 스코틀랜드는 영국과의 연합(1707) 이후 정치적 자율성을 유지하면서 상업 발전과 도시화가 급속히 진행되는 사회 변화를 겪었고, 이런 변화의 한복판에서 사익과 공익, 이성과 감성, 개인과 사회의 긴장과 조화를 새롭게 조명했다.

스코틀랜드의 대표적 사상가인 애덤 스미스, 데이비드 흄, 애덤 퍼거슨 등은 인간을 단순한 이기적 존재가 아닌 정념과 감정을 지닌 도덕적 주체로 이해했다. 특히 스미스는《도덕감정론》에서 인간의 도덕 판단이 이성보다 공감(sympathy)과 감정적 반응에서 비롯된다고 주장하며, 개인이 '공정한 관찰자'의 시선을 내면화함으로써 타인에 대한 도덕적 판단과 자기 규율이 가능하다고 보았다.

스미스는《국부론》에서 자유로운 시장에서의 사익 추구가 보이지 않는 손에 의해 사회 전체의 부를 증진시킨다고 설명했다. 그러나 그는 동시에 도덕적 감정과 사회적 규범이 사익 추구의 폭주를 견제하는 중요한 장치라고 강조했다. 한편 흄은 사익이 사회적 습관과 제도를 통해 조정되고 길들여질 수 있다고 보았고, 퍼거슨은 사익과 공익이 충돌하는 현실에서 도덕적 성찰과 정치적 참여를 통한 균형의 중요성을 강조했다.

결국 이 논문은 스코틀랜드 계몽주의가 사익을 단순한 이기심이 아닌 인간 내면의 공감 능력과 도덕 감정을 기반으로 한 질서를 토대로 해석함으로써 자유주의의 인간관과 윤리관을 풍부하게 확장했다는 점을 강조한다. 이는 개인의 자유를 극대화하면서도 공동체적 규범을 존중하는 복합적 자유주의 모델로, 오늘날의 정치철학과 경제윤리 논의에 중요한 통찰을 제공한다.

〈계몽과 근대국가 형성: 일반적 특성을 중심으로〉(정용덕)는 계몽주의가 근대국가 형성에 미친 사상적·제도적 영향을 종합적으로 고찰한다. 계몽주의는 과학과 이성, 인권과 자유, 정치경제학 등 다양한 분야에서 근대 질서와 제도를 창출한 총체적 전환기의 이념이었다. 인간 이성에 대한 신뢰를 바탕으로 기존 신정 질서와 전통 권위를 비판하며, 개인의 자유와 공공 이익을 조화시키는 국가 관념을 촉진했다.

17세기 이후 근대국가는 중앙집권화를 통해 행정력, 징세 능력, 군사력 등을 획기적으로 증대시켰고, 계몽주의는 이를 정당화하는 이념적 기반이 되었다. 정치경제학 발전은 자유시장과 공공질서 유지를, 홉스의 《리바이어던》은 절대권력의 필요성을, 루소와 로크는 사회계약과 인민주권 관념으로 근대국가의 정당성을 뒷받침했다.

막스 베버가 정리했듯이 계몽주의는 근대관료제 발전을 통해 행정 합리화를 촉진함으로써 근대국가가 법과 합리성을 바탕으로 하는 탈사인적 지배체제로 이행하도록 도왔다. 권력의 분화와 제도화를 통해 국가가 강제력 외에 교육, 복지, 공공서비스로 국민 통합과 규범 형성 또한 주도하도록 했다. 이로써 군주 주권은 국민 주권으로, 신민은 시민으로 전환되었다.

이 논문은 근대국가 형성의 특성을 영토 전역에 대한 합법적 폭력의 독점과 대외적 주권 확립, 행정의 관료제화, 국민 통합 이데올로기화로 일반화하며, 이 모든 요소가 계몽주의 이념과 긴밀히 연결됨을 설명한다. 근대국가는 물리적 강제력뿐 아니라 감시·규제·사회화 장치로 국민 행위와 인식을 재구성하는 '인프라 권력' 또한 행사한다.

결론적으로 계몽주의는 근대국가 탄생의 사상적 기초이며, 근대국가는 이를 제도적·조직적 틀로 구체화했다. 이는 오늘날 민주국가가 법치, 공공성, 시민권 등 핵심 가치를 유지하는 데 필수적 기반이 되었다.

〈계몽주의의 갱신을 위한 선결과제 고찰〉(강학순)은 계몽주의가 오늘날에도 유효한지에 대한 문제에서 출발해 현대적 갱신 가능성과 그 조건들을 분석한다. 칸트가 정의한 '이성을 사용할 용기'라는 명제를 바탕으로, 계몽주의가 여전히 자율성, 자유, 인권, 비판정신의 핵심 이념임을 인정하면서도 18세기 모델을 그대로 계승할 수는 없다고 본다. 이에 탈식민주의와 다문화주의 시대에 맞는 '계몽 2.0' 개념을 제시한다.

전통적 계몽주의가 지닌 자기모순에 주목하며, 이성 중심주의가 인간의 감성과 문화적 다양성, 자연에 대한 감각을 소외시켰음을 지적한다. 베버의 '세계의 탈마법화' 개념과 포스트식민주의 관점에서 계몽이 서구중심주의와 결합해 타문화를 억압하고 지배하는 이데올로기로 작용한 점도 비판한다. 계몽의 갱신은 단순 계승이 아니라 자기비판적 성찰을 포함해야 한다고 강조한다.

볼테르의 《캉디드》를 통해 낙관주의와 합리성에 대한 맹목적 신뢰가 초래한 비극적 결과를 성찰하지만, 비판적 이성과 인간 존엄, 자유에 대한 믿음은 여전히 유효하다고 본다. 다만 그것은 획일적 규범이 아닌 다양성과 차이를 수용하는 비판적 실천으로 재구성되어야 하며, 푸코의 자기 배려, 마르쿠제의 일차원적 인간 비판, 하버마스의 의사소통 행위 이론 등이 이를 뒷받침한다.

결론적으로 이 논문은 기존 계몽주의 이념과 오류를 함께 되돌아보며 새롭게 구성해야 할 '계몽 2.0'의 필수 실천 과제로 생태적 감수성, 감정과 정서의 중요성, 제국주의적 잔재 성찰, 세계 시민성 등을 제시한다.

〈탈진실 시대와 칸트의 계몽주의 정신〉(정제기)은 21세기 정보화 시대에 나타난 '탈진실(post-truth)' 현상과 칸트의 계몽주의 정신의 의미를 탐구한다. 탈진실은 사실보다 감정과 믿음이 여론을 좌우하는 사회적 특징으로, SNS와 알고리즘이 사용자들을 자기 확증 편향의 울타리 안에 가두어 비판적 사고를 약화시키는 현상이다. 칸트는 계몽을 '이성의 자율적 사용'으로 정의하며 무지와 권위, 종교적 맹신에서 벗어나 스스로 사고하고 판단하는 능력을 강조했다. 하지만 현대 정보 환경은 가짜 뉴스, 확증 편향, 군중심리 조장 등으로 계몽 실천을 어렵게 만든다. 여기에 AI 기술 결합은 개인들이 무엇을 왜 믿는지에 대한 비판적 점검을 더욱 어렵게 하여 '무지를 선택하는 사람들' 시대가 도래하도록 만들고 있다. 이로 인해 칸트가 경고했던 자발적 복종의 상태가 재현되고 있다는 우려가 커지고 있다.

이에 저자는 계몽의 현대적 실천이 과거의 단순 반복이 아니라, 현재 상황에 맞는 새로운 '이성의 정치학'을 구성하는 작업이어야 한다고 본다. 계몽은 비판적 사고력, 사실 존중, 공공성에 기반한 담론 그리고 시민 자율성 회복을 통해 이루어져야 하며, 이는 '탈진실' 시대를 위한 대안적 사회 모델과도 긴밀히 연결된다. 또한 정치적 무관심과 냉소주의를 넘어서기 위해 이성에 기반한 실천적 참여가 필요하며, 이는 칸트가 강조한 '공적 이성'의 부활과 밀접한 관련이 있다. 결론적으로, 칸트의 '스스로 생각하라'는 명제는 여전히 유효하며, 인간이 인간답게 살기 위한 가장 근본적인 윤리적 요청으로서 오늘날 더욱 절실한 과제로 부각되고 있다.

〈계몽사상의 서구보편주의를 넘어서: 한국 사회과학의 한국화 논리〉(김현구)는 18세기 유럽 계몽주의에 의해 유발된 서구 중심의 보편주의를 비판적으로 성찰하면서 '다원적 보편주의'로 나아가야 함을 논한다. 계몽주의가 인류 보편의 이성과 진보를 강조했지만, 그 실상은 유럽 외 타문화와 문명을 열등하게 규정하거나 배제하는 방식으로 전개되었다. 이 논문은 우리 학문의 근대화 과정에 노정된 서구보편주의의 한계와 극복을 분석적으로 조명한다.

저자는 우리가 근대 초입부터 일제의 식민 지배로 말미암아 지적 전통이 단절·왜곡된 상태에서 서구의 근대 학문을 받아들이기 시작했던 지성사적 내력에 주목한다. 적잖은 그 여파로 서구보편주의 틀에 갇힌 한국 사회과학은 아직도 온전한 자기 정체성을 확립하지 못하고 있다고 본다. 이것이 어디 사회과학만의 문제이겠는가. 계몽사상에서 비롯된 서구보편주의는 과학문명과 근대 학문의 확산에 기여한 바도 있지만, 이제 우리가 넘어서야 할 근대의 유산이다.

저자는 진리에 대한 실증주의 편향적 접근, 서구식 단일 근대성, 보편-특수 이분법, 독점적 보편성 등을 경계하면서 서구중심주의의 폐쇄성과 권력성을 비판한다. 다원주의 인식론을 통해 장소성과 보편성, 전통과 근대, 주체성과 관계성이 공존할 수 있는 이론적 틀을 제시한다.

결론적으로, 이 논문은 서구 계몽주의에 기반한 이성과 진보 개념이 여전히 유용하지만, 타문화를 도외시하는 배타적 '지배 논리'로 기능해서는 안 된다고 본다. 인류 사회에 진정한 보편적 인식의 지평을 넓혀가기 위해서는, 맥락성과 상호성을 전제로 다양성과 통일성의 조화를 모색하는 경쟁적 '공존의 원리'인 '다원적 보편주의'가 필요하다는 것이다. 저자는 이러한 열린 보편주의가 21세기 세계 시민사회에서 다양한 문화 간 대화와 교류를 통해 실현되어야 할 시대적 과제임을 강조한다. 이는 계몽주의의 비판적 갱신이자 세계사적 사유 재구성에 대한 요청이다.

〈칼 포퍼의 역사주의 비판〉(이한구)은 '역사주의'가 가진 복잡한 의미를 명확히 하고, 칼 포퍼의 관점을 중심으로 그 문제점을 분석한다. 논문은 역사주의를 역사개성주의(historism)와 역사법칙주의(historicism) 두 가지 유형으로 분류하고, 각각의 문제점을 현대 인식론적 관점에서 재구성한다.

역사개성주의는 역사를 개별적 사건들의 독특한 개성과 발전 그리고 유기적인 연관성으로 설명한다. 모든 사건이 일회적이고 독특한 가치를 지니며, 끊임없이 변화하고 발전하는 과정 속에 있다고 본다. 그러나 이러한 개별성 강조는 필연적으로 역사적 상대주의를 함축하여 보편타당한 진리나 가치를 부정한다. 이는 특정 패러다임 안에서만 진리가 유효하며, 패러다임 간에는 비교나 통약이 불가능하다는 '인식론적 닫힌 체계'와 같다. 또한 역사개성주의는 개별 사건에 집중해 일반적 구조를 간과하고, 역사적 변화의 원인을 설명하지 못하며, 결국 국가권력을 신성화하는 전체론적 경향으로 이어질 수 있다는 비판을 받는다.

역사법칙주의는 역사가 거시적인 역사법칙에 의해 지배된다고 주장하며, 이를 통해 미래를 예측할 수 있다고 믿는다. 이는 사회 전체가 개인으로 환원될 수 없는 실재이며, 그 발전을 지배하는 법칙이 존재한다는 '사회적 전체론'과 '역사적 결정론'에 기반한다. 그러나 포퍼는 인간 지식의 성장이 예측 불가능하므로 인간 역사의 미래 과정 역시 예측할 수 없다고 반박한다. 즉, 역사적 예측의 근거가 되는 과학적 이론은 불가능하며, 이는 역사법칙주의의 근본적인 오류임을 지적한다. 더욱이 역사법칙주의는 정해진 역사적 목표를 향해 사회를 강제적으로 통제하려는 정치적 전체주의를 정당화할 위험이 있다.

이 논문은 역사개성주의의 상대주의와 역사법칙주의의 결정론이 모두 정당화될 수 없다고 결론짓는다. 역사개성주의가 주장하는 '통약 불가능성'은 이성의 자율성과 자기 초월성을 부정하는 오류이며, 역사법칙주의의 '역사 법칙'은 대부분 단순한 추세이거나, 기껏해야 개인 행위 법칙에 수반되는 이차적인 법칙에 불과하다고 설명한다. 따라서 이러한 법칙이 존재한다고 해서 역사적 결정론이나 전체주의가 정당화될 수 없다.

궁극적으로 이 논문은 역사적 닫힌 체계를 '역사적 열린 체계'로, 역사법칙을 '합리성의 원리'로 대체해야 한다고 강조한다. 이성은 역사적 제약에도 불구하고 오류를 수정하고 한계를 뛰어넘어 전진하는 비판적 능력을 가지고 있으며, 이러한 '역사적으로 열린 체계'야말로 진리의 상대주의와 정치적 전체주의를 극복하는 반역사주의의 핵심이라고 역설한다.

〈존 롤즈의 자유주의적 관용론〉(박정순)은 존 롤즈 자유주의 철학에서 핵심적인 '관용' 개념을 분석하며, 자유주의 사회에서 관용이 어떻게 정립되었는지를 면밀히 살핀다. 롤즈는《정의론》과《정치적 자유주의》에서 서로 상충하는 도덕적·종교적 신념들이 공존할 수 있는 조건을 '공정으로서의 정의' 틀 안에서 설명한다. 관용은 단순한 인내를 넘어 다양한 관점의 공존을 가능케 하는 제도적·윤리적 장치로 이해한다.

롤즈는 '비관용에 대한 관용'이라는 역설적 문제를 제기한다. 이는 자유주의 사회가 비자유적인 신념을 일정 범위 내에서 관용하되, 그 신념이 사회질서를 위협하면 제한할 수 있음을 뜻한다. 이 개념은 '공공이성'과 '중첩적 합의'라는 두 핵심 개념으로 설명되는데, 공공 이성은 시민들이 서로 다른 신념 속에서도 공유 가능한 정치적 논거를 제시해야 한다는 의미이며, 중첩적 합의는 다양한 세계관이 정치 원칙을 교차 지지하게 하는 것을 의미한다.

이 논문은 롤즈 외에도 마이클 왈처, 칼 포퍼, 아이리스 마리온 영 등 다양한 자유주의자들의 관용론을 검토한다. 또한 종교 근본주의, 다문화주의, 혐오 표현 등의 문제 상황에서 관용의 적용 가능성과 한계를 심도 있게 논의한다. 특히 관용이 소수자 권익뿐 아니라 다수 신념에도 어떻게 적용되는지, 불관용적 집단에 대한 제한이 어디까지 정당화될 수 있는지 구체적으로 탐색한다.

결론적으로, 저자는 롤즈의 자유주의적 관용론이 단순한 추상적 원칙에 그치지 않고, 실제 다원주의 사회에서 발생하는 갈등을 조정하고 민주적 공존을 가능케 하는 실천적 이론임을 강조한다. 비록 포스트모던 이후 다문화 현실에서 비판적 검토가 필요하지만, 그가 제시한 '공공 이성'과 '중첩적 합의' 틀은 오늘날 자유주의 사회가 지향해야 할 핵심 기준임을 시사한다.

〈하버마스의 소통 이성과 비판적 계몽〉(윤평중)은 하버마스의 소통 이성과 계몽 개념을 중심으로 현대사회에서 비판적 계몽의 가능성을 탐구한다. 칸트의 "이성을 사용할 용기"를 출발점으로 하여 계몽이 무지에서 벗어나 자율적 사고와 공적 이성 실천을 통해 실현된다고 본다.

하버마스는 전통 계몽주의가 도구적 이성에 치우쳐 인간의 감성과 문화적 다양성을 소외시킨 점을 비판하며, 이를 극복하기 위해 소통 이성을 제시한다. 그는 언어 행위 이론과 보편 화용론을 결합해 의사소통 행위의 정당화 가능성을 이론화한다. 모든 발화는 사실 주장, 규범적 타당성, 진정성을 포함하며, 이 요소들이 상호 이해와 합의를 통해 검증되는 담론 조건이 마련될 때 진정한 의사소통이 가능하다. 이상적 의사소통 상황은 완전하지 않아도 현실에 비판적 기준으로 작용한다.

하버마스는 공론장 이론으로 민주주의 작동 조건을 분석하며, 숙의 민주주의와 시민 참여의 중요성을 강조한다. 공론장의 쇠퇴는 민주주의 위기로 이어지며, 어떤 형태로든 의사소통 이론에 기반한 정치적 정당성 회복을 필요로 한다. 후기 근대사회의 복잡한 현실에도 계몽 가능성은 존재한다. 과학기술과 미디어 변화가 계몽을 어렵게 하지만, 비판적 담론과 공공 참여 제도화의 여지를 제공한다. 계몽은 특정 시대 이념이 아닌 현재 재구성 과제로 간주된다.

결론적으로 이 논문은 하버마스의 소통 이성과 공론장 이론이 전통 계몽주의 한계를 비판적으로 계승하며 21세기에 적합한 새로운 계몽 모델을 제시한다고 평가한다. 계몽은 자유롭고 평등한 사회를 위한 자율적 사고와 공공 실천의 지속적 갱신 과제이다.

제1부

계몽주의의 이념적 정초

계몽주의와 열린사회의 이념적 기초*

이한구**

이 글은 열린사회가 그 이념적 뿌리를 계몽주의에 두고 있으며, 계몽적 기획의 발전 형태이면서 동시에 계몽주의의 일탈에 대한 새로운 대응책으로 등장했음을 밝히려는 것이다. 많은 사람들이 열린사회는 20세기 이념이라고 생각한다. 열린사회라는 이념이 처음 제기된 것은 앙리 베르그송(Henri Bergson)의 《도덕과 종교의 두 원천》(1932)에서이고, 이것이 대중화된 것은 칼 포퍼(Karl Popper)의 《열린사회와 그 적들》(1945)이었기 때문이다. 이런 맥락에서 본다면 열린사회는 20세기에 제기된 사회철학적 주제임이 분명하다.

그렇지만 역사적으로 보면 이들이 제시한 열린사회의 이념은 근대사회를 결정적으로 출발시킨 프랑스 시민혁명의 이념을 심화, 발전시킨 사회라고 볼 수밖에 없다. 열린사회는 시민혁명의 슬로건인 자유,

* 이 글은 《OUGHTOPIA》 39권 2호(경희대학교 인류사회재건연구원, 2024)에 실린 논문을 수정·보완한 것이다.

** 경희대학교 석좌교수, 인류사회재건연구원장, 대한민국학술원 회원.

평등, 박애(philanthropie, philanthropy)의 이념을 더욱 구체화시키고, 한 단계 높은 차원으로 상승시킨 사회이기 때문이다.

시민혁명의 이념은 '근대'라는 새로운 세상을 열어젖힌 기폭제였다. 새로운 세상은 전진과 후퇴를 반복하면서 전개되었고, 이런 시행착오의 과정에서 발전적 종합으로 나아갈 길을 새롭게 제시한 이념이 열린사회이다. 열린사회는 특히 자유, 평등의 이념에 비해 상대적으로 경시되었던 박애 사상을 복원시켜 자유지상주의와 평등지상주의의 양극단을 조화시키려고 했다.

나는 먼저 계몽주의의 핵심 사상을 이성, 과학, 자유주의, 자연권, 진보라는 다섯 항목에 걸쳐 설명했다. 열린사회의 이념에서는 칼 포퍼의 열린사회를 중심으로 존재론적 관점과 인식론적 관점 그리고 윤리적 관점에서 정리했다. 그리고 계몽주의와 열린사회가 어떻게 연결되는가를 논의한 후, 열린사회가 계몽주의의 변질이나 일탈에 대한 비판적 이성의 새로운 대응임을 밝혔다.

계몽주의의 핵심 사상

'계몽주의(Enlightenment)'는 장기간에 걸쳐 여러 분야에서 전개된 별개의 지적 운동들을 묶은 이름이다. 그것은 18세기 서구를 중심으로 전개되었지만, 그 뿌리는 1600년대 중반까지 거슬러 올라갈 수 있으며, 지금도 현대인의 삶의 온갖 분야와 정신세계에서 그 영향력을 행사하고 있다.[1]

이런 광범위한 사상의 전개를 간단히 종합한다는 것은 쉬운 일이 아

1 이언 샤피로, 노승영 옮김, 《정치의 도덕적 기초》, 문학동네, 2017, 21쪽 참조.

니지만-그리고 완전히 일치된 견해에 도달하기는 어렵겠지만-나는 지금까지의 계몽주의에 대한 연구들을 기초로 이성, 과학, 자유주의, 자연권, 진보라는 다섯 항목을 계몽주의의 핵심으로 규정하려고 한다. 우리가 어떤 관점에서 그리고 어떤 분야에서 계몽주의를 이해하려고 해도, 이들은 계몽주의 논의에 필수불가결한 핵심 고리라고 판단되었기 때문이다.

1) 이성

이성(reason)은 계몽주의를 상징하는 핵심 단어다. 계몽주의자들은 이성을 자연이 준 최상의 선물이며, 동시에 인간이 가진 최고의 능력으로 보았다. 이성을 통해 인간은 진리의 세계를 탐구하고, 이를 바탕으로 보다 높은 문명을 창조할 수가 있다고 본 것이다. 이성이란 무엇인가? 그것은 어둠을 밝히는 자연의 빛으로 인간과 세계를 이해할 수 있는 능력이며, 역사를 창조하고 참과 거짓, 옳고 그름을 판별할 수 있는 능력이다.

한때는 전통이나 성현의 가르침이 인간과 세계를 이해하는 틀로서 작동하기도 했고, 종교가 지배하던 시대는 계시가 진리를 이해하는 최고의 기준이 되기도 했다. 계몽주의는 전통이나 성현의 가르침, 계시가 누리던 옥좌에 이성을 앉히려는 입장이다.

계몽주의의 시대는 보통 이성의 시대 혹은 빛의 시대라 불린다. 계몽(enlightment)은 빛으로 어둠을 밝힌다는 의미이다. 이성은 이 시대의 통일적인 중심점이며, 이 세기가 희망하고, 추구하고, 성취해 낸 모든 것들을 표현하는 이름이다. 계몽주의는 이성의 동일성과 불변성을 믿는다. 이성은 모든 사유 주관에서, 모든 민족에서, 모든 시대에서, 모든 문화에서 동일하다. 이것이 이성의 보편성이다. 그렇지만 계몽의 이성은 경험계를 초월하는 인식 능력이 아니라 경험계를 통찰할 수 있는 능력이다.[2] 여기에 17세기 초월적 이성과 차이점이 있다. 초월적 이성은 경험계를 넘어선 영원한 진리를 파악할 수 있는 능력이었다. 이런 점에서 초월적 이성은 신의 능력과도 같은 것이었다. 이성의 행위는 신적인 일에 참여함을 의미했으며, 이성은 초감각적인 예지계를 보여준다. 17세기의 형이상학의 여러 체계들, 데카르트(R. Descartes), 스피노자(B. de Spinoza), 라이프니츠(G. W. von Leibniz)의 체계들은 이런 초월적 이성의 결과물이다.

이에 반해 18세기의 계몽적 이성은 진리를 경험계를 초월해서 찾지 않고 경험계 내부에서 찾으려고 한다. 이성의 가장 중요한 기능은 분해하고 종합하는 것이다. 이성은 사실적인 것, 즉 주어진 모든 것을 분해하여 단순한 요소로 환원하고, 이를 다시 연결하여 종합한다. 분석과 종합이라는 이런 이성의 이중적 기능을 알 때만 우리는 계몽주의의 이성 개념을 제대로 이해하게 된다. 17세기가 데카르트의 《방법서설》이 지배하는 시대였다면, 18세기 계몽 시대는 뉴턴(Isaac Newton)의 《자연철학의 수학적 원리》가 지배하는 시대이다.[3]

뉴턴은 "나는 가설을 만들지 않는다(Hypotheses non fingo)"는 유명한 선언을 했다. 이때 '가설'의 의미는 오늘날 우리가 사용하는 검증되기 전 단계의 이론이 아니라 데카르트적 가설을 의미한다. 데카르트적 가설이란 눈에 보이는 현상을 눈에 보이지 않는 어떤 것의 운동과 충돌로

2 Ernst Cassirer, *Philosophie der Aufklarung*, Tübingen: J, C, B, Mohr, 1932, p. 15; 이한구, 《역사학의 철학》, 민음사, 2007, 369쪽 참조.

3 Ernst Cassirer, 위의 책, p. 7.

설명하는 것이다. 뉴턴은 경험적으로 검증 불가능한 이런 형식의 가설을 만들지 않고, 현상의 여러 변화를 수학적으로 설명하고 예측할 수 있는 이론을 제시하려고 했다. 현상을 구제하는(saving the phenomena) 이런 방식은 새로운 과학적 설명 방식이었다. 뉴턴의 방법은 순수 연역적 방법이 아니고 분석의 방법이다. 그는 사실에 관한 구체적 지식에 도달하기 위해 먼저 원리나 공리를 세우지 않고, 오히려 반대로 진행한다. 현상은 주어진 자료이고 원리는 추구되어야 할 과제이다. 우리는 법칙을 현상 속에서 찾아야 한다.

> 계몽주의의 핵심적 사상은 초자연적 도움 없이도 인간의 이해력은 그 자신의 힘으로 세계를 파악할 수 있다는 것이며, 세계를 이해하는 이런 새로운 방식은 세계를 지배하는 새로운 길과 연결되는 것이다.[4]

이제 이성만이 진리의 세계를 탐험하는 나침반이 된다. 이성 이외의 어떤 것도 진리에 대해 말할 수 없다. 그렇지만 이성을 강조하는 사상이 모두 계몽주의는 아니다. 이성과 진보에 대한 계몽주의적 이해에는 매우 독특한 점이 있다. 이성에 의한 지식의 추구는 과학(science)을 통해 매개되고 완성되며, 인류의 진보는 개인의 자유를 구현하고 보호하는 인권을 기준으로 하여 평가된다.[5]

4 Macmillan, *Encyclopedia of the Social Sciences*, Vol. 5, New York, 1937, p. 547.

5 이언 샤피로, 위의 책, 22쪽 참조.

2) 과학

계몽의 이성은 먼저 과학적 탐구로 나타난다. 이성이 발견할 진리는 두 종류로 나눌 수 있다. 하나는 자연의 세계에 관한 진리이고, 다른 하나는 인간과 사회에 관한 진리이다. 갈릴레오와 뉴턴 등 계몽의 이성이 발견한 자연의 세계는 이전의 세계와는 완전히 다른 세계였다.[6]

첫째로, 물활론(hylozoism, 物活論)의 흔적이 물리학의 법칙으로부터 거의 다 제거되고 기계론적 자연관이 탄생했다. 물활론은 고대부터 시작된 자연관으로, 모든 사물은 그것이 인간과 동물 같은 생물이든 아니면 산과 강 같은 무생물이든 생명이나 의식을 내재적으로 가지고 있다는 입장이다. 말하자면 물활론자는 모든 사물이 생명력을 갖고 있기에 어떤 형태로든 살아있다고 생각하며, 자연 전체를 하나의 유기체로 보고 서로 상호작용을 한다고 본다. 물활론은 생명과 운동을 동일시한다. 즉, 운동을 사물이 살아있다는 증거로 간주한다. 그렇기 때문에 운동의 원인을 외부에서 찾기보다는 사물 자체의 본성에서 찾으려고 한다. 이런 관점에서 보면 운동은 사물이 갖는 생명력의 표현으로 이해된다. 그렇지만 이와 같은 견해는 운동의 제1법칙에 의해 폐기될 수밖에 없었다.

일반적으로 관성의 법칙이라고도 불리는 운동의 제1법칙은 "물체는 외부에서 힘이 작용하지 않는 한, 정지해 있는 물체는 계속 정지해 있으려고 하고, 운동 중인 물체는 동일한 속도와 방향으로 계속 운동하려 한다"는 것이다. 갈릴레오 갈릴레이는 실험과 관찰을 통해 관성의 개념을 발전시켰고, 후에 아이작 뉴턴이 《자연 철학의 수학적 원리》(1687)에서 이 법칙을 공식적으로 제시했다. 그뿐만 아니라 운동을 유발시키

6 버트런드 러셀, 최민홍 옮김, 《서양철학사》, 집문당, 1987, 756쪽 참조.

는 원인 자체도 물질적인 것으로 이해되었다. 이렇게 해서 태양계는 자신의 관성과 자신의 법칙으로 운동을 계속하는 것이며, 신이나 영혼 같은 외부로부터의 어떠한 간섭도 불필요하게 된다.

계몽의 이성이 발견한 두 번째 결과는 우주에서의 인간과 지구의 지위가 달라지게 된 것이다. 말하자면 지상계와 천상계가 연속선상에 존재하는 하나의 세계가 되었다. 지구는 더 이상 우주의 중심이 아니고, 인간도 만물의 목적이 아니게 되었다. 이런 과정에서 아리스토텔레스 이후로 과학적 탐구와 밀접한 연관을 맺어왔던 목적론적 사고방식은 과학적인 탐구에서 제거되었다.

계몽의 이성은 인간과 사회에 대해서는 어떤 진리를 이야기하고 있는가? 계몽의 이성이 발견한 사회적 진리는 자연권과 사회계약론, 자유주의와 문명의 진보 등이었다. 결국 이러한 사상들은 시민혁명을 촉발시켰고, 닫힌사회를 무너트리고 열린사회를 가능하게 했다.

3) 자유주의

자유주의(Liberalism)는 개인의 자유와 권리를 최고의 가치로 삼는 정치적·철학적 이념이다. 자유주의는 인간의 본질적 본성이 자유이며, 인간에게는 자율적으로 스스로의 삶을 결정할 권리가 주어져 있다고 주장한다. 또한 사회와 정부는 이런 개인의 자유를 최대한 보장할 의무가 있다고 주장한다.

'자유'라는 말은 논의되는 맥락에 따라 최소한 세 가지 의미로 사용된다. 즉, 개인적(personal) 차원에서, 정치적(political) 차원에서 그리고 경제적(economic) 차원에서 각각 다른 의미로 사용된다. 동시에 자유를 제일의 가치로 삼는 "자유주의"도 어떤 영역에서 논의되는가에 따라 의

미가 다를 뿐만 아니라 역사적 맥락에 따라서도 강조점이 달라진다.[7]

개인의 자유와 권리에는 당사자 본인만 관련되어 있고 행위의 결과도 본인에게만 영향을 미치는 영역, 예컨대 양심의 자유, 사상의 자유, 종교의 자유, 의견의 자유, 취향의 자유, 행복 추구의 자유 등과 같은 기본적 자유들이 모두 포함된다. 그러므로 개인은 자신이 원하는 방식대로 스스로의 삶을 자유롭게 선택하고 사회에 참여할 권리를 갖는다.

자유주의는 또한 자유시장경제를 주장한다. 경쟁과 개인의 경제적 선택권이 경제적 발전을 촉진하며, 시장에 대한 국가의 개입은 최소화되어야 한다고 본다. 말하자면 경제적 활동의 자유가 보장되고, 사적 영역에 대한 국가의 과도한 개입이 자제될 때 그 사회는 가장 번영할 수 있다는 것이다.

정치적 문제에서도 자유주의는 개인의 자유를 침해하는 어떠한 정부도 용납할 수 없다. 정부의 본래적 임무가 개인의 자유와 권리를 보호하는 데 있기 때문이다. 이 때문에 자유주의는 국가권력이 개인에게 미치는 부정적 영향력을 염려하여 작은 정부를 지향한다. 동시에 자유주의는 법이 정부 권력의 자의적 행사를 방지하기 위해서 권력의 분립과 법치주의가 필요하다고 본다. 개인의 자유, 시장경제, 법치주의에 대한 주장들은 결국 민주주의 정치체제를 지향하지 않을 수 없게 된다. 정치적 자유주의는 사회의 기원을 사회계약론에 두고, 정부는 국민의 동의에 기반해야 하며, 정부의 주요 기능은 개인의 자연권을 보호하고 유지하는 것이라고 주장한다. 존 로크(John Locke)의 《정부론》(1690)은 정

7 이사야 벌린, 《자유론》, 아카넷, 2014, 339쪽 이하; 신중섭, 《자유주의의 철학적 기초》, 철학과현실사, 2021 참조.

치적 자유주의의 원형을 보여준다.

자유주의는 철학적 논의의 주제가 되기도 했다. 르네 데카르트의 유명한 명제 "나는 생각한다. 고로 나는 존재한다"는 철학적 개인주의의 표방으로 이해될 수 있다. 이런 명제에 근거하여 자유주의자들은 진리를 결정하는 것도 집단이나 사회가 아니라 개인이라는 논리를 펼 수 있었다.

4) 자연권과 사회계약론

자연권(natural rights)이란 인간이 태어나면서부터 가지게 되는 권리로 정부나 사회가 침해할 수 없는 천부의 권리이다. 자연권은 토마스 홉스(Thomas Hobbes)의 《리바이어던》(1651), 존 로크의 《정부론》, 장 자크 루소(Jean-Jacques Rousseau)의 《사회계약론》(1762) 등에서 자세하게 논의되고 있다. 홉스는 자연 상태를 정부나 사회제도가 성립하기 전의 원시적인 상태로 규정한다. 그리고 이러한 상태를 "만인에 대한 만인의 투쟁"으로 표현한다. 인간은 본질적으로 이기적인 존재라고 보았기 때문이다. 만인의 투쟁 상태에서 모든 개인은 자기 보존을 위해 필요한 모든 것을 할 수 있는 권리를 갖는다. 이 권리가 바로 자연권이다.

로크의 자연 상태 역시 인류의 어떤 정부보다도 앞서 있는 상태이다. 그렇기에 자연 상태는 정치 조직체가 만들어지기 전의 어떤 시기를 가리키는 것으로 해석된다. "인간은 이성을 좇아 살아가며, 땅 위에서 이들을 재판할 권한을 가진 사람이 하나도 없는 상태가 곧 자연 상태이다."

자연 상태는 자유로운 상태이다. 아무도 다른 사람을 속박할 권리를 갖지 않는다. "정치권력을 올바르게 이해하고, 또한 그것의 기원을 찾아보기 위해서는, 우리들은 모든 사람이 자연적으로는 대체 어떠한 상태에 놓여 있는가를 고찰해 보지 않으면 안 된다. 그런데 그것은 완전히 자유로운 상태이다. 즉, 그것은 사람들이 일일이 다른 사람의 허가를 얻는다든가 또는 다른 사람의 의사에 전적으로 따른다든가 하는 일이 없이, 자연법의 범위 안에서, 스스로 적당하다고도 생각하는 데 따라, 자신의 행동을 규율하며 또한 자기의 소유물과 자기의 몸을 마음대로 처리할 수 있는 완전히 자유로운 상태인 것이다."[8]

> 인간의 자연 상태는 또한 평등한 상태이기도 하다. 그곳에서는 일체의 권력과 지배권[권한]은 상호적인 것이며, 어느 누구도 다른 사람들보다 더 많은 것을 갖는 일은 없다.[9]

이와 같은 상태에서는 정부가 존재하지 않고 어떤 입법자도 존재하지 않으므로, 누군가에 의해 만들어진 법도 존재하지 않는다. 대신 자연법(law of nature)이 지배한다. 자연법은 말 그대로 인위적으로 제정된 법이 아니라 인간의 본성과 이성을 근거로 하여 모든 사람에게 보편적으로 적용된다고 보는 불변의 법칙이나 도덕적 원칙이다.

자연법 사상은 고대로부터 시작되었지만, 계몽주의 시대부터 자연법은 인권의 기초로서 작동한다. 말하자면 자연법에 기초해서 자연권을 주장하게 된 것이다. 존 로크는 자연 상태에서 인간이 가지는 기본적 권리로서, 즉 자연권으로서 생명, 자유, 재산에 관한 권리를 주장했

8 존 로크, 《통치론》, 삼성출판사, 1990, 31쪽.

9 같은 책, 31쪽.

다. 이런 권리는 정부 권력에 의해서도 침해될 수 없는 것이다. 로크의 자연권 사상은 미국의 독립선언서와 프랑스의 인권선언에서 구체화된다. 이들 선언서에는 "모든 인간은 태어날 때부터 자유롭고, 평등하며, 생명과 자유, 재산 등 기본적 권리를 가진다"[10]고 명시되어 있다.

자연 상태는 자연법이 지배하는 상태지만, 이런 상태는 각자가 자신이 관련된 소송 사건의 재판관이 되어야 한다는 문제점을 갖는다. 자신의 권리, 즉 자연권을 스스로 지켜 나가야 하는 일은 생업에 바쁜 사람들에게 시간을 빼앗는 일일 뿐만 아니라, 자신이 당한 침해의 정도에 알맞은 복수가 어떤 것인지 판단하기 어려운 상태를 야기한다. 이 같은 결함을 보충하기 위한 것이 바로 정부이다. 정부의 기원에 관한 전통적 학설은 왕권신수설(王權神授說)이었다. 동양식으로 말한다면 천명설(天命說)이다. 신이나 하늘이 어떤 사람에게 권력을 부여했다는 것이다.

이에 대립되는 것이 계몽주의의 사회계약론(social contract)으로 시민의 정부는 계약으로 성립된다는 것이다. 우리가 이런 계약을 실제적이고 역사적인 사실로 보든, 아니면 법률상의 가정으로 보든 해석은 다양할 수 있지만, 사회계약론의 핵심은 정부의 권위가 신의 권위에 의해 성립되는 것이 아니라 시민들의 합의에 의해 성립된다는 점이다.

《사회계약론》의 저자이기도 한 장 자크 루소는 존 로크와 마찬가지로 자연 상태에서 인간은 본래 자유롭고 평등하다고 규정한다. 그렇지만 사회가 발전함에 따라 불평등이 생겨나고, 이를 해결하기 위해 사람들이 합의에 따라 일반의지에 따르는 사회계약을 맺는다고 주장한다.[11]

10 프랑스 국민회의, 〈인간과 시민의 권리 선언〉, 1789, 1조와 2조 참조.

11 장 자크 루소, 김영욱 옮김, 《사회계약론》, 후마니타스, 1974, 127쪽 이하.

일반의지(general will)란 공동체의 공공선을 추구하는 집합적 의지이다. 이것은 개인의 사적 이익이나 특수한 집단의 이익을 추구하는 사적 의지(particular will)와는 구별된다. 일반의지는 개인의 사적인 이익보다는 사회 전체의 이익을 우선시하며 모든 시민의 참여를 통해 형성된다. 루소는 개인이 자신의 자유를 보존하기 위해서는 개별적인 이익을 포기하고 일반의지에 동참해야 한다고 주장한다.

사회계약론은 자연스럽게 권력 분립과 연결된다. 권력 분립이란 정부 권력을 분산시켜 한 개인이나 기관에게 권력이 집중되는 것을 방지하는 것이다. 보통 입법권, 행정권, 사법권으로 나누어 3권 분립이라고도 한다. 왜 이러한 권력 분립이 필요한가? 만약 누군가가 권력을 독점하게 되면, 즉 그 권력을 견제할 다른 권력이 없다면, 권력을 남용하여 국민의 자유와 권리를 보호할 수 없게 되기 때문이다. 권력이 분립될 때, 각 권력 기관은 다른 기관을 견제하고 감시하여 상호 균형을 유지하게 된다.[12]

5) 문명의 진보

계몽주의자들은 이성에 의한 역사의 진보(Progress)를 확신했다. 이들은 역사의 목표를 '문명'으로 규정하고, 역사가 보다 나은 문명사회를 향해 끝없이 전진할 수 있다고 보았다. 독일 계몽주의 운동의 중심지였던 예나 대학의 프리드리히 실러(Friedrich Schiller)의 동상에는 다음과 같은 계몽주의의 시대정신이 기록되어 있다.

12 몽테스키외, 하재홍 옮김, 《법의 정신》, 동서문화사, 2016, 11편 이하 참조.

앞선 모든 시대가 우리의 인간적인 세기를 도래케 하기 위해 진력해왔다. 이 세계의 장구한 세월에 걸친 노력과 재능, 이성과 경험이 마침내 건져 올린 모든 보물들이 우리의 것이다.[13]

이런 사상을 대표하는 인물이 볼테르의 전기를 쓴 마르퀴 드 콩도르세(Marquis de Condorcet)다. 콩도르세는 인류의 역사가 무한히 진보해 갈 것으로 확신했다. 그는 인간의 능력에 어떤 한계가 있다고 생각하지 않았다. 그는 진보가 누진적으로 진행될 수 있다고 보고 어떤 역전도 불가능하다는 자유 증가의 법칙을 주장했다.

자연은 우리 인간들의 능력의 완전성에 대한 조건을 설정하지 않는다. 따라서 인간이 완전해질 가능성은 실로 무한하다. 이러한 완전가능성의 진보는 당장 그 진보를 중단시키고자 하는 어떤 힘으로부터도 독립적이다. 자연이 우리에게 준 능력은 이 지구가 존속하는 동안에는 어떠한 한계도 없을 것이다. 이 진보는 거대한 우주에서 지구가 현재의 위치를 차지하고 있는 동안에는 결코 역전되지 않을 것이다. 그리고 이 체계의 일반법칙이 산출되는 동안에는 파국적 변화도 현재의 인류가 지닌 능력과 자원을 박탈할 수 없을 것이다.[14]

콩도르세의 역사철학은 루소의 이론과는 대립되는 것이다. 루소는

13 안성찬, 〈문명과 야만 1: 차별의 문명 담론〉, 김민정 외, 《문명 안으로》, 한길사, 2011, 55쪽.

14 마르퀴 드 콩도르세, 장세룡 옮김, 《인간 정신의 진보에 관한 역사적 개요》, 책세상, 2002, 146쪽.

1) 학문과 기예의 발전에 의해 도덕은 황폐화되며, 2) 사회정치적 진화는 불평등을 심화시킨다고 주장했다. 이런 주장에 대해 콩도르세는 다음과 같이 주장했다. "우리는, 파란만장한 고난으로 점철된 거친 사회에서 계몽되고 자유로운 인민의 문명 상태로의 통과는 인류의 퇴락이 아니라 단지 절대적 완전을 향한 점진적 행진에서 나타나는 필연적 위기일 뿐임을 보여줄 것이다. 이로써 계몽의 증가가 아닌 쇠퇴의 증가가 개화된 인민의 악덕을 낳는다는 것을 보여줄 것이다."[15]

전체적으로 콩도르세의 역사철학에는 1) 인간은 본성상 무한히 완전해질 가능성을 가진 존재이며, 2) 인간은 역사적으로 오랜 기간의 과정을 거치면서 효과적으로 완전해졌다는 전제가 깔려 있다.[16] 이런 관점에서 그는《인간 정신의 진보에 관한 역사적 개요》(1795)에서 인류의 역사를 10단계로 나누었다.

열린사회의 이념

열린사회의 담론을 대표하는 칼 포퍼의《열린사회와 그 적들》은 역사법칙주의에 대한 비판을 중심으로 전개되지만, 논의의 편리상 존재론, 인식론, 사회윤리론의 세 차원에서 열린사회를 설명할 수 있다.[17]

1) 존재론

열린사회는 개인주의에 기반하며 개인의 자유를 보장하는 사회이

15 같은 책, 149쪽.

16 같은 책, 90쪽.

17 이한구, 〈비판적 합리주의의 열린사회〉,《철학》22권, 1984, 3-40쪽 참조; 이한구, 〈열린사회와 민주주의에 대한 철학적 성찰〉,《OUGHTOPIA》36권 3호, 2022, 5-31쪽 참조.

다. 개인의 자유를 가치 있게 평가하기 위해서는 개인을 독립적이고 자유로운 존재로 인식해야 한다. 이러한 자율적 존재들이 모여 사회를 형성하며, 이 사회는 국가라는 정치적 조직체로 발전하게 된다. 이러한 관점에서 보면, 사회란 개인을 초월하는 신비한 존재가 아니라, 개인들이 생존과 안전을 위해 함께 살아가는 공동체일 뿐이다.

사회에서 가장 근본적인 존재론적 단위는 개인이다. 물론 사회나 국가는 개인과는 비교할 수 없는 거대한 힘을 가진 조직체이다. 게다가 사회와 국가는 개인의 탄생과 사망 속에서도 지속되는 연속적인 구조를 갖는다. 이러한 거대함과 지속성에 압도되어 사회나 국가를 형이상학적 실체로 바라보며 전체주의를 옹호하는 이들도 있다. 전체주의 관점에서는 전체가 진정한 실재이며, 각 부분은 전체를 기반으로 해서만 존재할 수 있다고 본다. 따라서 전체는 그 구성 요소보다 우월한 가치를 지니고, 사회나 국가가 개인보다 우선하는 가치를 가지므로 개인은 국가나 사회를 위해 봉사하고 희생해야 한다고 주장한다. 그러나 열린 사회는 이러한 전체주의를 거부한다. 반대로, 국가는 개인들이 만들어낸 정치 조직체이기 때문에 개인의 생존과 권리를 위해 조직되고 운영되어야 한다는 것이다.

개인주의의 핵심은 바로 개인의 자유에 있다. 그렇다면 왜 자유가 최우선의 가치를 지니는 것일까? 이는 자유가 자율적 존재의 본질이기 때문이다. 스스로 판단하고 결정할 수 있는 자율적 존재는 결코 노예 상태와 공존할 수 없다. 이런 자율적 존재는 이성적 존재이기도 하다.

자유는 흔히 소극적 자유와 적극적 자유로 구분된다. 소극적 자유란 개인이 외부의 억압이나 구속을 받지 않는 상태를 말한다. 개인이 국가나 타인의 간섭 없이 자유롭게 생각하고 행동할 수 있는 것은 바로 이 소극적 자유가 있기 때문이다. 반면에 적극적 자유는 개인의 욕망과 목표가 실현되는 상태를 의미한다. 예를 들어, 고등교육을 받고자 하거나 수준 높은 문화생활을 추구할 때, 이러한 바람이 충족되는 것이 적극적 자유에 해당한다. 그러나 만약 여러 제약으로 인해 이러한 바람이 좌절된다면, 그것은 적극적 자유의 실현이 어렵다는 것을 의미한다. 소극적 자유와 적극적 자유는 밀접하게 연관되어 있으면서도 때로는 서로 상충하는 특성도 지니고 있다.

고전적 자유주의는 소극적 자유만이 논의할 수 있는 자유라고 보았다. 적극적 자유를 자유의 개념에 포함시킨다면, 이를 실현하기 위해 국가권력이 비대해질 수 있고, 그 과정에서 소극적 자유가 침해될 수 있다고 생각했기 때문이다. 이렇게 소극적 자유만을 강조하는 사회를 자유방임(laissez-faire)의 사회라고 한다. 그러나 열린사회는 이러한 자유방임의 사회가 아니다. 자유방임의 사회는 "자유의 역설"에 의해 지속되기 어렵기 때문이다. 칼 포퍼는 "자유의 역설이란, 자유가 제한되지 않는다면, 즉 모든 사람이 자신의 자유를 최대한 극대화한다면 오히려 자유가 제한되는 부자유 상태를 초래할 수 있다"고 설명한다.[18] 예를 들어, 아파트의 거주자들이 밤에도 창문을 열고 큰 소리로 노래를 부르거나 피아노를 친다면, 결국 누구도 조용히 잠자고 싶은 자유를 누릴 수 없게 될 것이다.

열린사회는 경제적 영역에서도 국가의 보호주의를 강조한다. 국가는 국민을 물리적 폭력으로부터 보호하는 것뿐만 아니라 경제적 힘의 오용으로부터도 국민을 지켜야 하기 때문이다. "경제적 강자가 경제적

18 칼 포퍼, 이한구 옮김, 《열린사회와 그 적들 Ⅰ》, 민음사, 2006, 123쪽.

약자를 억압하고, 약자의 자유를 빼앗는 상황이 발생하면, 경제적 자유는 물리적 폭력만큼이나 위험해질 수 있다"고 포퍼는 말한다.[19] 잉여 식량을 가진 사람은 굶주리는 사람을 폭력을 사용하지 않고도 자발적인 노예 상태로 만들 수 있다. 따라서 국가가 그 역할을 폭력의 억제와 재산 보호로만 제한한다면, 경제적 강자인 소수는 이러한 방식으로 다수의 약자를 착취할 수 있게 된다. 그렇기에 우리는 경제적 약자를 보호하기 위한 사회적 장치를 국가의 힘을 통해 구축해야 한다. 국가는 어느 누구도 굶주림이나 경제적 파멸의 공포로 인해 불평등한 관계에 빠지지 않도록 보살펴야 한다.

이러한 사회가 바로 우리가 말하는 복지국가의 사회다. 그러나 이러한 복지는 지속 가능한 한도 내에서 유지되고 발전되어야 한다. 그렇지 않으면 국가도 개인처럼 빚더미에 눌려 파산할 수 있다. 또한, 복지국가는 자유시장경제를 배제할 필요가 없다. 역사적으로도 복지국가는 자유시장경제의 번영을 통해서만 지속될 수 있음을 우리는 경험으로 알고 있다.

2) 인식론

열린사회는 절대적 진리를 거부하는 특징을 가진 사회다. 이는 인간의 이성이 언제든지 실수할 수 있다는 전제, 즉 오류 가능성을 수용하는 사회이기 때문이다. "오류 가능성"이란 누구든 틀릴 수 있음을 의미한다. 이러한 관점을 "오류가능주의(fallibilism)"라고 부르며, 이 입장에서는 절대적으로 확실한 지식이란 존재하지 않는다. 따라서 이성은 독

19 칼 포퍼, 이명현 옮김, 《열린사회와 그 적들 Ⅱ》, 민음사, 1998, 124쪽 이하.

단적이기보다는 비판적이며 개방적인 성격을 띤다.

오류가능주의에 따르면, 경험이나 이성으로 절대적 진리에 도달하려는 독단적인 태도는 진리의 계시 이론과 깊이 연결되어 있다. 계시란 특정한 개인에게만 전달되는 신의 특별한 은총이다. 이러한 관점은 사회나 정치에서 독재적이거나 반민주적인 생활 방식을 초래할 수 있다. 절대적 진리를 주장하는 정치 이론이나 이데올로기가 존재하면, 소수만이 그 진리를 독점하고 전체주의가 수반될 가능성이 커진다. 그러나 오류가능주의는 어떤 판단도 절대적일 수 없다고 본다. 절대적 진리가 없기 때문에 누구든 비판적인 의견을 표현할 수 있다.

열린사회에서 가장 중시되는 자유는 권력자에 대한 비판의 자유이다. 그 이유는 열린사회가 진리의 독점을 거부하는 사회이기 때문이다. 이 사회에서는 그 누구도 절대적인 권위를 휘두를 수 없으며, 누구나 실수할 수 있다는 것을 인정하는 것이 민주주의의 출발점이다. 어떤 주장이든 비판을 피할 수 없으며, 이에 따라 누구도 스스로를 최종 판단자로 여길 수 없다.

오류가능주의의 관점에서는 내가 틀리고 당신이 옳을 수도 있으며, 때로는 우리 모두가 틀릴 수도 있다. 또한, 때로는 비판과 토론을 통해 잘못된 부분을 바로잡을 수도 있다. 열린사회의 최고 덕목인 관용과 민주주의의 다수결 원칙은 바로 이러한 이유로 정당화된다.

3) 사회윤리론

열린사회는 윤리적 관점에서 전통적 공리주의를 비판적으로 바라본다. 최대 다수의 최대 행복을 추구하는 공리주의 원리는 전체주의적 독재를 정당화하는 근거가 될 수 있으며, 다수의 행복을 위해 소수가 희생되어야 한다는 사고를 불러올 수 있기 때문이다. 열린사회에서는 이러한 원리를 허용하지 않는다. 열린사회는 다수의 행복을 위해 소수의 고통을 요구하지 않으며, 소수의 행복을 위해 다수의 고통을 요구하지 않는 사회이다. 어떤 사람도 사회적 희생을 전제로 삼는 것은 열린사회의 핵심 원리인 개인의 불가침성을 부정하는 행위이다.

도덕적으로 우리가 시급히 해결해야 할 문제는 행복의 증대가 아닌 고통의 경감이다. 따라서 최대 다수의 최대 행복을 추구하는 공리주의는 모든 이의 최소 고통을 지향하는 '역공리주의(negative utilitarianism)'로 전환되어야 한다.[20] 즉, 행복을 극대화하는 원칙을 고통을 최소화하는 원칙으로 수정해야 한다는 것이다. 이때 피할 수 없는 고통이 있다면, 그 고통은 가능한 한 공평하게 나누어 감당해야 한다. 예를 들어, 흉년으로 식량이 부족하다면 배고픔을 함께 나누어야 한다.

이러한 관점에서 보았을 때, 행복과 고통은 대칭적으로 취급될 수 있는 도덕적 문제가 아니다. 행복의 증진은 주로 개인의 취미나 기호와 깊은 관련이 있지만, 고통의 감소는 이와 별개로 중요한 문제이다. 인간의 고통은 직접적이고 긴급한 도덕적 호소를 포함하지만, 잘 살고 있는 사람들의 행복 증대는 그러한 시급함을 지니지 않는다. 따라서 고통의 정도를 쾌락의 정도와 반비례하는 관계로 볼 수 없다. 특히 '갑'의 고통을 '을'의 쾌락으로 상쇄할 수 없다.[21] 이러한 시각에서 보면, 행복과 고통을 서로 반비례하는 관계로 본 공리주의는 치명적인 오류를 범한 것이라고 할 수 있다.

20 칼 포퍼, 이한구 옮김, 《열린사회와 그 적들 Ⅰ》, 민음사, 2006, 235쪽.

21 같은 책, 284쪽 이하.

정치철학적 맥락에서 볼 때, 존 롤즈가 제시한 정의로운 사회는 열린사회라고 할 수 있다.[22] 롤즈는 정의로운 사회를 위한 두 가지 원칙을 제시한다. 첫 번째 원칙은 모든 사람이 기본적인 자유를 평등하게 누릴 수 있어야 한다는 것이고, 두 번째 원칙은 가장 빈곤한 이들의 복지가 우선적으로 보장되어야 한다는 것이다. 이 첫 번째 원칙은 '자유의 원칙'으로 불리며, 사상과 양심, 정치 참여와 결사, 인격적 통합을 포함한 기본적 자유는 모두가 평등하게 그리고 최대한으로 누려야 할 자유라고 설명한다. 두 번째 원칙은 '차등의 원칙'이라고 하며, 사회적·경제적 불평등은 가장 불리한 위치에 있는 이들에게 최대의 이익이 돌아갈 때만 허용될 수 있다는 원칙이다. 이는 공익을 위해서는 불평등이 허용될 수 있다고 하는 프랑스 시민혁명의 인권선언을 일부 변형한 원칙이라 볼 수 있다.

우리는 자연적 우연이 지배하는 사회와 이성으로 그러한 우연에 대항하는 사회를 구분할 수 있다. 예를 들어, 가난한 가정에서 태어난 개인은 본인의 의지와 상관없이 고등교육을 받을 기회를 얻지 못할 수 있다. 이로 인해 그는 경쟁에서 불리한 위치에 놓일 것이다. 타고난 능력이 뛰어나더라도 사회적 우연 때문에 좌절해야 하는 사회는 정의로운 사회가 아니다. 다양한 장학제도를 통해 이러한 우연적 요소를 제거하고 기회의 평등을 제공하는 사회가 진정으로 정의로운 사회다.

하지만 선천적인 능력의 차이는 여전히 경쟁에 큰 영향을 미친다. 열등한 상태로 태어난 사람은 균등한 기회를 갖는다 해도 경쟁에서 뒤처

22 존 롤즈, 황경식 옮김, 《정의론》, 이학사, 2003; 장동진 옮김, 《정치적 자유주의》, 동명사, 1998, 360쪽.

질 수밖에 없다. 이는 그가 자연적 불운의 영향 아래 놓여 있기 때문이다. 열린사회는 이 같은 자연적 불운마저도 교정하고자 노력하는 사회이다.

왜 롤즈의 정의로운 사회가 열린사회인가? 롤즈의 정의의 두 원칙은 역공리주의와 원리적으로 일치하며, 두 원칙 모두 박애 정신에 근거하고 있기 때문이다.

열린사회와 계몽적 기획의 발전

지금까지의 논의에서 나는 계몽주의를 이성, 과학, 자유주의, 자연권, 진보의 핵심어들을 통해 설명했고, 열린사회 역시 존재론과 인식론, 사회윤리론을 통해 그 정체성을 부각시키려고 했다. 이제 이들이 서로 연관된다는 것, 더욱 정확히는 열린사회의 이념이 계몽주의에 그 뿌리를 두고 있다는 사실을 논증하는 일이 나의 과제이다. 나는 다음 세 항목을 통해 이 문제에 답하려고 한다.

1) 비판적 이성

비판적 이성(critical reason)은 계몽주의와 열린사회를 연결하는 가장 강력한 축이다. 계몽주의는 초월적 이성이 아닌 비판적 이성에 기초했고, 열린사회 역시 독단적 이성이 아닌 비판적 이성에 기반하고 있기 때문이다.

이성은 이론이성과 실천이성으로 나눌 수 있다. 이론이성(theoretical reason)은 세계를 이해하고 설명하는 능력이다. 말하자면 이론이성은 무엇이 어떻게 존재하는가를 밝혀 사실을 규명하고 진리를 드러내고자 한다. 갈릴레오나 뉴턴이 발견한 자연의 여러 법칙들은 이론이성의 산물이라 할 수 있다. 반면에 실천이성(practical reason)은 어떻게 행위해야 하는가, 어떻게 살아야 하는가에 대한 원칙을 제공한다. 도덕 법칙, 윤리적 의무, 옳고 그름을 판별하고 사회 정의를 구현하는 일은 실천이성의 주된 임무가 된다.

이성은 다른 관점에서 독단적 이성(dogmatic reason)과 비판적 이성으로 나눌 수 있다. 독단적 이성은 경험과는 관계없이 절대적 진리를 발견할 수 있다는 능력으로, 이미 확립된 진리, 즉 전통, 종교, 특정 이론에 대한 권위적인 믿음을 절대화하는 권능이다. 그러므로 독단적 이성은 스스로의 신념을 반성하거나 의문시하는 태도를 거부하며 경험을 무시한다. 비판적 이성은 경험을 기반으로 하며 우리가 절대적 진리를 발견하는 것을 불가능하다고 본다. 우리의 이성은 항상 틀릴 수 있기 때문이다. 그러므로 비판적 이성은 어떠한 주장이든 비판적으로 검토하여 오류를 발견하고 수정하는 데 중점을 둔다. 비판적 이성은 스스로를 비판하고 새로운 증거나 논리적 결함에 의해 기존의 믿음을 바꾸는 것을 의무로 여기는 이성이다.[23]

계몽주의자 임마누엘 칸트(Emmanuel Kant)는 비판적 이성을 대표한다고 할 수 있다. 그는《순수이성비판》(1781)에서 경험을 무시하고 순수하게 이성만으로 진리를 알 수 있다고 하는 독단적 이성을 신랄하게 비판했다.[24] 그는 우리의 인식은 감각 경험에서부터 시작하며, 오성이 경험으로부터 발생한 자료들을 정리하는 과정에서 성립된다고 주장한다. '직관 없는 개념은 공허하고, 개념 없는 직관은 맹목이다'라는 표어가

23 K. Popper, *Das Elend des Historizismus*, 4 Auflage, Tubingen : J. B. C. Mohr, 1974, p. ix.

24 임마누엘 칸트, 최재희 옮김,《순수이성비판》, 박영사, 2019 참조; 〈계몽이란 무엇인가에 대한 답변〉, 이한구 옮김,《칸트의 역사 철학》, 서광사, 2009 참조.

이런 과정을 상징한다. 그는 경험주의자 데이비드 흄에 의해 독단의 잠에서 깨어났다고 말하기도 했다.

그뿐만 아니라 비판적 이성은 실천이성의 한계와 오류 가능성에 대해서도 비판적으로 검토한다. 말하자면 우리의 실천이성이 우리가 도덕적으로 어떻게 행동해야 하는가를 결정할 때, 비판적 이성은 이런 도덕적 판단이 얼마나 합리적이고 일관성 있는가를, 그리고 이 판단이 잘못된 정보에 근거하고 있는 것은 아닌지, 그 결과가 수용할 만한 것인지를 비판적으로 검토한다. 실천이성은 인간이 자율적으로 도덕적 결정을 내릴 수 있는 능력을 강조하는 반면, 비판적 이성은 이런 자율성이 스스로의 한계를 넘어 독단적으로 판단하고 있지는 않은지, 어떤 합리적 근거에 기반해서 실천이성의 자율성이 성립되는지를 논의한다. 칸트가 그의 두 번째 비판서에 《실천이성비판》(1788)이라는 제목을 붙인 것도 이런 맥락에서 잘 이해된다.

20세기 열린사회의 대변자인 칼 포퍼는 열린사회와 닫힌사회를 비판적 자유사회 대 독단적 억압사회로 대비한다. 간단히 말해 열린사회는 비판적 이성이 지배하는 사회이다. 포퍼의 사상을 '비판적 합리주의'라고 부르는 이유도 그의 모든 논의가 비판적 이성을 기반으로 전개되기 때문이다.

2) 자유주의

열린사회는 자유주의를 기반으로 한다. 그렇지만 열린사회의 자유주의는 계몽주의의 고전적 자유주의가 아니다.

고전적 자유주의는 경제적 자유주의를 중심으로 전개된다. 경제적 자유주의는 그 뿌리를 제러미 벤담(Jeremy Bentham)의 공리주의와 애덤 스미스(Adam Smith)의 경제이론에 두고 있다. 스미스는 그의 《국부론》(1776)에서 개인의 이기심이 경제적 질서의 원동력임을 주장했다. "우리가 저녁 식사를 기대할 수 있는 것은 푸줏간 주인, 술도가 주인, 빵집 주인의 자비심 덕분이 아니라 그들이 자기 이익을 챙기려는 생각 덕분이다. 우리는 그들의 인류애에 호소하는 것이 아니라 자기애에 호소하며, 우리의 필요가 아니라 그들의 이익을 이야기한다."[25] 이때 공공의 이익은 개인적 이익의 추구에 수반되는 것으로 이해된다.

"개인은 공공이익을 증진시키고자 의도하지 않으며, 그것을 얼마나 많이 증진시키는지도 알지 못한다. 그는 단지 자신의 이익을 추구할 뿐이며, 이렇게 함으로써 보이지 않는 손에 의해서 그가 의도하지 않았던 목적을 증진시키게 된다."[26] 이런 경제적 자유주의의 기본적 가정은 만약 우리가 간섭받지 않는다면 자연적으로 부를 창출할 경제적 생산과 분배의 어떤 자연적 법칙을 따르게 된다는 것이다. 그 결과 규제를 가장 적게 하는 정부가 가장 좋은 정부가 된다. 이렇게 해서 '자유방임'의 이론이 등장한다.

역사적으로 완전한 자유방임의 체계가 존재한 적은 없었지만, 자유방임을 추구하는 이런 시도들 자체가 인간 사회의 비참함을 증가시킨 것도 사실이다. 19세기 말경 이런 양극화를 목격한 자유주의자들은 자유주의의 기본 신조를 수정하려고 시도했다. 존 스튜어트 밀(John. S. Mill)이 대표적인 경우이다. 밀은 그의 후기 작품에서 경제적 생산을 지

25 Adam Smith, *Wealth of Nations*, Book Ⅰ, Chap.Ⅳ; 애덤 스미스, 안재욱 옮김, 《국부론》, 박영사, 2022.

26 D. Germino · K. Von Beyme, *The Open Society in Theory and Practice*, Martinus Nijhoff, 1974, p. 126.

배하는 법칙과 경제적 분배를 지배하는 법칙을 구분해야 한다고 주장했다.

그는 경제적 생산을 지배하는 법칙은 물리적 법칙과 같은 성격을 갖지만, 경제적 분배를 지배하는 법칙은 입법에 의해 바꿀 수 있는 인위적 법칙으로 보았다. 이런 구분에 의해 임금, 세금, 상속권 등에 대한 해석이 달라지게 되었다.

계약의 자유는 경제적 자유주의의 기본 신조 중의 하나이다. 그렇지만 밀과 같은 견해 하에서는 계약 당사자의 힘이 비슷하지 않을 때, 계약의 자유는 실질적인 자유가 되지 못했다. 최소 정부도 반드시 최선이 아니게 되었다. 정부가 개인의 열악한 상태를 개선할 만큼의 힘을 갖는 것이 필요하다고 생각되었기 때문이다. 그 결과 실업보험, 연금, 건강보험, 무상교육 등에서 국가의 적극적 역할을 인정하게 되었다. 여기서 고전적 자유주의와 20세기 자유주의는 현격하게 구별된다.

정부의 규제 없이 개인이 그 자신의 이익만을 추구하면 그것은 동시에 공동선을 증진시킨다는 18세기 고전적 자유주의의 신념은 역사의 과정에서 타당하지 않다는 것이 드러났다. 약자에 대한 착취와 빈익빈

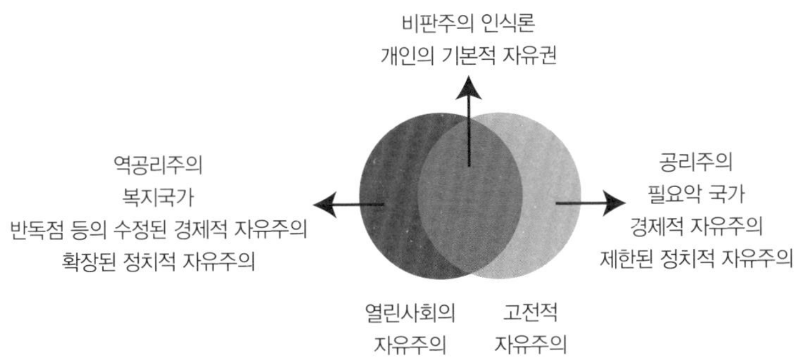

[1-1]

부익부의 사회 양극화, 자연자원의 무차별 파괴 등이 고전적 자유주의가 초래한 부정적 사례들이다.

[1-1]이 보여주듯이 열린사회의 자유주의는 역공리주의, 복지국가, 확장된 정치적 자유주의를 주장하는 데 반해, 고전적 자유주의는 공리주의, 필요악 국가, 제한된 정치적 자유주의로 대비될 수 있다. 공리주의는 최대다수의 최대행복을 추구하는 입장인 반면, 역공리주의는 모두의 최소 고통을 추구하는 입장으로 대비되며, 국가를 필요악으로 보느냐, 선도 악도 아닌 중립적 정치조직체로 보느냐로 대비된다.[27] 필요악으로 보면 가능한 한 권한을 적게 해야 하지만, 중립적 정치조직체로 보면 반드시 권한을 제한하는 일만이 능사가 아니다. 경제적 자유주의를 완전히 수용하느냐 아니면 어느 정도 제한을 가할 수밖에 없다고 보느냐도 다른 시각이라 할 수 있다.

정치적 자유주의와 경제적 자유주의는 밀접하게 연관되어 있고 고전적 자유주의에서는 이들을 구별하기도 어렵다. 그렇지만 20세기 와서 경제적 자유주의를 거부하고 정치적 자유주의를 찬성하는 사람들이 늘어나면서 이들을 구별할 수밖에 없게 되었다. 열린사회는 이런 구별을 지지한다.

3) 인권(자연권)

인권의 문제에서도 열린사회는 계몽주의의 인권을 확장, 확대시켰다. 계몽주의는 인권 개념의 발전에 매우 중요한 역할을 했지만, 계몽주의가 형성되던 시대의 정치적·사회적 조건 때문에 불가피하게 어느

27 민경국, 《국가란 무엇인가》, 북앤피플, 2018, 497쪽.

정도 한계를 가질 수밖에 없었다.

계몽주의는 모든 인간이 이성적 존재로서 자유롭고 평등하게 태어났다고 주장했지만, 실제로는 비유럽인과 여성들의 권리는 제대로 고려하지 않았다. 계몽주의자들은 유럽의 문명화 임무를 강조하면서, 때로는 식민주의에 찬성하기도 했고, 노예제도에 대한 비판을 진지하게 가하지도 않았다. 더구나 여성에게 남성과 동등한 권리를 부여하지도 않았다. 프랑스혁명 시기 단두대의 이슬로 사라진 여성운동가의 외침이 이런 상황을 상징적으로 보여준다. "여성이 단두대에 오를 권리가 있다면, 의정 단상에도 오를 권리가 있다."[28] 당시 계몽주의 철학자 콩도르세만이 이런 주장을 지지했을 뿐이다. 또한 농민, 노동자, 빈민층은 인권의 혜택을 거의 받지 못했다.

더 나아가 계몽주의는 개인의 권리와 자유주의를 강조했지만, 자연권과 자유주의를 지키기 위한 국가의 역할이나 사회적 책임에 대해서는 심도 있는 논의를 하지 못했다. 예컨대 시민적·정치적 권리를 중심으로 인권을 논의했지만 교육, 노동, 건강 같은 사회적 권리를 주장하지는 못했다. 이것은 시대적 한계라고 해야 할 것이다. 이런 권리들은 산업혁명 이후 사회적 불평등이 심화되는 과정에서 주된 관심사로 떠올랐기 때문이다.

열린사회의 인권은 계몽주의의 이런 한계들을 모두 제거하고 확장시킨 개념이다. 열린사회는 실질적으로 보편적 인권을 주장한다. 국제적으로는 노예제도나 제국주의 침략을 반대할 뿐만 아니라 문명과 반문명, '우리'와 '그들'로 이분법적으로 나누는 유럽 문명 중심주의나 온

28 이한구 외, 《민주주의란 무엇인가》, 학지사, 2022, 46쪽 참조.

갖 형태의 배타주의도 용인하지 않는다. 국내적으로도 인권의 개념을 확장시켜 모든 국민에게 최소한 인간적으로 품위 있는 생활을 영위할 수 있도록 하는 정책을 제안한다.

역사적으로 보면, 계몽주의가 야기한 프랑스의 시민혁명 후 전개된 역사 속에서 계몽사상이 구체화되었고, 그 사상도 수정, 보완될 수밖에 없었다. 과학기술이 진보하고 생산력의 증대와 함께 인구도 늘어나고 자유주의와 자연권에 대한 요구도 계몽주의 시대와 비교해서 더욱 강화되었기 때문이다. 그렇지만 이들의 변화나 발전은 모두 계몽주의의 영향 아래에서 나타났다고 할 수 있다.[29]

계몽주의의 일탈과 열린사회의 대응

계몽주의는 '근대'라는 새로운 세상의 이념을 제시했지만, 시대적 한계를 넘어설 수는 없었다. 특히 산업혁명이 진행되면서 노정된 여러 사회적 문제를 미리 논의할 수는 없었다. 열린사회는 계몽주의의 이런 한계들을 극복하고 보완하려는 이념이라 할 수 있다.

계몽주의는 시대적 한계와는 다른 또 하나의 문제점을 갖고 있다. 계몽주의가 실현되는 과정에서 야기된 계몽주의의 변질이나 일탈이 바로 그것이다. 말하자면 계몽주의가 처음 기대했던 것과는 전혀 다른 방향으로 변질되거나 역설적 결과를 초래한 것이다.

계몽주의의 이런 부정적 측면을 논의한 저서들 중 《계몽의 변증법》(1944)이 여전히 높은 평가를 받고 있다. 테오도어 아도르노(Theodor

29 강학순, 〈계몽주의의 갱신을 위한 선결과제 고찰〉, 《OUGHTOPIA》 39권 1호, 2024, 5-39쪽; 신중섭, 〈스코틀랜드 계몽주의와 사익: 애덤 스미스를 중심으로〉, 《OUGHTOPIA》 39권 1호, 2024, 41-67쪽.

Adorno)와 막스 호르크하이머(Max Horkheimer)가 공저한《계몽의 변증법》의 내용은 크게 세 가지, 1) 이성의 도구화와 비판 기능의 상실, 2) 도구적 이성에 의한 전체주의적 경향, 3) 문화산업과 대중 기만으로 요약될 수 있다.

첫째로, 이성의 도구화란 이성이 인간의 해방이라는 본래의 목적에 봉사하는 대신에 효율성과 통제의 도구로 전락했다는 것을 의미한다.《계몽의 변증법》첫머리는 다음과 같은 구절로 시작된다.

> 진보적 사유라는 가장 포괄적인 의미에서 계몽은 예로부터 인간에게서 공포를 몰아내고 인간을 주인으로 세운다는 목표를 추구해 왔다. 그러나 완전히 계몽된 지구에는 재앙만이 승리를 구가하고 있다.[30]

이런 현상은 이성이 도구적 이성(instrumentelle Vernunft)으로 변질되었기 때문이다. "이성은 다른 모든 도구를 제작하는 데 소용되는 보편적인 도구로 쓰인다."[31] 이성의 본래적 기능은 목적 자체를 설정하고 반성하는 데 반해 이런 도구적 이성은 목적의 정당성 여부에 대해서는 침묵하면서 주어진 목적을 가장 잘 달성하는 도구로서만 기능한다.

도구적 이성은 과학기술의 발달과 생산력의 증대를 통해 인간을 기아와 질병으로부터 해방시키고 풍요로운 생활을 가능하도록 했지만, 동시에 인간을 기술적 합리성의 철창 속으로 몰아넣었다. 그 결과 이성은 결국 자기 반성적이고 비판적인 기능을 상실하고, 어떤 체제든-그

30 테오도어 아도르노·막스 호르크하이머, 김유동 옮김,《계몽의 변증법》, 문학과지성사, 1944, 21쪽.

31 같은 책, 62쪽.

것이 설사 인권을 유린하는 권위주의적 체제라 할지라도 - 봉사하는 기술적 합리성과 생산성 증대의 도구로 전락하게 된다. 기술적 합리성이 추구하는 효율성과 생산성을 인간의 삶의 질이나 윤리성보다 우선시하는 것이 현대사회의 모습이다.

둘째로, 계몽주의는 이성을 통해 미신과 불합리를 극복하려 했지만, 도구화된 이성은 결과적으로는 새로운 형태의 전체주의적이고 억압적 경향의 사회를 만들어냈다. 도구적 이성이 사회 전체의 효율성만을 극대화하는 방향으로 작용한다면, 전체주의적 통제와 억압으로 이어질 수 있다. 그 결과 도구적 이성은 개인을 존엄한 존재가 아니라 어떤 목적을 달성하기 위한 도구로 보며, 사회의 목표를 달성하기 위한 개인의 희생을 당연시한다. 이런 도구적 이성을 통해 국가권력은 극대화되고 관료주의적 통제가 강화되며, 정부가 모든 것을 통제하려는 시도로 나타난다. 특히 정보기술과 감시체계의 발전은 국가가 개인을 더욱 효과적으로 통제할 수 있는 수단을 제공한다. 나치즘이나 파시즘 같은 전체주의 정권의 출현도 도구적 이성과 무관하지 않다.

셋째로, 문화산업과 대중 기만은 자본주의 사회에서 문화가 어떻게 상업화되고 대중을 통제하는 도구가 되었는가를 설명해준다. 문화산업은 상업적 이익을 위해 문화상품을 생산하고 판매하는 산업이다. 문화산업은 결국 1) 대중의 수동적 소비와 2) 자본주의 이데올로기의 강화라는 특성을 가진다.[32] 말하자면 문화상품은 대중에게 그저 소비하고 즐기기만 하면 되는 식으로만 제공되며, 이를 통해 문화산업은 자본주의 사회의 이데올로기를 강화하고 비판적 사고를 마비시켜 기존의

32 같은 책, 183쪽 이하.

권력구조를 유지시키는 데 봉사한다. 여러 다양한 볼거리 문화상품에 의해 대중은 기만당한다. 오락과 환상에 빠져 대중은 현실의 문제를 의식하지 못하고, 자율적 주체성을 상실하게 된다.

《계몽의 변증법》이 제기한 여러 부정적 현상을 위르겐 하버마스(Jürgen Habermas)는 '생활세계의 식민화'라는 개념으로 설명한다. 위르겐 하버마스는 현대사회의 변화와 작용을 체제(System)와 생활세계(Lebenswelt)라는 두 개념으로 설명한다.[33] 체제는 정치와 경제 같은 사회의 거시적이고 구조적인 부분을 가리키며, 생활세계는 사람들이 일상생활 속에서 의미를 공유하고 상호이해와 연대감을 형성하는 공간을 의미한다. 체제는 도구적 합리성에 의해 작동되며, 효율성이나 통제 같은 목표를 달성하기 위해 합리적이고 목적 지향적으로 운영된다.

체제와 생활세계는 상호작용하며 균형을 이루어야 하지만, 체제의 도구적 합리성이 생활세계에 침투하면서 생활세계의 식민화가 등장한다. 예컨대 교육이나 의료는 생활세계에 속하는 상호이해와 소통이 중심이 되어야 할 영역이지만 이해관계와 관리 효율성의 영역으로 전락하여 인간적 가치보다 경제적 효율성이 우선시되는 일이 발생한다. 이런 문제를 해결하기 위해 하버마스는 의사소통적 이성을 제안한다.

열린사회는 이런 여러 문제가 계몽주의의 실현 과정에서 나타난 일탈이라고 규정한다. 그렇지만 열린사회는 도구적 이성을 전면적으로 부정하기보다는 도구적 이성의 남용을 경계하면서 도구적 이성과 비판적 이성이 균형을 이루어야 한다고 본다.

도구적 이성을 전면적으로 부정하지 않는 이유는 도구적 이성이 계

33 위르겐 하버마스, 장춘익 옮김, 《의사소통 행위 이론》, 나남출판, 2006, 6장 참조.

산이라는 이성의 한 기능을 반영할 뿐만 아니라, 기아와 질병으로부터 인류를 해방시킨 원동력이기 때문이다. 또한 열린사회는 이런 일탈이나 변질이 역사의 필연적인 과정이라고 보지는 않는다. 그러므로 그 흐름은 인간들의 노력을 통해 얼마든지 바꿀 수 있다고 본다.

이런 문제들에 대한 열린사회의 구체적 처방은 비판적 사고를 기르는 교육체제, 열린 도덕과 건전한 시민사회, 권력으로부터 독립된 공론장 등을 들 수 있다. 열린사회 자체가 현대사회에서 소외된 비판적 이성을 다시 복권하려는 시도라 할 수 있다. 예컨대 칼 포퍼의 열린사회는 독단적 이성에 기반한 전체주의 체제에 대항하여 비판적 이성의 민주주의 체제를 지키려는 대응이었다.

맺음말

이 글에서 나는 열린사회의 이념적 뿌리가 계몽주의이며, 열린사회가 계몽적 기획의 발전 형태이면서 동시에 계몽주의의 일탈에 대한 새로운 대응책으로 등장했음을 밝히고자 했다. 먼저 계몽주의의 핵심 사상을 이성, 과학, 자유주의, 자연권, 진보라는 다섯 핵심어를 통해 설명했다. 열린사회의 이념에서는 칼 포퍼의 열린사회를 중심으로 개인주의 존재론, 비판주의 인식론, 역공리주의 사회윤리를 논의했다.

계몽주의와 열린사회가 어떻게 연결되는가 하는 문제에서는 열린사회를 계몽적 기획의 발전 형태임을 논증했다. 이때 비판적 이성, 자유주의, 자연권을 연결고리로 활용했다. 계몽주의의 일탈에 대해서는 《계몽의 변증법》에서 제기한 여러 일탈들을 정리하고 이에 대한 열린사회의 방책들과 함께 열린사회 등장의 의미를 논했다.

스코틀랜드 계몽주의와 사익*
- 애덤 스미스를 중심으로

신중섭**

이 글은 '사익과 공익'에 관련된 여러 논의의 출발점을 스코틀랜드 계몽주의의 중심 인물 가운데 하나인 애덤 스미스의 문제의식에 두고 모색해 보기로 한다. 그는 '사익과 공익'의 문제와 관련하여 '자기애, 공감, 시인과 부인, 공정한 관찰자, 자애, 정의, 보이지 않는 손, 의도하지 않은 결과' 등 다양한 개념들을 창안하였다.

애덤 스미스의 '사익과 공익'에 대한 심층적인 이해를 위해 우선 일반적인 계몽주의와 스코틀랜드 계몽주의를 간단하게 논의할 것이다. '사익과 공익'은 '소인과 군자', '개인과 공동체', '개인과 국가', '개인과 권력', '나와 우리', '개인선과 공동선', '부분과 전체', '안과 밖' 등 문제의식에 따라 다양한 형태로 변형될 수 있다.

애덤 스미스의 《도덕감정론》과 《국부론》은 그 시대의 문제의식에서 출발했다. 18세기 초 잉글랜드에 합병된 스코틀랜드의 중요한 과제 가

* 이 글은 《OUGHTOPIA》 39권 1호(경희대학교 인류사회재건연구원, 2024)에 실린 논문을 수정 · 보완한 것이다.

** 강원대학교 윤리교육과 명예교수.

운데 하나는 경제적으로 성장하여 빈곤에서 벗어나는 것이었다. 이 문제에 대한 애덤 스미스의 대답은《국부론》에 집약되어 있다. 이에 앞서 애덤 스미스는 스코틀랜드 계몽주의 전통을 이어받아 도덕적으로 승인되는 행동과 그렇지 못한 행동의 기원을 탐구하고《도덕감정론》을 출간하였다. 그는 인간은 근본적으로 이기심을 가지고 있지만 동시에 타인에 대한 관심을 가지고 있다고 주장하였다. 사람들이 도덕적인 선택의 순간에 직면했을 때 이기심뿐만 아니라 타인의 판단을 의식해 행동한다는 것이다. 애덤 스미스는 타인의 판단에 대한 고려를 통해 '공정한 관찰자'라는 개념을 도출하였다.

그동안 우리는 그의《국부론》에만 주목하여 그를 고전적 자유주의의 주창자로 해석하면서, 그의 경제이론이《도덕감정론》에 기초해 있다는 사실을 간과하였다. 애덤 스미스는 경제적 자유만을 중시하여 불평등이라는 자본주의의 본질적 문제점을 인지하지 못했다는 비판을 받아왔다. 그러나 이것은 잘못된 비판이다. 애덤 스미스의 문제의식은 '경제성장을 통해 모든 사람이 최소한의 생활 이상을 누릴 수 있는 물질적 토대를 어떻게 제공할 수 있는가' 하는 것이었지 불평등의 문제를 해결하는 것이 아니었기 때문이다.

논자는 스코틀랜드 계몽주의라는 하나의 렌즈를 통해 애덤 스미스의《도덕감정론》과《국부론》의 관련성을 살펴보고, 그의 지적 관심사가 무엇이었는가를 살펴보고자 한다. 애덤 스미스는 이전의 지적 전통과 달리 이기심이 공익에 기여한다는 논리를 통해 이기심이 도덕적으로 정당하다고 주장하였다. 논자는 애덤 스미스의 이러한 주장을 분석하면서 이기심을 탐욕으로 해석하거나, 그것이 경제 영역에서 불평등을 유발하기 때문에 비판받아야 한다는 후세의 주장이 적실하지 않다는 것을 보여줄 것이다. 이를 위해 논자는 "어떤 것의 본성은 그것이 태어난 시점에서 가장 잘 드러난다"는 '역사주의'의 관점(이종흡 2022, 9)에서 《도덕감정론》과 《국부론》을 독해할 것이다.

계몽주의와 스코틀랜드 계몽주의

1) 계몽주의란 무엇인가

17세기와 18세기에 계몽주의(The Enlightenment)가 유럽을 휩쓸었다. 계몽주의는 합리적 방법과 경험적 방법이라는 17세기 과학혁명의 상호 보완적인 태도를 기본틀로 삼았다. 계몽주의는 운동이면서 마음 상태다. 계몽주의자들은 이성, 감정, 자연, 인간을 새롭게 해석함으로써 예술, 철학, 정치에 혁명적인 변화를 가져왔다. 프랑스 계몽주의자들은 계몽주의의 예언자로 물리학과 근대적 도덕 과학의 토대를 구축한 세 명의 영국인, 베이컨, 로크, 뉴턴을 꼽았다. 계몽주의의 핵심은 우주를 이해하고 자신의 상황을 개선할 수 있는 인간의 이성을 찬양하고 사용하는 것이었다. 계몽주의는 지식, 자유, 행복을 합리적 인간의 목적으로 설정하였다. 계몽주의자들은 지금보다 더 이성적인 세상을 확신함으로써 인류 문명의 진보를 믿었다. 이런 계몽운동과 사상은 프랑스 파리에서 출발하여 여러 지역으로 확산되었다.

일반적으로 18세기를 '계몽의 시대', '빛의 시대', '이성의 시대'라고 부른다. 대체적으로 좁게는 18세기를, 넓게는 17세기를 포함해서 '계몽의 시대'라고 부르지만, 정확하게 어디서 어디까지를 '계몽의 시대'로 부를 것인가에 대한 합의가 전문가들 사이에 존재하는 것은 아니다. '계몽'의 의미에 대한 명확한 정의도 존재하지 않는다. 그리고 한국어로 '계몽주의'로 통용되는 말인 'The Enlightenment'에는 '주의'라고 번역될 수 있는 'ism'이 포함되어 있지 않다.

계몽주의는 하나가 아니라 여럿이다. 계몽(The Enlightenment)은 특정 시대와 지역을 지칭하기도 하지만, 다양한 시대와 다양한 지역에서 전개된 사상과 운동을 지칭하기도 한다. 후자의 의미에서 계몽은 오늘날에도 지속적인 의미를 갖는다. 니콜라스 맥스웰은 칼 포퍼 철학이 계몽주의 프로그램에 생기를 불어넣었다고 주장함으로써 포퍼를 현대 계몽주의자로 재해석하였다(Maxwell 2017). 스티븐 핑커는 오늘의 문제를 해결하기 위해 계몽의 이상(理想)이 필요하다고 주장하고 있다(Pinker 2021, 22-23). 그뿐만 아니라 우리나라에서도 1900년대 초 애국계몽주의 운동이 전개되었으며, 쉬지린은 현대 중국에서 다시 계몽이 필요한 이유를 역설하였다(쉬지린 2013). 근대 계몽운동과 사상이 만들어낸 '현대 세계'의 문제점을 해결하기 위해서도 근대적으로 '계몽된 세계'는 다시 밝은 빛으로 계몽되어야 할 필요가 있다는 것이다.

2) 스코틀랜드 계몽주의

1707년에 잉글랜드에 합병된 스코틀랜드는 그들 자신만의 제도와 법률, 전통과 문화, 생활양식을 가지고 있었다. 18세기 후반 스코틀랜드는 많은 것의 중심지였다. 1762년 볼테르는 "오늘날 우리는 서사시에서 원예술까지 모든 예술의 감상법을 스코틀랜드에서 배운다"라고 하였다. 현대에도 주목받고 있는 스코틀랜드 계몽주의의 중심은 에든버러였다. 그 당시 에든버러는 '천재의 산실'로 불렸다. 에든버러는 18세기 후반 이래 스코틀랜드에서 지성, 사상, 출판의 중심지였다. 벤저민 프랭클린은 《자서전》에서 에든버러의 분위기를 묘사하면서 "양식 있는 사람들은 좀처럼 논쟁에 휘말리지 않는다. 하지만 법률가와 대학생 그리고 에든버러에 태어난 모든 사람은 예외다"라고 하였다(브리태니커 편찬위원회 2017, 46).

스코틀랜드 계몽주의는 18세기 중엽 스코틀랜드 지식인 집단의 운동과 사상을 지칭하는 개념이다. 스코틀랜드 계몽주의로 번역되는 "Scottish Enlightenment"라는 명칭이 생겨난 것은 이 사상과 운동이 끝난 뒤인 1900년이다(이종흡 2003, 180). 1900년이 되어서야 스코틀랜드라는 지역과 18세기라는 시대에 있었던 일련의 모임을 주도했던 지식인들과 그들이 전개한 운동과 사상을 통칭하여 스코틀랜드 계몽주의라는 이름을 붙였던 것이다. 이 운동과 사상을 주도한 것은 일군의 엘리트들이지만 활력을 제공한 것은 동시대의 지적 분위기와 당시 저자들을 중심으로 형성된 독자층이었다. 문자 해독력, 생활 수준의 향상, 세속 지식인의 증가 같은 사회 저변의 변화가 이 운동에 영향을 미쳤다.

스코틀랜드 계몽주의에는 여러 분야에 여러 사람이 참여했지만, 우리에게 가장 널리 알려진 사상가는 허치슨, 데이비드 흄, 애덤 스미스, 애덤 퍼거슨이다. 이들의 사상을 스코틀랜드 계몽주의와 연결시켜 논의하는 이유는 이들의 정신 세계가 당시 스코틀랜드의 사회적 조건과 밀접한 연관이 있기 때문이다. 한 사상가의 사상은 그 시대를 반영하는 구체성과 시대를 초월하는 보편성을 지닌다. 오늘날 우리가 스코틀랜드 계몽주의에 관심을 갖는 이유는 그것이 당시 해결하려고 한 문제와 대안 추구가 보편성을 가지고 있어 오늘날에도 여전히 의미를 갖기 때문이다.

스코틀랜드 계몽주의자들에게 긴급한 정치 현안은, 어떻게 하노버 왕가를 지지하면서도 스코틀랜드의 독립성을 일정한 수준으로 유지할 수 있는가 하는 것이었다. 이들은 스코틀랜드를 '그레이트 브리튼' 내의 고도의 자치권을 가진 독립적인 한 지방으로 유지하려면, 적어도 두 가지 조건이 충족되어야 한다고 생각하였다.

첫 번째 조건은 스코틀랜드 주민이 잉글랜드 주민에 대해 열등감을 느끼지 않도록 그들의 정신적·물질적 자부심을 높여야 한다는 것이었다. 그러나 주민 개개인의 정신적·물질적 자부심이 높아진다고 해서, 곧 그들의 안정된 삶이 보장되는 것은 아니었다. 오히려 지나친 켈트 민족주의는 스코틀랜드와 잉글랜드의 긴장을 높일 수 있었다. 물질적 행복은 시민 개개인을 이기적인 존재로 만들어 그들의 반사회적 행동을 자극하고 사회적 갈등을 증폭시킬 수 있었다. 바로 이런 맥락에서 스코틀랜드 '명사들'은, 두 번째 조건, 즉 어떻게 사회의 질서와 안정을 유지할 수 있는가 하는 문제를 논의하였다(이종흡 2003, 184-189).

모든 분야에서 계몽주의 운동의 기초가 되고 그것을 발전시킨 것은 철학의 발전이었다. 뚜렷한 학파를 형성하지는 않았지만 철학의 발전은 스코틀랜드 계몽주의 운동에 필요한 지적 토대를 형성하였다. 스코틀랜드 계몽주의 철학의 발전은 네 가지 본질적인 특징을 가지고 있다. 첫째, 모든 진리를 연역할 수 있는 단일한 합리적인 방법이나 규칙체계를 찾아내려는 다양한 형태의 합리주의, 프랑스의 데카르트와 독일의 라이프니츠와 같은 사상가들이 드러내는 철학에 대한 회의다. 둘째, 감정(sentiment)과 감각(sense)에 큰 의미를 부여하였다. 셋째, 경험주의적인 연구 방법을 채택하였다. 이 세 가지 특징을 모두 요구하는 네 번째 특징은 흄의 첫 번째 저작이자 가장 중요한 저작인《인간 본성에 관한 논고》의 제목이 보여주는 것처럼 인간 본성의 문제를 중요하게 다룬다는 것이다(브리태니커 편찬위원회 2017, 47-48). 애덤 스미스는 인간의 본성에 대한 흄의 문제의식을 이어받아 자신의《도덕감정론》과《국부론》의 출발점으로 삼았다.

3) 계몽주의의 사회사상

브리태니커 편찬위원회에 따르면 근대사회 사상에서 새롭게 등장한 주요 주제들은 대부분 산업혁명, 명예혁명, 프랑스 대혁명, 미국의 독립혁명과 같은 민주주의 대혁명의 직접적인 결과였다. 이러한 시대적 대변혁의 원인으로 브리태니커 편찬위원회는 다음과 같은 역사적 사실을 지적하였다. 첫째, 대규모 인구 증가가 있었다. 1750년에서 1850년 사이에 유럽 인구는 1억 4,000만 명에서 2억 6,000만 명으로 늘어났다. 둘째, 노동 조건의 문제였다. 많은 사람들이 마을, 길드, 교구, 가족 등으로부터 보호받을 수 있었던 이전부터 내려온 환경에서 떨어져 나와 산업 중심지로 모여들어 슬럼을 형성하고 비참하고 더러운 생활을 하였다. 가족구성원의 수는 늘어났으나 그들의 임금은 생활비 이하로 떨어졌고 생활수준은 낮아졌다. 이 모든 것들은 그 당시 사회사상에 자주 등장하는 주제였다. 셋째, 부의 형태에 생긴 변화였다. 당시 공장, 사업소, 작업장에서 나타났듯이 점점 더 많은 재산이 산업을 통해 형성되었을 뿐만 아니라 재산의 성격 자체가 변하였다. 재산은 눈에 보이는 것에서 보이지 않는 것으로 변하였다. 넷째, 도시화가 일어났다. 서유럽에서 도시의 수가 급격히 늘어났다. 다섯째, 기술이 발전하였다. 여섯째, 새로운 공장 시스템이 등장하였다. 일곱째, 대중 정치의 발전, 즉 느리지만 끊임없이 성장하여 참정권과 유권자가 확대되었다 (브리태니커 편찬위원회 2017, 205-210).

개인의 자유를 중시하는 계몽주의적 자유주의 관점에서 볼 때 통치의 가장 큰 문제는 권력의 남용이었다. 계몽주의적 자유주의자들이 보기에 권력을 가장 많이 남용하는 것은 정부였으며 부유층, 군주, 귀족 및 기타 권력과 특권을 가진 모든 사람도 권력을 남용할 수 있었다. 계몽주의적 자유주의 경제학자들은 영국과 유럽의 경제체제에 여러 가지 본질적인 변화를 촉구하였다. 첫 번째는 봉건적 잔재와 제조업과 국내 상업에 대한 중상주의적 국가 규제의 철폐였다. 두 번째는 정부가 자국 상품을 보호하기 위해 수입품에 대해 부여하는 관세와 규제를 철폐하는 것이었다. 계몽주의적 자유주의 경제학자들은 시장의 자기 규제성에 대한 신념에 기초하여 무역에 대한 정부의 규제를 거부하였다. 자유주의를 지지하는 사람들이 정부에 요구한 것은 "가만히 있어라"는 것이었다. 미국의 정치가 토머스 제퍼슨도 정부의 최선의 역할은 최소한의 역할을 하는 것이라고 하였다. 개인의 자율성과 존엄은 자유주의의 기본 정신이었다. 권력을 제한하는 것은 결국 개인의 자율성과 존엄을 보존하기 위한 것이다.

계몽주의자들에 따르면 개인은 더 나은 삶과 사회를 건설하기 위해서는 자율적으로 이성에 근거해 과학적 합리성을 사용해야만 한다. 계몽의 기획은 사회를 개혁하는 창조적 기획이었다. 이러한 기획은 자유 특히 지적 자유를 전제로 한다. 칸트는 이러한 계몽주의 정신의 깃발을 높이 들었다. 칸트는 "계몽이란 인간이 스스로 잘못하여 처하게 된 미성숙으로부터 벗어나는 것이다. 미성숙이란 자신의 지성을 다른 이의 지도 없이는 사용하는 능력이 없는 상태이다. 미성숙은 스스로 잘못하여 처하게 된 것이다. 왜냐하면 미성숙의 원인이 지성의 부족이 아니라 결단의 부족에, 또 자신의 결심을 다른 사람의 지도 없이 사용할 용기 부족에 있기 때문이다. 그러므로 '과감하게 알려고 하라', '너 자신의 지성을 사용할 용기를 가져라!' 하는 것이 계몽의 표어다"라고 하였다(칸트 2009, 13-15).

자유주의의 이상은 계몽주의가 낳은 중요한 역사적 산물이다. 칸트는 자유를 계몽의 전제 조건으로 보았다. 계몽주의는 인간의 사상과 행동 그리고 진보를 가로막는 전통 사상과 권위를 깨고 부수는 것을 명확한 목표로 삼았다. 인간의 사상과 행동 그리고 진보를 가로막는 것으로 지목된 것은 종교다. 많은 계몽주의자들은 종교가 사람들이 주체적으로 사유하면서 스스로 자신의 삶을 개척하는 것을 방해한다는 이유로 종교를 거부했다.

개인의 자유는 오늘날에도 통용되는 계몽의 가치라는 개념의 기초이다. 개인의 권리를 존중하는 사회에서 개인은 스스로 결정하고 스스로를 창조해야 한다. 그리고 스스로 책임을 져야 한다. 스스로 져야 하는 책임에는 다른 사람들도 똑같이 누릴 권리에 대한 존중도 포함된다. 이러한 '타자 위해(危害)의 원칙(harm principle)'은 존 스튜어트 밀에서 시작하여 오늘날에도 자유주의의 중심 원칙이 되었다. 바로 이 지점에서 개인 사이의 상호 책임성은 사회를 이루는 조건이 된다.

애덤 스미스의 경제사상

18세기 계몽주의의 핵심 인물인 애덤 스미스는 글래스고 대학에서 도덕철학을 강의하였으며, 흄과는 가까운 사이였다. 스미스는 그가 살았던 당시뿐만 아니라 지금도 경제학자로 명성이 높지만 원래 그는 위대한 철학자였다. 스미스는 그에게 명성을 안겨준 《국부론》보다 그의 첫 번째 저서 《도덕감정론》을 더욱 좋아했다. 그는 마지막까지 《도덕감정론》을 수정했다. 《도덕감정론》이 서양철학사에서 중요한 책으로 널리 기록되지는 않았지만, 이 책은 도덕철학뿐만 아니라 경제, 정치와 관련하여 중요한 의미를 갖는 책이다. 《도덕감정론》에는 그가 20대였던 1740년 말에 처음 만난 흄의 영향이 반영되어 있다. 대학 강단에 서지 못한 흄과 달리 스미스는 글래스고 대학에서 10년 동안 수사학, 도덕철학, 법철학을 강의하면서 철학에 대한 깊은 조예를 드러내었다. 그리고 법철학을 강의할 때는 경제학에 대한 초기적 사유를 펼치기도 하였다. 이것은 《국부론》으로 이어졌다.

1) 경제이론과 해석

애덤 스미스의 '보이지 않는 손'이라는 개념은 시장에 대한 국가의 개입을 반대하는 근거로 사용되었다. 시장은 이기적 개인이 최적의 가격을 놓고 경쟁하도록 한다. 스미스는 시장에서의 경쟁은 우리 모두에게 다른 어떤 조직화된 체계보다 더 큰 이익을 제공한다고 믿었다.

일반적으로 경제와 관련하여 스미스가 강조한 것이 '보이지 않는 손'이라고 생각하지만, 실제로 중요한 것은 스미스가 당시 경제에 대한 통념을 부정했다는 사실이다. 스미스는 나라가 토지, 노동, 자본 시장을 통제하는 것이 왕국의 부와 안전을 증대할 수 있는 가장 좋은 방법이라고 주장하는 당시의 중상주의를 체계적으로 비판하였다. 스미스는 당시의 경제체제가 한 나라의 GDP를 증가시키지도 못하며, 장기적으로 지주, 상인, 노동자에게 불리하다는 것을 증명하였다.

애덤 스미스는 자신의 자유주의적 경제사상이 기득권자들의 저항을 초래하고, 정치적 분쟁을 야기할 수도 있다는 사실을 고려하였기 때문에 경제적 자유화가 조심스럽게 점진적으로 진행되기를 바랐다. 스미스는 위대한 철학자였지만, 대단히 온건한 철학자이기도 했다. 애덤 스미스는 경제학과 철학이 '엄밀 과학'이 될 수 있다고 생각하지 않았다.

그러나 그의 추종자들은 그렇게 생각하지 않았다. 《국부론》의 운명에 얽힌 안타까운 사연은 그의 추종자들이 스미스의 원리를 경제학이라는 '엄밀 과학'의 토대로 삼으려고 했다는 점이다.

애덤 스미스는 상업을 문명화의 원동력으로 생각했다. 그에 따르면 상업은 상품과 자원을 분배하여 사람들의 '안락과 편의'를 증진시켰다. 상업은 경제적 자유화를 촉진시켰고 사람들 사이의 소통이 증대되었다. 스미스는 사람들이 상품과 서비스, 감정을 교환하면 할수록 더욱더 서로 신뢰하고 사회를 더 살기 좋은 곳으로 변화시킬 수 있다고 믿었다. 스미스의 입장에서 보면 상업은 사람들의 사회적 행동을 개선한다.

그러나 애덤 스미스는 상업과 더불어 탐욕(greed)을 선(good)으로 생각하는 못된 사람들이 나타날 것이라는 사실을 부정하지 않았다. 우리가 곧잘 잊어버리는 사실 가운데 하나는 스미스가 '탐욕은 선한 것이다'라고 믿는 사람들에 대한 감시를 당시 정부의 임무로 설정했다는 것이다. 스미스는 상인의 존재가 필요하다는 사실을 의심하지 않았지만, 그들에게서 감시의 눈을 거두어서는 안 된다고 생각했다.

애덤 스미스가 생각한 탐욕과 사치, 허영은 칸트의 '비사교적 사교성', 헤겔의 '이성의 간지', 니체의 '대등욕망과 우월욕망'의 원형으로 해석할 수도 있다. 물론 이러한 해석의 시조는 플라톤의 영혼의 삼분법이다. 아래에서 논의하고 있듯이 영혼의 삼분법에 대해 현대 정치철학과 관련시켜 흥미로운 이야기를 지어낸 사람은 프랜시스 후쿠야마이다(후쿠야마 2020, 14-16).

애덤 스미스는 《도덕감정론》(제1부 제3편)에서 부와 권세에 관한 사회심리학적 설명을 제시한다. 인류 역사에서 끊임없이 관찰되고 있는 재력과 권력에의 추구는 사회적으로 인정받으려는 사람들의 욕구와 밀접한 관련이 있다는 것이다. 부를 추구하는 경제활동의 이면에는 사회적 동기가 작용하고 있다는 것이다. 그 동기는 환희 같은 이기적 열정에 대한 사람들의 공감에 근거를 두고 있다. "세상 사람들이 비애보다는 환희에 한층 더 공감하는 경향을 가지고 있기 때문에, 우리는 자신의 부유함을 과시하고 가난을 숨기려 한다." 다른 사람의 부인은 행위를 저지하며, 시인은 우리의 행위를 북돋우는데, 스미스는 그 까닭이 우리의 주된 욕구 중 하나가 다른 이들로부터 존경과 칭찬을 받는 것이기 때문이라고 주장한다. 한 걸음 더 나아가 스미스는 우리는 타인의 존경과 칭찬을 받을 만큼 가치 있기를 원한다고 말한다.

고통스러운 감정보다는 유쾌한 감정에 더욱 공감하는 인간의 속성은 부와 권세에 감탄하고 빈곤과 유약함에는 경멸과 무시의 태도를 보이는 경향성을 만들어낸다고 보는 것이다. 사람들이 세속적·물질적 경쟁에서 남들보다 더 부유하기를 갈망하거나 과시하고자 하는 경향은 이 같은 공감의 법칙과 사회적 승인의 욕구에서 비롯된다는 것이다. 인간이 부를 추구하는 이유는 많은 사람이 생각하듯이 그것이 수단적 가치를 가지거나 인간의 탐욕 때문이 아니라 사회적 인정을 얻기 위해 그렇게 한다는 것이다.

후쿠야마는 민족주의와 종교가 세계 정치에 계속해서 영향을 미칠 것이라고 예견했다. 그 이유는 오늘날의 자유민주주의가 튀모스(Thymos)의 문제를 완전히 해결하지 못했기 때문이다. 플라톤이 말했듯이 튀모스는 인간 영혼을 구성하는 한 부분으로 존엄을 인정받으려는 열망에서 비롯된다. '대등욕망(isothymia)'은 타인과 평등하게 인정받고 싶은 욕구이고, '우월욕망(megalothymia)'은 우월함을 인정받고 싶은 욕구이다.

현대 자유민주주의 체제는 최소한도의 평등한 존중을 지향한다고 표방하며 대체로 그 약속을 이행하고 있다. 이러한 평등 개념은 개인의 권리, 법치주의, 선거권 등으로 구현되었다. 그렇다고 해서 민주국가 국민들이 현실의 삶에서 실제로 평등하게 인정받고 있는 것은 아니다. 특히 소외의 역사를 가진 집단의 구성원은 더욱 그렇다. 국민 전체가 존중받지 못하고 있다고 느낄 수 있다. 이는 공격적인 민족주의에 힘을 실어주기 때문이다. 어떤 집단에서는 자신들이 믿는 종교가 모욕당한다고 느끼기도 한다. 그러므로 대등욕망은 앞으로도 계속 평등한 인정에 대한 욕구를 추동하는 원동력일 것이며 그런 욕구가 완벽하게 충족되는 길은 아직도 요원해 보인다.

다른 중요한 문제는 우월욕망이다. 자유민주주의는 인류에게 평화와 번영을 가져다주는 데 성공적인 역할을 했다. 이와 같은 풍요롭고 안정적인 사회는 니체가 말한 마지막 인간에게 어울리는 공간이다. 마지막 인간은 '가슴이 없는' 인간으로서 소비를 통한 만족만을 추구하며 살지만 내면의 중심에는 아무것도 없는, 즉 기꺼이 분투하며 스스로를 희생할 가치가 있다고 믿는 원대한 목표나 이상이 없는 인간형이다. 그런데 모든 사람이 소비와 안락한 삶에서 만족을 느끼는 것은 아니다. 우월욕망은 예외성을 좋아한다. 예를 들면 리스크를 감수하고, 기념비적인 투쟁으로 뛰어들고, 큰 영향력을 발휘하는 것을 즐긴다. 왜냐하면 이런 행동을 함으로써 다른 이들보다 우월하다는 것을 인정받을 수 있기 때문이다. 우월욕망은 에이브러햄 링컨이나 윈스턴 처칠 또는 넬슨 만델라 같은 영웅적 리더를 낳기도 하지만, 절대 권력을 휘두르며 사회를 재앙에 빠트리는 독재자를 만들기도 한다. 히틀러, 마오쩌둥이 여기에 해당한다.

우월욕망은 어느 사회에나 존재하고 긍정적인 역할도 하기 때문에 그것을 극복하고 무력화시킬 것이 아니라 승화시키거나 완화시켜야 한다. 후쿠야마가《역사의 종언》마지막 장에서 고찰한 문제는 시장경제와 결합한 자유민주주의라는 시스템이 우월욕망의 충분한 배출구를 제공할 것인가 하는 것이었다. 과거 미국을 세운 건국의 아버지들은 우월욕망과 관련된 문제를 날카롭게 인식하고 있었다. 그들은 북아메리카에 공화주의 정치를 수립하는 과정에서 로마 공화정 붕괴를 떠올리고 독재적 전제정치라는 문제를 우려했다. 그 결과 고안한 해결책은 권력을 분산해 리더 개인에게 힘이 집중되는 것을 막는 견제와 균형의 원리에 기초한 헌정체제였다. 후쿠야마는《역사의 종언》에서 시장경제 역시 우월욕망을 배출하는 통로를 제공한다고 하였다. 기업가는 막대한 부를 쌓는 동시에 사회의 전반적인 번영에도 기여할 수 있다. 또는 3종 경기에 출전하는 사람이나 히말라야 등정에 성공해 봉우리 개수의 신기록을 세우는 사람, 세계 최고의 인터넷 기업을 설립하는 사람에게서도 우리는 우월욕망을 엿볼 수 있다.

2) 사익과 공익

스코틀랜드 계몽주의의 전통에서 이전에 억압이나 통제의 대상이었던 인간의 이기적 욕망, 특히 '금전욕'은 그 정당성과 사회적 가치를 인정받게 되었다. 중세 교회는 이기심을 7가지 죄악 중 하나로 규정하고 엄격하게 다스렸으나, 17-18세기의 스코틀랜드 계몽주의 사상가들은 자기애(self-love)에서 파생한 '이익(interest)'을 향한 감정이 사회적으로 해악을 끼치지 않는다는 전제에서 모든 사회 구성원들이 각자 자기의 이익을 열심히 추구하는 사회는, 물질적 풍요뿐만 아니라 사회적 질서와 안정을 초래한다고 주장하였다. 이러한 믿음을 체계적으로 정당화한 사람들을 후세 사람들은 스코틀랜드 계몽주의 사상가라 불렀다. 그 대표적인 학자들이 바로 프란시스 허치슨, 데이비드 흄과 애덤 스미스에 이르는 스코틀랜드의 '도덕철학자들'이다. 18세기 스코틀랜드의 역사적 상황에서 '계몽'의 주역들이 사적인 이익 추구와 공적인 질서 사이의 관계를 정립하는 것을 자신들의 학문적 과제 가운데 하나로 삼은 것이다.

애덤 스미스는 이기심을 경제활동의 원동력으로 설정하고 그것에 윤리적인 정당성을 부여하였다. 근대 산업사회가 발전하고, 자본주의가 성장하면서 이기심에 대한 철학적 해석이 달라진 것이다. 애덤 스미스 이래로 자신의 이익을 추구하는 '경제적 인간'은 경멸의 대상이 아니라 사회 발전과 공익에 헌신하는 사람으로 재인식되었다. 현대 자본주의에 대해 이론적 정당화를 제시한 철학자로 지목되고 있는 애덤 스미스는 '공정한 관찰자'의 역할, 자유경쟁, 정의를 통해서 개인의 이기심이 통제되는 경우에 한해서 개인의 이기심은 공공의 이익을 산출할 수 있다고 믿었다. 그러므로 그를 '보이지 않는 손'에 모든 것을 맡긴 자유방임주의자라고 보는 인식은 잘못된 것이다. 이러한 애덤 스미스의 논변을 심도 있게 이해하기 위해서는 18세기를 주도한 유럽의 계몽주의의 정신과 스미스가 몸담았던 스코틀랜드 계몽주의 전통을 살펴보아야 한다.

3) 시장의 연금술

《도덕감정론》에서 '보이지 않는 손'은 지주가 의도하지 않았으나 사회의 부를 광범위하게 분배하여 평등을 이루는 현상을 설명하고 있고, 《국부론》에서는 이기적인 개인이 자기 의도와는 무관하게 사회의 부를 최대한으로 확대하는 현상을 설명하고 있다. 스미스는 개체가 전체를 의식하거나 전체 질서를 고려하지 않고 하는 행동이 전체의 질서를 초래한다고 설명한다. 그는 개체는 전체의 질서를 미리 머릿속에 그릴 수 있는 능력이 없다고 본다.

스미스의 이러한 입장을 이해하기 위해 《도덕감정론》과 《국부론》이 쓰여진 당시의 지적 배경을 살펴볼 필요가 있다. 스미스는 《도덕감정론》을 집필하면서 루소의 《인간 불평등 기원론》을 염두에 두고 있었다. 루소는 "사유재산 때문에 문명이 타락하였다"라고 주장했는데 실제로는 그렇지 않다는 것이다. 나아가 스미스는 맨더빌의 《꿀벌의 우화》도 염두에 두었다. 맨더빌은 사치, 자만심, 변덕과 같은 악덕이 고용을 확대하고 무역을 증가시켜 공공의 이익에 기여한다고 주장하였다.

그러나 애덤 스미스에 따르면 이기심이 제어될 때만 이기심에 기초한 시장경제는 사회에 질서와 번영을 보장한다. 그는 이기심이 공감에 기초한 '공정한 관찰자'에 의해 제어될 수 있다는 입장을 견지했다는 점에서 인간과 사회에 대해 낙관주의적인 견해를 유지하였다. 인간은 타인에 공감하고 타인의 공감을 바라는 존재이다. 인간은 본성적으로 이기심, 자신의 처지를 개선하려는 의지, 교환하려는 의지, 타인에 대한 관심, 타인으로부터 인정받으려는 욕망을 가지고 있다. 타인에 대한 관심은 공감에서 나온다. 인간은 타인의 감정과 행위에 관심을 가지고, 그것에 공감하는 능력을 지니고 있다. 나아가 사람들은 자신의 마음속에 '공정한 관찰자'를 형성하고, 사람들은 '공정한 관찰자'의 눈을 의식한다. 자신의 감정과 행위가 공정한 관찰자의 칭찬을 받을 수 있길 원한다. 물론 인간의 마음속에는 공정한 관찰자의 목소리를 무시하는 연약함도 있으나, 대개의 경우 공정한 관찰자가 비난하는 일이 없도록 노력한다.

인간은 마음속에 '공정한 관찰자'의 판단에 따르는 것을 일반적 규칙으로 설정하고 그것을 고려하는 감각 곧 의무감을 형성한다. 인간은 자신의 마음속에 분노를 불러일으키는 행위에 대해서는 법을 정하여 처벌한다.

4) '보이지 않는 손'과 생활필수품

스미스의 '보이지 않는 손'은 자유방임주의를 정당화하는 개념으로 이해되어 개인의 탐욕적 이기주의를 정당화하고 국가의 역할을 전면적으로 부정하는 입장의 이론적 모태로 비난받고 있다. 실제로 그러한가. 그는《도덕감정론》과《국부론》에서 '보이지 않는 손'이라는 말을 각각 한 번씩 사용했을 뿐이다.

스미스에 따르면 자연이 우리를 기만(deception)한다는 것은 좋은 일이다. 이러한 기만에 의해 인류는 계속해서 근면하게 일한다. 인간이 땅을 경작하고, 집을 짓고, 도시와 국가를 세우고, 모든 과학과 기술을 발명하고 개선하도록 자극한 것은 바로 이 기만이다. 과학과 기술의 발명과 개선은 인간의 생활을 더 품위 있고 아름답게 만들었다. 과학과 기술의 발전은 전 지구의 얼굴을 전체적으로 변화시켰으며, 자연의 거친 숲을 쾌적하고 비옥한 평원으로 바꾸었고, 사람의 손길이 미치지 않은 쓸모없었던 바다를 새로운 자원의 보고로 만들었으며, 여러 나라의 사람들이 서로 교류할 수 있는 고속도로를 만들었다. 이러한 인류의 노동에 의해 토지의 생산력은 배로 높아졌으며, 훨씬 더 많은 인구가 먹고 살 수 있게 되었다. 거만하고 냉혹한 지주가 자신의 넓은 들판을 바라보면서, 그의 동포 형제들의 궁핍에 대해서는 조금도 생각하지 않고, 그곳에서 재배된 농산물 전부를 자기 혼자 소비하겠다고 상상하는 일은 있을 수 없는 일이다. '눈은 위보다 크다'는 소박하고 평범한 속담은 이 지주의 상황에 아주 잘 들어맞는다. 지주의 위의 크기는 그의 거대한 욕망의 크기에 비례하여 커질 수 없으며, 그의 위도 비천한 농부의 위가 받아들일 수 있는 것 이상으로 받아들일 수는 없다. 그는 자신이 사용하고 남은 농산물들을, 자신이 소비하는 곡식을 경작한 농민에게, 자신이 약간의 농산물을 소비할 때 자신의 집에서 같이 살고 있는 하인들에게, 상류사회의 사람들이 가정에서 사용하는 다양한 자질구레한 물건들을 공급하고 잘 유지시켜주는 사람들에게 아주 자연스러운 방식으로 배분하지 않을 수 없다. 이와 같이 그들은 생활필수품을 지주의 사치와 일시적인 충동(luxury and caprice)으로부터 획득한다. 그들이 자신의 생활필수품을 지주의 인간애나 정의감(his humanity or his justice)에서 얻으려고 한다면, 그들은 아무것도 얻을 수 없을 것이다. 토지에서 나오는 생산물은 언제나 거의 그것이 유지할 수 있는 만큼의 인구를 먹여 살린다. 부자는 오직 생산된 물품 가운데 가장 품질이 좋은 값진 것들을 선택할 뿐이다. 부자들이 가난한 사람들보다 농산물을 더 많이 소비하는 것도 아니다. 그리고 그들의 자연적인 이기심과 탐욕에도 불구하고, 비록 자신만의 편익을 생각함에도 불구하고, 그들이 많은 노동자를 고용해서 추구하는 유일한 목적이 결코 충족될 수 없는 자신들의 허영심과 욕망의 충족임에도 불구하고, 그들은 자신의 모든 노력의 산물들을 가난한 사람들과 나누어 가진다. 그들은 보이지 않는 손의 이끌림을 받아 토지가 모든 주민들에게 똑같이 분배되었을 때 분배되는 것과 거의 동일하게 생활필수품을 분배하게 된다. 그리하여 그러한 분배를 의도하지도 않고, 그것을 알지도 못하면서 사회의 이익을 증진시키고, 인류 번식의 수단을 제공한다(Smith 1984, 183-185).

애덤 스미스는 거만한 지주의 '사치와 일시적 충동'과 '인간애와 정의감'을 비교하고 있다. 그에 따르면 가난한 사람의 생활필수품은 지주의 '사치와 변덕'에서 오는 것이지 '인간애와 정의감'에서 오는 것이 아니다. 스미스는 '인간애와 정의감'을 이기심과 대립되는 개념으로 설정하였다. '인간애'는 다른 사람의 행복을 최대한으로 확대하려 하고, '정의감'은 행복을 좀 더 공평하게 분배하려고 하지만, 실제로 가난한 사람에게 생활필수품을 제공하는 것은 지주의 인간애와 정의감이 아니라 사치와 변덕이라는 것이다.

이어서 그는 "신의 섭리는 대지를 소수의 귀족과 지주에게 나누어주면서 이 분배에서 제외되었다고 생각되는 사람들을 망각하지도 방기하지도 않았다. 제외된 사람들도 대지가 산출하는 모든 것에 대한 그들의 몫을 누린다. 인간 생활의 참된 행복을 구성하는 것에 관한 한, 그들은 자신들보다 사회적으로 훨씬 높은 지위에 있다고 생각되는 사람들보다 결코 나쁜 처지에 있지 않다. 육체의 안락과 마음의 평화에 있어서도, 삶의 수준이 상이한 계층의 모든 사람들이 거의 동일한 수준에 있다. 그리고 큰길가에서 햇볕을 쬐고 앉아 있는 거지도 국왕들이 전투를 통해 지키려고 한 그러한 안전을 이미 누리고 있다"(Smith 1759/1982, 185)라고 말한다. 이러한 말을 통해 애덤 스미스가 강조하고 있는 것은 귀족과 지주, 그 밖의 사람들을 대립적 관계로 파악하지 않고, 귀족과 지주에게 많은 몫이 분배된 것처럼 보이지만 그것을 통해 나머지 사람들에게도 생활필수품이 제공된다는 것이다. 애덤 스미스는 이들 사이의 평등이 아니라 귀족과 지주가 아닌 사람들에게 제공되는 생활필수품에 집중하였다. 중요한 것은 평등한 분배가 아니라 신분이 낮고 재산이 없는 사람들이 생활필수품을 제공받아 최소 생활을 영위할 수 있다는 사실이라는 점을 강조한 것이다.

애덤 스미스는 이와 유사한 주장을《국부론》에서도 하고 있다.

> 각 개인이 자신이 할 수 있는 한 최대한으로 자신의 자본을 국내 산업을 지원하는 데 사용하고, 국내 산업의 생산물이 최대 가치를 갖도록 노력할 때, 각 개인은 필연적으로 그들이 할 수 있는 한 사회의 연간 수입을 최대한으로 높이려고 노력한다. 일반적으로 그들은 공공의 이익을 증진하려는 의도를 가지고 있지 않았으며, 그들이 얼마나 공공의 이익을 증진시켰는지를 알지 못한다는 것은 분명하다. 그들은 해외 산업이 아니라 국내 산업의 지원을 선호함으로써 오직 자신의 안전을 추구한 것이다. 자신의 자원이 최대의 가치를 산출할 수 있는 산업에 투자함으로써 그들은 오직 자신의 이익을 추구한 것이다. 이렇게 함으로써 다른 많은 경우와 같이 보이지 않는 손에 이끌려 자신이 의도한 것 속에 포함되어 있지 않은 목적을 증진시킨다. 자신이 의도하지 않았다고 하여 사회에 항상 더 나쁜 것은 아니다. 자신의 이익을 추구함으로써 사회의 이익을 증진시키려고 실제로 의도했을 때보다 더 효과적으로 사회의 이익을 빈번하게 증진시킨다. 나는 공공의 이익을 위해 사업을 한다고 가장하는 사람들에 의해 좋은 일이 행해진 경우를 본 적이 없다. 실제로 이러한 가장은 상인들 사이에서 흔한 것이 아니며, 그들이 그런 가장을 하지 않도록 하는 데 많은 말이 필요한 것도 아니다(Smith 1982, 456).

《도덕감정론》에서 '보이지 않는 손'은 지주는 의도하지 않았으나 사회의 부를 광범위하게 분배하여 모든 사람에게 생활필수품을 제공하는 현상을 설명하고 있고, 《국부론》에서는 이기적인 개인이 자기 의도와는 무관하게 사회의 부를 최대한으로 확대하는 현상을 설명하고 있다. 스미스는 개체가 전체를 의식하거나 전체 질서를 고려하지 않고 하는 행동이 전체의 질서를 초래한다고 설명한다. 그는 개체는 전체의 질서를 미리 머릿속에 그릴 수 있는 능력이 없다고 본다.

여기서 우리가 주목해야 할 것은 '의도하지 않았다는 것'이다. 개인의 경제활동은 그들이 의도하지 않은 긍정적인 결과를 초래한다는 것이다. 개인의 이익 추구가 그들이 의도하지 않은 사회적 이익에 기여하기 때문에 개인의 경제적 자유를 허용하는 것이 바람직하다는 것이다. 스미스의 이러한 입장은 분명히 경제적 자유를 옹호하는 논변으로 해석할 수 있다. 그러나 스미스의 이러한 주장은 경제활동에만 해당하는 것으로 이해해야 한다.

라파엘은 스미스의 '보이지 않는 손'의 작용을 스토아학파의 '우주의 조화' 사상의 영향으로 확대 해석한다. 라파엘은 다음과 같이 말한다.

> 스미스는 인간사의 자연스러운 흐름에서 선행의 질서를 찾으려고 하였다. 그의 이런 사상은 스토아학파의 윤리사상에서 나왔다. 스미스는 젊은 시절에 스토아학파의 영향을 강하게 받았다. 무엇보다도 스토아학파는 우주의 조화를 믿었다. 그들은 우주의 조화를 그리스어 sympatheia(fellow-feeling)로 표현했는데, sympathy가 이 말에서 나왔다. 물론 sympatheia가 조화로운 우주 안에 존재하는 모든 요소들이 말 그대로 서로 동료의식을 가지고 있다는 의미는 아니다. 이 말이 의미하는 것은 각각의 요소들이 함께 잘 어울려 서로 조화를 이룬다는 의미

> 이다. 애덤 스미스가 그의 윤리 이론에서 사용한 공감이라는 개념은 개인의 마음속에서 일어나는 것이지만, 그는 때때로 조화를 이야기하면서 공감을 설명하고 있다. 그가 우리의 공감의 감정이 가져오는 사회적 결과를 기술할 때, 그의 마음속에 스토아학파의 조화로운 체계라는 개념을 가지고 있었다는 것은 의심의 여지가 없다. 또한 그는 스토아학파의 조화로운 체계라는 아이디어의 도움으로 시장을 사회의 일반적 이익을 가져오는 체계로 인식하였을 것이다(Raphael 1985, 67).

라파엘의 해석은 '보이지 않는 손'의 작용인 조화와 공감이 밀접한 관계 속에 있음을 지적한다. 우리는 애덤 스미스의 조화라는 개념을 귀족과 지주, 그 나머지 사람들과의 관계를 규정하는 개념으로도 이해할 수 있다. 이런 맥락에서 본다면 애덤 스미스는 칼 마르크스 이후 사회철학의 중요한 의제가 된 빈부의 문제, 계급 대립의 문제는 관심의 대상으로 삼지 않았다. 이 문제는 그가 살았던 시대의 중요한 사회문제가 아니었다. 그가 문제 삼은 것은 모든 사람이 기본 생활을 누릴 수 있는 경제적 토대의 확보였다.

애덤 스미스는 정의를 일반적 규칙(general rules)(1759/1984, 제3부, 제4부)과 관련하여 논의하고 있다. 일반적 규칙에는 자혜와 정의가 있으며, 자혜는 미덕이지만 정의는 의무다. 정의에는 엄격한 규칙이 적용된다. 모든 사회는 타인의 생명, 신체, 재산, 명예를 침해하는 행위를 처벌하는 법을 설정한다. 법을 통해 정의는 엄수되어야 한다.

애덤 스미스의 이러한 정의 개념 속에는 부와 소득에 대한 평등한 배분의 개념은 존재하지 않는다. 애덤 스미스는 분배가 아니라 법과 관련하여 정의 개념을 논의하였다(Smith 1982). 따라서 오늘날의 소득과

부의 분배의 불평등과 관련하여 그를 비판하는 것은 적절하지 않다. 그 문제는 그가 살았던 당시에 전혀 중요한 문제가 아니었기 때문이다.

맺음말

계몽주의는 근대라는 새로운 시대를 주도한 이념이자 사상이다. 지금 우리가 보편적 가치라고 생각하는 인권, 자유, 평등은 계몽주의가 준 선물이다. 우리는 계몽주의가 가능하게 한 과학기술과 경제 발전, 개인주의적 자유민주주의의 영향으로 오늘날의 번영과 풍요를 누리고 있다. 그럼에도 불구하고 계몽주의는 보수주의, 낭만주의, 공동체주의, 공화주의, 마르크스주의, 프랑크푸르트학파의 비판이론, 포스트모더니즘, 페미니즘의 비판과 도전을 받았다.

스티븐 핑커에 따르면 계몽주의는 종교, 민족주의, 낭만적 영웅주의와 달리 사람들의 가슴에서 큰 반향을 일으킬 수 없기 때문에 실패할 운명에 처할 수도 있다. 그러나 지금 계몽이 다시 필요한 이유는 이러한 반동적인 이념의 호소력이 지속적으로 영향력을 행사하기 때문에 이성·과학·휴머니즘·진보의 가치를 더욱 강조해야 한다는 것이다.

특히 스코틀랜드 계몽주의의 대표자인 애덤 스미스는《국부론》을 통해 이기적 욕망의 주체로서의 개인에 대한 도덕적 정당화를 시도함으로써 자유시장경제의 이론적 토대를 제시하였다. '보이지 않는 손'을 통해 사익이 의도하지 않은 결과인 공익을 낳는다고 주장함으로써 자유시장을 옹호하였다. 이에 근거하여 '보이지 않는 손'은 공익 추구자로서 국가의 역할을 국방, 치안, 인프라 확충, 최소한의 교육으로 제한하였다.

그러나 흔히 생각하는 것처럼 스미스가 개인의 이기심을 무조건 정당화한 것은 아니다. 인간의 이기심을 경제 발전과 국부의 근원으로 설정한 애덤 스미스는 이기심을 제어하기 위해 몇 가지 장치를 설정하여 이기심의 전면적 해방을 주장하지는 않았다. 애덤 스미스는 인간의 공감 능력은 자신의 내면에 '공정한 관찰자'를 형성하고, '공정한 관찰자'로부터 공감을 얻을 수 없는 행동은 하지 않을 것이라고 주장하였다. 곧 타인에게 해를 주는 행동은 '공정한 관찰자'가 감시하기 때문에 하지 않을 것이라고 믿었던 것이다.

애덤 스미스는 또한 인간의 과도한 이기심 곧 탐욕을 통제할 수 있는 장치 가운데 하나로 행복론을 제시하였다. 모든 사람은 행복을 원하기 때문에, 행복을 해치는 것이 무엇인가를 스스로 알면 그런 행동을 하지 않을 것이라고 생각한 것이다. 애덤 스미스에 따르면 "행복은 마음의 평정과 향유 가운데 있다. 평정이 없이는 향유할 수 없고, 완전한 평정이 있는 곳에는 향유가 항상 존재한다." 이러한 행복관에 따르면, 사람들은 함부로 자신의 욕망만을 추구하지 않을 것이다. 그것은 곧 행복을 해치는 행위이기 때문이다. 그럼에도 불구하고 사람들이 탐욕스러운 이유는 행복과 탐욕에 대한 지식이 부족하기 때문이다.

애덤 스미스가 개인의 이기심을 억제하는 세 번째 장치로 설정한 것은 경쟁이다. 그는 자유무역을 통해 경쟁이 활성화되면, 개인은 자신의 이기심을 무한정 추구할 수 없게 된다는 것이다. 왜냐하면 경쟁이 활성화된 상황에서 자기 이익을 무제한으로 추구하면, 소비자들로부터 선택을 받지 못해 결국 경쟁에서 패배할 수밖에 없기 때문이다.

애덤 스미스가 개인의 이기심을 억제하는 마지막 방법으로 설정한 것은 '정의'이다. 그는 정의를 일반원칙으로 설정하여 정의를 해치는 행동은 국가가 징벌함으로써 개인의 이기심을 통제할 수 있다고 주장하였다.

공감 능력을 지닌 개인은 '공정한 관찰자'를 마음속에 품고 있기 때문에 자신의 이기심을 절제하고, 이기적인 개인이 참여하는 시장은 경쟁을 통해 그들의 이기심을 제한한다. 그뿐만 아니라 우리는 일반적 규칙인 '정의의 규칙'과 '선행의 규칙'을 준수해야 한다는 의무감에 따라 행동한다. 따라서 '공정한 관찰자'와 '경쟁', '일반적 규칙'의 준수가 선행되지 않는다면 사익이 공익을 결과하지 않는다.

이처럼 애덤 스미스는 개인의 이기심이 무조건 공공의 이익에 기여하는 것이 아니라 그것이 적절하게 통제될 때만 공공의 이익에 기여한다고 주장하였다. 그러므로 그는 개인의 이기심에 조건 없이 정당성을 부여한 것은 아니다. 이러한 사실을 고려할 때 애덤 스미스가 자유방임주의를 주창했다는 해석이나, 인간의 이기심을 '보이지 않는 손'에 맡겨두면 무조건 공공의 이익이 도출될 것이라고 보았다는 해석은 잘못된 해석이다.

그뿐만 아니라 오늘날 시장 중심의 경제철학과 정책이 야기한 불평등의 원인을 애덤 스미스의 자유주의로 귀속시키는 것은 18세기 당시 그의 문제의식을 고려하지 않은 비역사적 해석이다. 그는 후세에 문제가 된 불평등을 자신의 문제로 삼은 것이 아니라 모든 사람이 기본적인 생활을 영위할 수 있는 경제적 토대를 마련할 수 있는 경제이론을 모색하였기 때문이다.

애덤 스미스가 오늘날 우리에게 주는 시사점은 불평등의 해소가 아니라 그의 '사와 공', '자유와 질서'에서 찾을 수 있을 것이다. 오늘날 우리는 '사'와 '공'의 관계가 균형 있게 정립되지 못함으로써 한 나라 안에서는 개인과 공동체, 개인과 국가, 국제 관계에서는 나라와 나라 사이에 갈등이 증폭되고 있다. 이러한 상황에서는 모든 사람이 인간다운 삶을 영위할 수 있는 공정한 사회에서 멀어질 수밖에 없다.

우리는 계몽주의 특히 스코틀랜드 계몽주의와 애덤 스미스의 이념과 이상을 담고 있는 '공정한 관찰자'의 정신을 되살림으로써 새로운 길을 모색할 수 있을 것이다. '공정한 관찰자'가 사람들에게 '공정하게 생각할 수 있는 힘'을 키워줌으로써, 우리는 공정한 사회에 한 걸음 더 가까이 갈 수 있을 것이다.

계몽과 근대국가 형성
- 일반적 특성을 중심으로*

정용덕**

인류사에서 사람들은 어떤 형태이든 정치체를 형성하고, 어떤 형태로든 그 정치체와의 관계 속에서 삶을 살았다.[1] 그러나 오늘날 근대국가(the modern state)로 개념화되는 정치체처럼 양자 간에 긴밀한 관계를 바탕으로 긴밀하게 영향을 주고받았던 적은 일찍이 없었다.

특정 시대 특정 공간에서 형성되고 운영되는 정치체의 성격은 당시의 행위 주체와 구조 그리고 관념에 의해 혹은 이들 간의 (다양한 비중에

* 이 글은《OUGHTOPIA》39권 1호(경희대학교 인류사회재건연구원, 2024)에 실린 논문을 수정·보완한 것이다. 이 논문은 재단법인 타우마제인의 2023년도 연구비 지원 사업에 의해 이루어졌다.

** 서울대학교 행정대학원 명예교수.

1 인류는 지금으로부터 대략 2만 년 전 구석기시대의 종식 이후 약 4,000년 동안 정착 생활을 하면서 부족사회나 족장사회로서 매우 "평등한 사회"를 유지하였다. 그러다가 약 6,000년 전 수천 명 규모의 도시국가 출현과 더불어 통치자를 정점으로 하는 "사회의 계급화"가 나타나기 시작했다. 그리고 이들 지배계급의 이익을 지원하기 위해 구성원들을 착취하는 충성스러운 소유물이자 수단인 관료체제가 형성되었다. 그 후 약 1,000년 전부터 사회경제적 대변동이 전개되었다. 특히, 18세기 중반부터 20세기 중반까지 약 200년 동안의 시기에 산업화와 도시화 그리고 인구 증가 등 중요한 사회경제적 변화가 이루어지면서 국정 운영에 획기적인 변화가 이루어졌다(라츠헬더르스 2021, 60-61쪽).

의한) 복합체에 의해 영향을 받는다. 그런데 근대국가처럼 관념이 두드러지게 영향을 미친 경우는 일찍이 없었다. 18세기 유럽에서 하나의 지적 운동으로 시작되고, 당시에 "여러 가지 [의미]로 해석되던 '철학'이라는 말과 애초부터 결합"이 이루어져 발전한 계몽(Enlightenment)[2] 관념이 그것이다. 홉스, 로크, 데카르트, 베일, 라이프니츠, 스피노자 등 초기 사상가들의 기여에 힘입어 18세기는 "철학의 탁월함의 세기"가 되었고, 이것이 계몽사상의 바탕이 되었다(Bristow 2017, 1). 근대국가의 태동은 이 같은 지적 진보에 대한 열망, 그리고 인간 사회와 개인의 삶을 개선하고 완성을 추구하기 위한 진보의 힘에 대한 믿음을 핵심으로 하는 계몽사상에 의해 촉발된 정치적 결정체였다.

이 같은 근대국가의 일반적 특성 규명이 이 논문의 목적이다. 이에 앞서 계몽사상의 태동과 그것을 바탕으로 추진된 근대화 프로젝트에 관해 개관한다.

계몽사상과 근대국가의 태동

1) 과학기술 발전과 계몽사상

계몽사상의 일차적 기원은 이보다 약 200년 앞서 싹트기 시작한 과학혁명에서 찾을 수 있다. "유럽에서 1500~1700년, 즉 16~17세기에 걸쳐 일어난 근대과학의 등장이라는 역사적 현상"이 그것이다(이두갑 2023, 92). 근대과학의 태동은 16세기 초 코페르니쿠스가 지동설을 제기함으로써 시작되었다. 이것은 중세적 세계관에 대한 명백한 도전이었

2 계몽은 18세기에 "빛"이라는 의미의 요소를 지닌 프랑스어(lumieres)와 독일어(Aufklaerung)를 19세기 후반에 영어로 번역한 용어이다(Robertson, 2015: 양창수 옮김, 《계몽》, 박영사, 2023, 1-2쪽).

다. 그 후 갈릴레오를 비롯한 과학자들에 의해 200년 가까운 기간의 논란을 거친 지동설은 17세기 말에 이르러 뉴턴의 "수학적이고 기계적인 세계 시스템"에 의해 정교하게 입증되고 정립되었다(이두갑 2023, 92).

이처럼 새로이 발전한 과학은 단지 우주를 비롯한 자연 세계에 대한 인간의 사고에 영향을 미치는 것으로 끝나지 않았다. 이전의 "지구 중심적인 개념"은 물론이고 "철학적 탐구를 제약하고 인도하는 역할을 했던 여러 기본 전제들"에 대해 도전하고 퇴장시켰다. "신학의 시녀"에 불과했던 철학이-자연계에 대한 설명에서 극적인 성공을 거둔 과학에 힘입어-그 "자체의 원칙에 기초하여 이론과 실천 영역 모두에서 옛것에 도전하고 새로운 것을 형성할 수 있는 능력과 권위를 가진 독립적인 학문"으로 발전해 나갔다(Bristow 2017, 1). 과학은 근대적이고 수학적인 세계관, 세속적인 가치관, 해부와 실험에 바탕을 둔 의학의 발전 등으로 확산되었다.

이 같은 과학 발전을 통해 자연(즉, 물질)을 설명하고 예측하는 인간의 능력이 증대된 결과로서 "물질적 풍요"가 이루어질 수 있다는 기대를 하게 된 것은 매우 자연스러운 일이다.[3] 여기서 더 나아가-새로운 과학적 방법을 통해 자연현상을 객관적으로 설명하고 예측할 수 있게 된 것처럼-이제 사회 세계에 대한 이해 또한 가능하다는 생각에 이르게 되었다. 그리고 이처럼 자연과 사회를 설명하고 예측할 수 있음으로써 궁극적으로 인간들의 삶에 진보를 가져올 수 있다고 믿게 되었다. 과학

3 "실험적 방법"에 의한 과학적 지식은 "고대의 책과 경전을 통해 자연을 이해하는, 사변과 책에 기반한 지식에 비해 더 객관적으로 세상을 바라보는 것"이며, 이것이 "지식의 진보를 보장"한다는 사고로 발전해 나갔다. 베이컨(Francis Bacon)은 이 같은 과학 연구가 정립된 국가는 "유토피아"가 될 수 있다고 주장했다(이두갑 2023, 93, 96-97쪽).

혁명의 시기를 거치면서 인간은 더 이상 그의 타고난 본성에 의해 그리고 사회적 전통이나 신분 구조 등에 의해 정해진 운명에 따라 살아가는 수동적 존재가 아니라, 능동적으로 자신과 사회를 바꿀 수 있는 역사의 주체가 될 수 있다는 적극적인 사고를 갖게 되었다(이두갑 2023, 97).

요컨대 인간의 진보 가능성과 방법에 몰두하던 계몽주의의 시대는 이보다 한 단계 앞서 전개된 자연과학의 발전이 그러한 진보의 주요한 예시이자 미래 진보의 연료가 되면서 전개될 수 있었다(Bristow 2017).

2) 계몽주의와 근대화 프로젝트

계몽 논의는 '근대' 관념과 불가분의 관계 속에서 전개되었다. 계몽은 18세기에 '철학'이라는 말과 애초부터 결합되어 있었는데, 이 철학적 관념은 "근대적인 것, 그리고 점차 근대성(Modernity) 그 자체와 동일시"되어갔다(Robertson 2015, 2). 이른바 "인간의 지위 및 인간이 처한 환경을 근본적으로 개선하는 것에 관하여 새롭고 또한 명백하게 근대적인 이해의 전망을 제시"하는 일이 그것이다. 그리고 이 모든 것은, 칸트의 표현처럼 "이성을 인류에게 이익이 될 수 있는 모든 주제에 적용하는 것"을 의미했다.[4]

이처럼 관념으로서의 계몽사상은 현실에서 다양한 분야에 걸친 근대화 프로젝트로서 전개되었다. 경제학의 경우를 예로 들면, 17세기에

4 칸트(Kant)는 저술《계몽이란 무엇인가》(1784)에서 계몽을 "인류가 자신에게 부과한 미성년의 상태로부터 스스로를 해방한다는 목표를 달성하기 위하여 공공연하게 이성을 사용할 수 있는 자유"를 의미하는 것으로 보았다. 여기서 '이성'이란 그의《순수이성비판》(1781)에서 제시했던 철학, 즉 "원인과 실체를 포괄하는 선험적 정언명제를 구상하고 제시하는 그 이성이 인간이 물리적 세계와 정신적 세계의 쌍방을 이해하는 전제조건"이라고 보았다(Robertson 2015, 1, 11; 칸트, 이한구 옮김, 2009, 13-15쪽).

'정치경제학(political economy)'이라는 용어로 등장하여 국가의 지위와 권력의 기초에 관한 학문으로 계몽주의 이론가들 간에 광범위한 논의가 이루어졌다.[5] 그런데 이 학문의 발전 과정에서 당시 여러 나라의 국가 지도자들에 의해 선별적으로 채택되고 현실에 적용되면서 관념(이론)과 현실(정책) 간에 긴밀한 상호 교류가 이루어졌고, 이 과정에서 양자는 서로의 발전에 지대한 영향을 미쳤다.[6]

계몽사상은 사회문화적 측면에서도 많은 영향을 미쳤다. 대표적으로 문해력의 획기적인 증대를 들 수 있다. 예로써 프랑스의 경우 17세기 말 무렵에 남성 4명 중 1명(여성 7명 중 1명)만이 글을 읽을 수 있었으나, 18세기 말에 이르러서는 2명 중 1명(여성은 4명 중 1명)으로 늘어났다.[7] 사회 구성원의 생각, 즉 여론의 중요성을 강조하기 시작한 것도 이 무렵부터였다. 프랑스의 위정자들처럼 이에 대한 비판적 시각이 일시적으로 제기된 적은 있지만, 잉글랜드를 비롯하여 전반적으로 시민의 자유와 사회 여론을 중시하는 경향이 늘어나기 시작했다.

정치의 경우도 마찬가지이다. 계몽주의 사상은 이성이 사회를 완전히 개조할 수 있다는 관념으로 발전이 이루어지면서 점차 정치적 이상

5 계몽의 경제학에 대한 가장 큰 공헌을 남긴 대표적인 사상가로서 스코틀랜드 출신의 흄(David Hume, 1711-1776)과 스미스(Adam Smith, 1723-1790)를 들 수 있다.

6 프랑스 루이 14세의 대신인 콜베르(Jean-Baptiste Colbert, 1619-1683)와 구르네(Vincent de Gournay, 1712-1759)를, 그리고 독일에서 17세기 중반 여러 영방의 지배자들이 인구와 경제 자원을 부흥시킬 방법을 찾기 위해 '관방학(Cameralism)'이라는 새로운 분야를 개척하기 시작했으며, 폰 유스티(Johann von Justi, 1720-1771)와 폰 존넨펠스(Joseph von Sonnenfels, 1732-1871) 등에 의해 18세기 내내 독일의 경제사상을 지배한 것을 예로 들 수 있다(Robertson 2015, 118, 121, 125).

7 18세기 말 잉글랜드 남성의 60%(여성은 40%)가, 스코틀랜드 남성의 65%가 각각 글을 읽을 수 있게 되었다(Robertson 2015, 158).

주의자들에 의해 수용되었다. 영국 혁명(1688), 미국 혁명(1775-1783), 프랑스 혁명(1789-1799)과 긴밀히 연계되었고[8] 이 과정에서 근대 공화주의, 입헌주의, 민주주의의 기초가 형성되었다. 계몽사상이 무르익어가던 1780년부터 1820년까지의 시기에 근대국가의 운영 원리인 정치-행정 분리, 정-교 분리, 공-사 분리, 공직-공직자 분리, 정부의 부서화, 공무원에 대한 금전적 보수 및 연금 지급 등의 제도 변화와 더불어 공직자를 지배자가 아닌, 국민에 대한 봉사자로 보는 전통이 들어섰다(라츠헬더르스 2021, 61-64). '피지배자들의 동의에 기초한 정부', '자유와 평등'이라는 정치적 이상의 표현 및 제도적 실현, 입헌적인 정치제도에 의해 존중되고 실현되어야 할 '개인적 기본 인권', 질서 있는 사회에서 존중되는 미덕으로서 '종교적 다양성의 관용', '견제와 균형'의 원리에 의해 조직된 기본적 정치권력, 그리고 여타 오늘날 우리에게 친숙한 서구 민주주의 국가들의 정치적 특징들도 모두 이 과정에서 출현한 근대국가의 관념이자 제도들이다(Bristow 2017, 2-1절).

근대국가의 일반적 특성

관념으로서의 계몽주의는 이처럼 현실 세계에서 다양한 근대화 프로젝트로서 구현이 시도되었다. 이 과정에서 양자, 즉 관념으로서의 계몽과 실천으로서의 근대화는 상호 긴밀하게 영향을 주고받으면서 서

8 오늘날 계몽사상의 영향으로 추진된 급진적인 정치 변화에서 파생된 다양한 결과에 대한 재평가가 이루어지고 있다. 특히 프랑스 혁명 과정에서 자행된 폭력과 관련하여, "계몽주의 철학에 몰두하여 1789년의 애국자들은 순진하게 이성을 바탕으로 사회를 위에서 아래로 재구성하려는 유토피아적 계획을 채택했다. … 혁명 첫해에 정부를 변화시키고 사회를 재구성하려는 비범한 사업에 몰입"함으로써 엄청난 후유증을 가져왔다는 등의 지적이 포함된다(Tackett 2015, 2, 166).

로의 발전을 자극하고 도움을 주었다. 그 결과 서구에서 근대화는 다음과 같은 세 가지 중요한 사회 변화가 이루어졌다(Alford & Friedland 1985, 13). 첫째, 사회적 생산의 한 형태인 '자본주의'와 '산업주의'[9]의 발흥이다. 이로 인해 노동생산성의 급격한 증대가 이루어졌다. 둘째, '민주주의 제도'의 성립이다. 이로 인해 일반시민들이 정치에 직접 참여하거나 대의(代議)하기 위한 수단들이 확대되었다. 셋째, 권력구조로서 '관료주의 국가'의 팽창이다. 이것에 의해 국가에 대한 반란에 가담할 수 있는 잠재적인 국내외 위협요인에 대응하는 경찰 및 군사적 통제력을 유지하고, 자본축적의 제조건을 재생산하는 일이 쉬워지게 되었다. 이 세 가지 사회 변화는 상호 긴밀하게 연계돼 있는 것이지만, 이 절에서는 이 가운데 특히 근대적인 국가의 일반적 특성에 초점을 두고 논의한다.

1) 국가의 기능과 제도

오늘날 근대국가라면 지니고 있을 것으로 여기는 몇 가지 일반적인 속성이 있다. 이것을 기능적 측면과 제도적 측면으로 나누어 이해해 볼 수 있다. 첫째, 국가가 수행하는 일(즉, 기능)을 중심으로 접근하여 이해해 볼 수 있다. 초기의 근대국가는 국방, 내치, 안전 및 질서 유지, 그리고 그것을 지원하기 위한 재원 조달을 위한 징세에 그 기능이 국한되었다. 이 기능들을 수행하기 위해 국가는 경찰, 군대, 법원, 재산권 및 시민들 간의 관계에 대한 조정 그리고 징세 제도들을 마련했다. 산업이 발전함에 따라 국가 기능은 재정 확보와 장기적인 자본축적의 문제를

9 기든스는 '산업주의'를 별개의 항목으로 둔다. 이는 산업혁명 이후 기계화를 통해 상품생산의 효율성이 극대화된 점을 부각하기 위한 것이다(Giddens 1990, 55-63).

해결하기 위해 경제성장을 촉진하는 '자본주의 국가'로 성격이 변화하게 되었다. 그 후 자본주의가 발달하면서 그 부작용으로 발생한 빈부격차나 경기변동의 위험이 국가 자체의 불안정을 초래할 염려가 커졌다. 이 때문에 국가가 실업급여, 의료보험, 교육과 같은 사회안전망을 제공함으로써 정당성을 확보하는 '복지국가'로 점차 변화하게 되었다(Dryzek & Dunleavy 2009, 30-31; 정용덕 외 2021, 55).

둘째, 국가를 정부의 제도와 조직들의 집합인 것으로 이해할 수 있다. 국가는 사회 구성원들에 대해 집합적 책임이 있고, 공적 비용에 의해 자금이 부여된다는 의미에서 공적(public) 제도들의 집합으로 간주한다. 여기에는 행정관료제, 군대, 경찰, 법원, 사회보장체계 등 다양한 정부 제도와 기구들이 포함된다. 이같이 정의하는 경우, 국가의 범위는 사회에 비해 작으며, 국가의 목적도 일반 공동체 생활과는 구별된다. 이처럼 제도주의의 시각에서 접근하는 경우, 근대국가는 좀 더 구체적으로 다음과 같은 속성을 지니는 독특한 유형의 정부로 이해할 수 있다(Dunleavy & O'Leary 1987). 1) 국가는-그 외의 나머지 사회 부문과는 구분됨으로써 뚜렷한 공·사 영역을 형성할 수 있는-독자적인 제도(혹은 제도들의 집합)이다. 2) 국가는 그 영토 내에서의 주권(sovereign) 또는 초권력(supreme power) 그리고 강제적 제재에 의해 뒷받침되는 모든 법률의 궁극적 권위이다.[10] 3) 국가의 주권은 그 영토 내에 있는 모든 개인에게 확장되며, 모두에게-심지어는 정부의 공식적 지위에 있는 사람들에게까지도-동등하게 적용된다. 4) 근대국가의 관리직 인사들은 대개 관

10 국가 권위는 강제력에 의해 뒷받침된다. 국가는 법률이 준수되고, 위반자들을 처벌할 수 있는 능력을 가져야 한다. 후술하는 것처럼, 베버(Max Weber, 1864-1920)가 말하는 "정당한 폭력"이 국가 주권의 실제적 표현이다.

료주의적 방식에 의해 충원되고 훈련된다. 5) 국가는 그 활동에 필요한 경비를 마련하기 위해 대상 인구로부터 금전적 세입(조세)을 추출할 능력을 소유한다.

2) 전 영토에 걸친 강제력 독점

그런데 이처럼 기능과 제도를 통해 이해되는 근대국가의 특성 가운데에는 '전통국가'(즉, 근대 이전의 국가들)에서도 발견할 수 있는 요소들이 다수 섞여 있다. 따라서 근대국가의 특성으로 지목할 만한 요소를 밝혀내기 위한 좀 더 세부적인 논의가 필요하다. 이것을 위해 특히 국가에 대한 현실주의적 접근을 시도한 초기의 사회과학자 베버의 국가다움(Statehood)을 충족하는 요건에 대한 견지를 참고할 만하다. 그가 보기에 국가는 좀 더 일반적 범주인 정치 결사체의 한 특수한 형태이지만, 근대국가는 그러한 국가 중에서도 특히 다음과 같은 특별한 성격을 지닌다.

우선, 근대국가는 "그것만이 지닌 독특한 수단, 즉 물리적 힘의 사용과 관련해서만 정의될 수 있다. … [즉, 근대국가라면] 주어진 영토 내에서 물리적 힘의 정당한 사용에 대한 독점권을 성공적으로 주장하는 인간 공동체"로서의 속성을 지닌다(Weber 1970, 77-78). 그리고 "지속성 있게 운영되는 강제력을 지닌 하나의 정치조직이 '국가'라 지칭되기 위해서는 행정 스태프들이 그 조직의 명령을 집행하는 데 있어서 물리적 힘의 정당한 사용에 대한 독점권을 성공적으로 유지할 수 있어야만 한다"(Weber 1978a, 54).

이처럼 폭력 수단의 독점적 통제를 국가를 규정하는 가장 중요한 특징으로 보는 현실주의 시각은 사실 베버에 앞서 일찍이 홉스에 의해 개척된 접근방법이다. 오늘날 근대국가에 대한 진정한 최초의 이론가로 평가되기도 하는 홉스는—자신이 영국에서 직접 겪었던 것처럼—한 나라가 내전 상태로 빠져드는 것을 피하기 위해서라도 사회 구성원들은 "자신들을 경외심으로 사로잡을, 그리고 자신들의 행위를 공동의 이익으로 인도해 갈 공동의 권력"을 수립할 필요성에 동의하게 된다고 보았다. 그리고 "그 같은 공동의 권력을 확립할 수 있는 유일한 방법은 … 개인이 자신의 모든 권력과 힘을 한 사람 혹은 하나의 인간 집단에 양도하고", 이 '공동의 권력' 행사자, 즉 '위대한 리바이어던(Leviathan)'이 "자신에게 이양된 막강한 힘을 사용하게 함으로써, 그로부터 초래되는 공포로 인해 모든 사람이 국내에서는 평화를 위해 그리고 대외적으로는 그들의 적과 맞서 상호 협력하는 데 뜻을 모으도록" 유도하는 것이다.[11] 이 공동의 이익을 추구하는 권력은 그것이 일단 한번 성립되고 나면 그때부터 그 권위는 일일이 동의를 통해서가 아니라 이미 성립된 권력으로부터 나온다. 홉스는 "언약에 불과한 계약은 그 누구를 강제하거나 규제하거나 제약하거나 보호할 어떠한 힘도 갖지 못한다. 오직 '공공의 검'을 통해서만 그러한 힘을 가질 수 있다"고 여겼다(Hobbs 1968, 227-231).[12]

11 홉스(Thomas Hobbs, 1588-1679)는 개인이 자신의 천부적 자유의 대부분을 권위적 군주에게 양도한 것은 '만인의 만인에 대한 전쟁'으로 빠져드는 것을 피할 수 있는 유일한 방법이며, 훌륭한 거래라고 여겼다. 더 나아가 국가가 무력 사용을 효과적으로 독점하면 할수록 그 나라에서 실제로 폭력에 의존하는 빈도는 줄어들 것으로 보았다(Hobbes 1968, 186).

12 홉스보다 더 앞서 현실주의 시각에서 국가의 특성을 논한 사상가로 마키아벨리(Niccolò Machiavelli, 1469-1527)가 있었다. 그는 자신의 저술(《군주론》, 1513년 탈고, 1532년 출간)에서 군주에게 가장 중요한 것은 나라를 지키고 번영시키는 일이라고 주장했다. 19세기 말부터 20세기 초에 이르러, 국가의 소멸을 지향하고 예상한 마르크스주의자들 또한 국가 운영에서 조직화된 폭력을 오히려 더 중시하고 활용하는 현상이 나타났다. 공산주의 혁명 직후 그 체제의 유지 발전을 위해 중앙집권화된 거대한 관료주의 권력체를 형성한 레닌(Vladimir Lenin, 1870-1924)이나, "정치권력은 총구에서 나온다(枪杆子里出政权)"고 했던 마오쩌둥(毛澤東,

이처럼 국가가 "폭력을 사용할 권한의 유일한 원천"으로서의 지위를 갖는다는 명제가 근대국가의 가장 중요한 특성 가운데 하나임은 틀림없다(Weber 1970, 78). 다만, 이같이 폭력의 사용이라는 특성은 근대국가 이전에 출현했던 전통국가들의 경우도 마찬가지였음을 기억할 필요가 있다. 폭력 사용에 관하여 전통국가와 근대국가 간에는 적어도 두 가지 점에서 의미 있는 차이가 있다.

첫째, 근대국가는 공간적으로 관할권을 주장하는 영토의 거의 전 지역에서 폭력의 독점적 사용이 가능해졌다. 계몽과 근대화의 발상지인 유럽의 경우, 봉건시대나 그보다 더 이전인 제국의 시대에 국가가 영토의 전 지역을 실제로 장악하여 폭력을 포함한 권력을 행사할 수 있었던 역사적 사례란 찾아보기 어렵다는 것이 오늘날의 정설이다. 국가가 점점 더 명확하게 자신의 영토로 주장하는 정의된 물리적 공간을 점유하게 되고, 그 지역 전체에서 유일한 합법적 권위를 지님을 주장할 수 있게 된 것은 근대국가로 이행하면서 비로소 가능해진 것이다. 제국의 시대에 '변경(frontier)' 이내에 속한 지방의 정치체들은 조공 등을 통해 제국의 기대를 충족시키는 한 상당한 자율성을 누릴 수 있었다. 전통국가들이 매우 자의적이고 전제적으로 폭력을 사용했던 것도 사실이다. 그러나 그럴 수 있었던 권력 행사의 공간적·시간적 범위는 극히 제한적이고 간헐적이었다. 근대국가 시대에 이르러 뚜렷한 '국경(Board)'이 설정되고, 그 권역 안에서 국가는 비로소 절대적인 권위를 갖게 되었다(Giddens 1985, 49-50).

1893-1976, 1927년 8월7일 후베이성 우한에서 행한 중국공산당 중앙회의 연설)의 말도 같은 맥락에서 이해할 수 있다.

둘째, 근대국가는 거의 모든 영토에 걸쳐 강제력을 일원적으로 독점하여 주권을 행사할 수 있게 되었다. 전통국가의 경우 주권을 주장하는 영토 내에서 폭력의 독점을 실제로 획득한 적이 거의 없었다(Giddens 1985, 189; Mann 1993, 55). 더 나아가 폭력의 실제적 독점보다 더 중요할 수도 있는, '일원적 폭력 질서'의 확립 여부는 좀 더 진정한 근대국가의 시작을 알리는 분기점이었다. 즉, 유럽에서 봉건제와 근대국가의 중간 단계인 절대주의 체제로의 이행은 그 이전에 권력의 원천과 소재가 다중적이었던 것에서 단일의 정당화 구조에 근거한 사회로 전환된 것을 의미한다. 봉건제 시대에 국가의 통치자(왕)는 다차원으로 얽혀 있는 복수의 영주들과 종교적 질서 등에 의해 분산된 다중심적·다원적 권력구조 속의 일원이었다.

> [중세 유럽에서] "정치는 다분히 독자적인 관할권 주체들 사이의 권력투쟁에 의해 이루어졌으며, 이 관할권 주체의 구성원들은 확고한 사회적 계서제와 범사회적 교회에 의해 그 권위가 신성화된 세속적 지배자와의 봉건적 관계에 바탕을 두고 있는 일정한 면책특권과 의무를 다 같이 누리는 것이었다"(Bendix 1964, 39).

중세시대에 - 특히 봉건 영토 내에서 - 왕과 귀족들 간에 발생한 권력투쟁이 가장 격렬했다. 왕은 그의 지배 영역을 확장하고 귀족들을 그에게 의존시키기 위해 믿을 수 있는 가신의 수와 행정 능력의 증대를 통해 귀족들에 대한 통제력 증대를 꾀했다. 반면, 귀족들은 왕으로부터 자신들에게 부과되는 업무 수행을 위해 주어진 권리의 보장 혹은 특권의 신장을 꾀하려고 노력했다. 이 같은 권력투쟁이 몇 세기에 걸쳐 전개되면서 점차 절대권력 체제로의 이행이 이루어져 나갔다. 절대주의 시대(16-18세기)에 비로소 왕은 그가 임명한 관리들을 통해 전국에 걸친 일정한 권력을 행사하게 되었고, 비로소 통합된 사회질서를 관장하는 단일의 권력 중심이 형성되었다.[13]

이처럼 봉건제에서 절대주의 체제로의 이행은 근대국가 도래의 기반이 되었다.[14] 그리고 전통국가와는 달리, 국가 간의 경계가 좀 더 명확해지게 되었고, 국가를 국민(Nation)-즉, "명확히 경계 지워진 영토 내에 존재하는, 단일행정의 대상이 되는 집합체"-과 동일시하는 경향이 생겼다(Giddens 1985, 116). 근대국가가 국민국가(Nation state)로서의 특성을 갖게 되고, 이것을 기본 단위로 국제질서가 형성된 것이다.

3) 주권자로서의 인민의 동의

이처럼 전 영토에 걸친 폭력의 독점적 사용이라는 국가만의 특수한 지위에 더하여, 근대국가의 또 다른 특성 하나는 그 권위를 인민(People)의 동의를 통해 부여받는다(혹은 부여받는 것으로 여긴다)는 인식이 형성된

13 절대군주의 지배권을 확장시킨 요인에는 화폐경제의 발달과 (구 귀족계급에 대항하여 군주와 제휴한) 새로운 중산계급의 대두, 그리고 당시 법학자들의 로마법 개념 재평가 등이 포함된다. 로마 시대에 "국가는 군주가 소유하는 것이고, 주권은 개인적으로 군주에 속하였다. 군주만이 합법적으로 주권을 행사하며 그것을 상속인에게 전할 수 있거나 처분할 수 있다. … 주권이란 명령권이었으며, 명령을 받는 자는 복종할 의무를 가졌다. 법이란 군주의 의지의 가시적 표현이었으며 호소할 수 있는 더 이상의 높은 권위는 존재하지 않았다"는 해석이 그것이다(Chapman 1959, 15-16).

14 근대국가 이전에는 국가가 전 지역을 통제하고 통합할 수 있도록 중심으로의 권력 집권화가 되어 있지 않았으며, 사람과 사물을 통제할 기술적인 관리능력 또한 여의치 않았다. 근대화와 더불어 급속히 늘어난 이 두 가지 능력의 확대에 힘입어 계몽주의와 더불어 대두한 이른바 '신념정치(Politics of faith)'를 시도할 수 있게 되었다(Oakeshott 1996: 박동천 옮김, 2015, 100-106쪽).

점이다. 봉건제 국가든, 그 이전에 존재했던 로마나 칭기즈칸의 몽골 같은 제국이든 모두 (반란 여지의 봉쇄 등을 위해) 필요한 경우 특정 지역과 인구들에 대해 그때그때 선별적으로 폭력을 동원하여 사용할 수 있었다. 그런데 이때 국가가 피치자의 동의라는 정당성을 바탕으로 하느냐가 전통국가와 근대국가를 구분하는 중요한 특징 가운데 하나가 된 것이다.

전술한 것처럼, 본래 국가가 전 영토에 대해 강제력을 독점한다는 관념은 국가가 영토 내에서 "궁극적이고 절대적인 권위"인 주권을 갖는다는 의미로서, 해당 관할권 내에서는 다른 어떠한 행위자도 주권국가의 의지를 거스를 수 없다는 것으로 이해되었다(Hinsley 1986, 1).[15] 그런데 이 같은 홉스의 국가 주권 관념에 대한 비판과 더불어 변화가 나타나기 시작했다. 즉, 주권의 소재를 국가가 아니라 국민에게서 찾으려는 경향이 그것이다. 정부가 적절하고 합법적인 권위를 행사하기 위해서는 정부에 대한 모종의 지속적인 승인이 필요하다는 등 주권자가 시민의 의지에 훨씬 더 많이 종속되어야 한다고 주장한 로크(John Locke, 1632-1704), 보다 급진적으로 주권이 인민에게 있어야 함을 강조한 루소(Jean Jacques Roussseau, 1712-1778), "우리, 인민들(We, the People)…"이라는 조

15 이 같은 국가 주권 관념을 가장 단호하게 주장한 것은 홉스의 '리바이어던' 개념이었다(Hobbes 1968, 230-232). 공동체의 성원이 한데 모여 일단 자신들이 지배하는 주권자를 옹립하기로 합의하면, 그 주권자는 거의 무제한적인 권력을 갖는다. 계약의 조건은 번복될 수 없으며, 공동체 성원들이 주권자의 창출을 서로 원했기 때문에, 이 성원들이 주권자의 행위에 모든 것을 위임하는 것으로 간주된다. 그렇지만 홉스도 주권자가 성원 가운데 누군가에게 합당하지 않은 명령 등을 행하는 경우는 불복종의 자유가 주어지며, 주권자에 대한 신민의 의무는 주권자가 신민을 보호할 능력을 보유하는 동안만 지속되고, 그 이상은 지속되지 않는 것으로 이해되어야 한다고 주장한 점에서는 주권자의 합법적 권위에 대한 제약이 있을 수 있음을 인정한 것으로 간주할 수 있다(Hobbes 1968, 268-269, 272).

문으로 시작하여 인민주권을 제1원칙으로 상정한 미합중국 헌법을 비롯한 입헌주의자들, 그리고 근현대 민주주의 옹호론자들은 한결같이 정당한 주권이 인민에게 있다는 견지를 일관되게 제시한다.[16] 자연히 국민 개념은 "유일하게 주권을 소지한 일단의 사람들"로 바뀌게 된다(Greenfield 1992, 8). 절대주의 시대에 '신민(Subjects)'이던 사회 구성원들은 유럽 민주주의의 역사적 주요 전환점이 된 프랑스 대혁명(1789-1794) 과정에서 전개된 시민권 담론을 계기로 적극적인 역할 수행과 더불어 이제 주권자(Sovereign)로서의 지위를 획득해 나가기 시작한 것이다. 이는 "신민이 시민으로 변모"하고, "군주로부터 시민 정치체로의 주권 이양"이 이루어지기 시작하고, "국가에서 국민으로 변모"하기 시작한 것을 의미한다(Turner 1990, 211, 208).

그렇기는 해도 현실에서 근대국가의 행동은 대개 "강제에 의해 뒷받침되는 관리된 동의의 형태", 즉 강제와 동의가 혼재하는 상태에서 구현되고 있다는 것이 사회과학적 정설이다.[17] 강제력을 행사하면서 동시에 그에 대한 정당성을 확보하는 모양새라고 할 수 있다. 이를 위해 국가는 강제력을 행사하기 위한 억압기구 외에 복지·교육 등의 사회통합정책과 그것을 지원하기 위한 복지·교육기구 등을 제도화한다. 더

16 이외에도 모든 법적 권위를 한 기관 혹은 한 사람에게 귀속시키자는 홉스식 주권 관념을 거부하고 주권분할(즉, 행정, 입법, 사법 간의 권력분립 등)을 시도, 주권을 갖는 국민이 자신들의 소망을 표현하는 한 방식인 민주주의의 증진을 통해 아예 주권 관념 자체에 대한 이상주의적 반대운동 등의 주장이 대안에 포함된다. 그런가 하면, 민주적 주권에 대한 두려움을 나타내는 시각도 존재한다. 인민주권 관념의 배후에 '다수에 의한 독재'의 가능성을 염려하는 자유주의자들과 보수주의자들의 시각이 그것이다. 기존의 재산권 질서나 개인적 자유에 대한 위협이 따를 수 있다고 보는 것이다.

17 Pierson 1996: 박형신·이택명 옮김, 1998, 26쪽.

나아가 문화적·이데올로기적 통제 방식과 그것을 지원하기 위한 이데올로기 기구(Ideological apparatus)를 제도화하기도 한다(정용덕, 2002). 그렇다고는 해도 "무력 행사의 위협, 그리고 필요할 경우 무력의 실제적 사용은 언제나 다른 [방식들이] 실패했을 때 사용할 수 있는 최후의 수단"으로 남겨진다(Weber 1978, 54).[18]

4) 징세 능력 확대와 하부구조 권력

근대국가가 이처럼 외국과의 경쟁이나 자국 내에서 절대적인 지배권 확보를 유지하려면 막강한 군사력과 법질서 기구를 갖추고 활용할 수 있는 능력이 필수적 요건이 되었다.[19] 유럽에서 "1500년에 약 500여 개의 독자적인 정치단위가 있었으나, 1900년에는 약 25개에 불과하게 되었다"는 분석이 있다(Tilly 1975, 15). 이처럼 치열한 약육강식의 생존경쟁에서 만일 수취 능력의 뒷받침이 없었다면, 그래서 군주가 "시민으로부터 국가 형성과 전쟁 수행과 국방을 위한 수단을 끌어내지 못했

18 예로써 시민권(Citizenship)과 국가 간의 관계에서 시민권 부여 및 자격 요건은 늘 국가 기구의 결정 사항으로 남아 있다. '복지 시민권'이니 '정치적 시민권' 등 개념의 확대에도 불구하고, 국가는 시민권이 권리뿐만 아니라 (병역의무를 비롯한) 의무 또한 수반하는 것임을 강조해왔다. 시민권의 확대가 국가에 우선하여 국가에 반대할 수 있는 권위를 개인에게 부여하는 것이라면, 동시에 (모든 시민의 집합적 의지의 표현으로 간주되는) 국가가 시민에게 의무의 수반을 강화하는 의미이기도 하다.

19 근대국가가 국가 간에 뚜렷한 경계를 설정하고 그 내부에서 일원적으로 강제력을 독점해 나가는 과정은 국가 간에 전쟁을 포함한 치열한 경쟁을 포함하는 것이었다. 국가가 유지되고 확장을 꾀하려면 상비군 유지가 필요했다. 이 같은 "상비군의 창설은 사회로부터의 자원 수취를 부추기고 유럽 국가 건설의 장구한 기간에 걸쳐 국가의 강제력을 행사할 수 있게 해준 요인 가운데 단일 요인으로서는 가장 큰 것"이었다. 이것은 곧 '징세' 능력의 획기적 증대를 필요로 하는 것이었다. "전쟁이 국가를 만들고 국가는 전쟁을 만든다"는 유명한 명제가 나온 배경이다(Tilly 1975, 73, 42). 그리고 처음에 전쟁이라는 긴박한 상황에서 도입된 징세 제도지만, 이것이 일단 제도화된 후에는 전쟁 이외의 목적을 위해 계속 유지되고 활용되었다.

다면" 국가 지도자로서 그의 입지는 유지되기 힘들었을 것이 분명하다(Tilly 1990, 96).

더 나아가 군주는 피치자인 국민의 동의를 확보하기 위해 다양한 활동을 강구하고 시행할 필요성도 증가했다. 이래저래 확장된 이 모든 활동들을 지원하기 위한 기본 요건으로 국가는 점점 더 많은 재정의 확충이 필요했다. 재정 자원의 수취 능력 증대가 근대국가를 이전의 전통국가와 구분 짓는 가장 기본적인 요소 중 하나가 된 배경이다.

확실히 근대국가의 세금 징수는 규모에서나 방법 면에서 그 이전과는 획기적인 차이를 보인다. 18세기 이전에 부정기적이고 임의적으로 이루어지던 징세 활동이 일정한 규모로 확대되어 이루어지게 되었고, 방법 면에서도 무자비한 폭력이나 '정복자의 권리'만으로 정당화되던 것(Mann 1943, 225)에서 좀 더 체계적이고 광범위하며 정기적이고 법에 근거하는 방식으로(Schumpeter 1954) 이루어지게 되었다. 이같이 잘 정비된 근대국가 특유의 재원 수취가 가능하게 된 배경에는 후술하는 근대 관료제 행정의 발달과 더불어 화폐에 의한 교환경제의 출현이 자리 잡고 있었다.

재정 확보를 위해 징세 능력을 증대시키는 과정에서 국가는 사회에 대한 다양한 감시(Surveillance)와 통제 그리고 침투 능력을 증진할 필요성이 커졌다.[20] 그리고 이 과정에서 실제로 국가의 사회에 대한 감시와 감독 그리고 침투 등의 소위 근대국가의 '하부구조 권력(Infrastructural power)'이 획기적으로 증대되었다(Giddens 1985, 157-159; Mann 1993). 전통

20 감시는 정보의 수집과 축적 그리고 관리에 의한 "행정력의 동원체제로서 국민국가의 형성에 필요한 유력한 자원들을 집중시키는 주된 수단"이 되었다(Giddens 1985, 181; 황한찬·정용덕 2023).

국가와 마찬가지로 필요한 경우에 국가가 인민의 동의 없이 동원할 수 있는 폭력 - 즉, '전제권력(Despotic power)' - 의 사용은 줄어든 반면, 근대국가는 하부구조 권력을 또한 갖추고, 그것에 의한 다양한 활동을 효과적으로 수행함으로써 피치자들의 동의를 얻어내는 방식으로 전환되었다.[21]

이 대목과 관련하여 근대국가 시대에 나타난 흥미로운 현상 하나를 눈여겨볼 필요가 있다. 즉, 전통국가에서 근대국가로 이행이 이루어지고 공고화되는 과정에서 점진적인 평화가 도래한 사실이다. 이전보다 훨씬 더 절대적이고 폭넓은 권력을 소유하게 되었으나, 근대국가의 일상에서 국가의 실제 폭력 사용은 오히려 급격하게 줄어든 것이다. 이 같은 현상을 설명하기 위해 여러 가지 가설이 설정될 수 있을 것이다. 홉스의 예상처럼, 개인이 자신의 안전과 공동체의 질서 유지를 위해 리바이어던에게 스스로 알아서 복종하기 때문이거나, 국가가 감시와 통제 능력을 획기적으로 확보할 수 있게 됨으로써 질서 유지에 방해가 될 수 있는 요인들을 사전에 미리미리 방지할 수 있게 되었기 때문이거나, 좀 더 근본적으로 "인간 활동에 대한 시공을 넘어서는 통제", 즉 근대국가의 정교한 '규율권력(Disciplinary power)'에 길들여졌기 때문(Foucault 1975; Giddens 1985, 46-47)이라는 등의 가설이 그것이다(황한찬·정용덕 2023). 여기에 더해 근대화와 더불어 자본주의 경제질서가 등장하게 되었고, 시장에서의 자유로운 경제활동을 통한 자본축적은 국가의 존속을 위해

21 군사력에 의해 한(漢) 제국을 건설한 유방(劉邦, BC 247-BC 195)에게 그의 참모[陸賈]가 "말 위에서 천하를 얻을 수는 있어도 말 위에서 천하를 다스릴 수 없다[馬上得之 馬上治之]"(〈陸賈列傳〉, 《漢書》, 卷43)고 조언했다는 중국 고사도 전제 권력과 하부구조 권력 개념의 차이를 이해하는 데 하나의 암시가 될 수 있을 것이다.

서도 필수적인 요건이 되면서, 주요 경제 관계에서 국가의 폭력이 배제되기에 이른 것이라는 가설 또한 빼놓을 수 없다(Giddens 1985, 181-192).[22]

5) 근대 관료제의 제도화

계몽사상을 바탕으로 촉진된 근대화 프로젝트의 정치적 결정체를 근대 국민국가의 제도화라고 한다면, 그 국민국가의 핵심을 구성하는 제도적 결정체를 근대 관료제로 볼 수 있을 것이다.[23]

위에서 살펴본 것처럼, 전쟁 수행 등 근대국가의 형성 과정에서 필요한 재원의 수취 능력을 뒷받침하기 위해 다양한 관리기술들이 강구되고 축적되었다. 재정 자원의 수취를 위해 사회 부문의 실태에 대한 정확한 정보가 필요했고, 이를 뒷받침하기 위해 감시와 침투 그리고 규제 등의 관리능력을 증진할 필요가 있었다. 문서 작성과 보관, 인적 및 물적 이동에 관한 정보처리 기술 등의 발전에 따라 이전의 전통국가에서는 엄두도 못낼 수준의 관리능력이 축적되고 활용되었다.[24] 당시 전반

22 근대국가는 명목상으로든 제도적으로든 사회 부문 및 경제 부문과의 분리 원칙을 발전시켜왔다. 그러나 이처럼 분리된 상태이지만, 필요에 따라 이전보다 훨씬 더 효율적이고 효과적으로 개입할 수 있는 능력을 갖추어 왔고, 실제로도 그렇게 행동했다. 이 같은 개입에 대한 설명과 평가는 시각에 따라 다양하게 이루어질 수 있다. 시대적 필요성에 대한 국가의 대응인 것으로 간주하는 자율국가 이론이나, 자본의 필요에 부응하여 노동의 착취에 기여한 것으로 보는 마르크스주의의 시각이 대표적인 예다.

23 일찍이 헤겔은 관료제를 시민사회의 이기적인 계급들과는 대조되는 보편적 계급으로써 "민주주의의 새로운 수호자"로 이해했다(라츠헬더르스 2021, 61쪽). 그리고 이같이 보편적이고 중립적인 계급인 관료제에 의한 "공정성과 지성"이 발휘되는 행정이야말로 근대국가의 근간인 것으로 여겼다(Shaw 1992, 297, 382).

24 16세기부터 이미 산업 부문에서 사용되기 시작한 다양한 기술들-예를 들면, "금융, 부기, 기록관리, 각종 목록, 서류철, 여권, 문서, 색인 등"-을 행정관리에 효과적으로 사용할 수 있게 됨으로써 국가는 권력을 증대할 수 있었다(Oakeshott 1996, 105).

적인 과학기술의 발전에 힘입은 이 같은 징세를 위한 관리기술의 발전은 근대국가의 하부구조 권력을 형성하는 것이며, 근대 관료제의 제도화를 위한 준비 과정이었다.[25] 그런데 근대 관료제는 이같이 행정관리의 단순히 기술적 측면의 발전뿐만이 아닌, 좀 더 심오한 근대적 가치를 내포한 제도적 발전의 성격을 지닌다.[26] 근대 관료제의 특성을 이해하기 위해 베버(Weber 1978a, 217-226; 1978b, 956-1005)가 하나의 이념형으로 정리한 내용을 바탕으로 다음과 같이 요약할 수 있다.

첫째, 국정에서 필수 요건인 권위(Authority)를 합법성과 합리성에서 구한다. 국정은 그것이 국가조직 내부에서든 국가조직(인)과 사회조직(인) 사이에서든 지배(Domination)의 형태로 이루어진다. 지배는 그것을 뒷받침할 힘이 있어야 한다. 우선, 강제적 권력을 동원할 수 있으나, 이것에만 의존해서는 효과성과 지속 가능성이 없다. 따라서 국가조직의 내부 구성원 혹은 사회조직(인)이 자발적으로 순응하도록 하기 위한 힘, 즉 권위가 필요하다. 조직 내부의 구성원 혹은 사회의 구성원으로부터 지배에 필요한 권위를 확보하기 위해서는 정당성이 필요하다. 전근대 시대에 오랜 관습이나 관행 같은 전통[27]이나 종교적 권위 혹은

25 근대 조세국가(Tax State) 제도는 후일 베버가 묘사한 근대국가의 거의 모든 특징을 공유하는 것이었다(Schumpeter 1954).

26 유럽에서 상대적으로 일찍 중앙집권화된 영국 같은 봉건체제에서도 관리들은 어느 정도 전문 행정가로 여겨질 만큼 훈련을 받고 임무도 주어졌으며, 행정의 기초적인 기술도 얼마간 발전이 이루어졌다. 그러나 중세 봉건주의 국가들의 관료들은 "단순히 왕가의 구성원에 불과했[고] … 국가의 공무는 궁정의 가무(家務)와 뒤섞여 있었[으며]" 왕가와 왕의 지배영역이 왕의 사신(私臣)들에 의해 관리되던 가산제(patrimonialism) 체제인 점에서 근대국가와는 근본적으로 다르다(Tout 1952, 69).

27 가신인 관리들에게 임의로 권한 위임을 통해 국정을 운영하던 가부장주의(Paternalism) 체제에서의 왕조차도 전통이라면 최대한 존중했던 것으로 알려져 있다.

지배자의 카리스마 등에서 찾았던 정당성의 근거는 계몽사상의 전개와 더불어 거부되었다. 대신에 근대 시대에는 법적 권위(즉, 공정한 관료제 및 법률에 따라 시행되는 국가의 법 원칙 구현)와 합리적 권위(즉, 원인과 결과에 대한 이성적 판단에 근거하여 내린 최선의 결정)에서 찾게 된다. 부연하면, 법적 권위는 "제정된 규칙의 합법성과 그 같은 규칙하에서 권위를 부여받은 자가 갖는 명령 하달권에 대한 믿음"에 근거한다(Weber 1978a, 215). 그리고 합리적 권위는 계몽사상가들이 근대화 그 자체와 동일시했던 합리화(Rationalization)의 연장선이다.

둘째, 국정 담당자는 권력의 행사에서 탈사인성(Impersonality)을 전제로 해야 한다. 앞에서의 입헌주의에 대한 강조는 법에 의한 국정 운영, 즉 '인간의 지배가 아니라 법의 지배'를 의미한다는 관념이다. 특정인의 주관적이고 독단적인 의지에 의해서가 아니라, 보편적이고 공식적인 법률의 객관적 결정에 의해 지배되는 것이어야 한다는 의미이다. 입헌적 질서 내에서 권력을 행사하는 사람들은 스스로 합법적인 방식으로, 그리고 공적으로 인정된 절차에 따라 권력을 행사해야 한다. 국정을 담당하는 사람들은 개인적 기초에 의해서가 아니라 특정 국가기구의 직무를 맡은 사람이라는 공적 위상에 의해 권력을 행사하는 것이라는 인식이다. 이 같은 '법치 행정'에서 예외란 있을 수 없다. 그 법을 제정하거나 그것을 집행하는 사람들 모두가 동일하게 그 법을 준수해야 하고, 그 법에 따라 규제받는다.

이상 두 가지 중요한 원리 외에도 다양하고 구체적인 요소들이 근대 관료제를 구성한다. 이 같은 원리들을 바탕으로 하는 근대 관료제는 근대 이전의(고대 이집트와 중국을 포함하여 동서양에 존재했던) 전통국가의 관료제와는 많은 유사성에도 불구하고 구분되는 독특한 성격을 지닌다. 근대 관료제는 근대화와 더불어 발달한 화폐경제를 바탕으로 하는 자본주의, 그리고 시민의 권리를 신장하는 민주주의와 상호 견제와 협력을 주고받으며 서로의 발달에 기여했다. 그리고 이 같은 특성을 지닌 국정 운영의 "관료제화(Bureaucratization)"는 근대화와 더불어 세계 전역으로 확산되어 나갔다(Jacoby 1973).[28]

맺음말

이상에서 17세기 무렵에 서구에서 발흥하기 시작한 계몽사상이 근대국가 형성에 미친 영향을 살펴보았다. 16세기 무렵부터 발전하기 시작한 과학기술이 철학자들의 계몽사상을 불러일으켰고, 그것에 기반한 사회적 진보와 근대화를 동일시하면서 다양한 분야에서 근대화 프로젝트가 추진되었다. 근대국가 형성은 정치적 측면에서 이루어진 근대화 프로젝트의 결정체라고 할 수 있다. 근대국가는 그 이전의 정치체(즉, 전통국가)들과는 구분되는, 의미 있는 특성을 배태하고 있는바, 이 글에서는 그중에서 특히 일반적으로 나타나는 중요한 몇 가지를 선별하여 살펴보았다.

그러나 현실 세계에서는 이 같은 근대국가의 일반형이 나라에 따라 그리고 시대에 따라 다양한 형태의 모습으로 전개되었음을 간과할 수 없다. 앞에서 살펴보았듯이, 계몽사상에 의해 촉진된 근대화 프로젝트에 의해 서구에서 자본주의 및 산업주의의 발달, 관료제 국가의 확대,

28 베버는 관료제를 인류가 창안한 "다른 어떤 조직 형태보다도 기술적으로 우월"하며, "인간에 대해 권위를 행사하기 위해 알려진 수단 가운데 가장 합리적인 것"으로 평가했다(1970, 232; 1978a, 223; 1978b, 971, 983, 987). 그 후 이 같은 평가에 대한 수많은 도전이 있었으나, 근대 관료제는 그것의 모체인 근대국가와 더불어 여전히 그것을 대체할 수 있는 대안은 없는 채로 유지되고 있다.

민주주의 제도의 촉진이 이루어졌다. 그런데 이들 세 가지 현상은 나라에 따라 그리고 시대에 따라 그들 간의 상대적 비중이나 우선순위가 바뀌면서 다양한 형태로 전개되었다. 영국과 미국의 경우 자본주의와 산업주의가 먼저 발전하고, 시장에서 부를 축적한 상공인들이 납세 문제에 민감해지면서 대의민주주의 발전이 이루어졌다. 그 이후 도시화·불공정거래·빈부격차 등 복잡한 산업사회의 문제가 대두하면서 관료제 국가의 발전도 뒤이어 이루어졌다. 반면에 독일을 비롯한 유럽 대륙계 국가들의 경우, 강력한 관료주의 국가가 먼저 제도화되고, 이러한 국가의 주도하에 소위 '위로부터의 산업화'가 추진되었으며, 그 후 마지막 단계에 이르러서야 비로소 민주주의가 아울러 발전하게 되었다.

이같이 일반형으로서의 근대국가가 현실 세계에서 상황에 따라 다양한 모습으로 가지를 치면서 제도화되어온 과정과 내용을 몇 가지 이념형으로 식별해 보는 것은 매우 의미 있는 지적 작업이다. 대표적인 예로써, 영어 사용권 나라들과 유럽 대륙권 나라들의 국가와 행정의 특성을 '시민연합으로서의 국가' 대 '목적연합으로서의 국가'(Oakeshott 1975), 혹은 '공공이익(Public Interest)' 대 '법치국가(Rechtsstaat)'(Pierre 2011; Khulmann & Wollmann 2014) 패러다임으로 구분하는 경우를 들 수 있다. 그리고 후기산업화와 후기민주화 시대에 대안으로 고려할 수 있는 '포스트 근대국가' 모형의 내용과 가능성에 대해서도 논의할 필요가 있다.

좀 더 중요한 것은 이같이 이념형으로 구분해 볼 수 있는 근대국가의 전개가 현실에서 각 나라가 처해 있는 지정학적 요인과 문화 등의 구조와 행위주체들의 합리적 선택을 좌우하는 중범위 혹은 미시적 제도 등에 긴밀하게 연계돼 있다는 점이다. 이러한 제 요인과의 연계성을 고려하면서 일반형으로서의 근대국가가 좀 더 세부적인 이념형으로 구분할 수 있는 다양한 유형으로 가지를 뻗어온 역사를 비교사회과학적으로 분석하는 일은 후속 연구과제로 남겨둔다.

또 다른 하나의 중요한 연구과제는 이들 서구에서의 근대국가 발전이 비서구권, 특히 동아시아에서 어떤 과정을 거쳐 어떤 형태로 전개되었는가에 대한 사회과학적 분석이다. 특히 한국에서 계몽이나 문명 관념 등은 서구와 비교하면 매우 늦은 시기인 1880년대에 이르러서야 비로소 유길준이나 윤치호 등에 의해 소개되기 시작했다. 그나마 급변하는 국내외 사정으로 인해 독자적인 근대화 작업에 제동이 걸리면서, 열강의 다툼 속에 주도권을 장악한 일제에 의해 '일본화'된 근대국가 제도가 한국에 유입되었다. 한국 국가의 특성을 이해하기 위해 일본의 근대화 과정을 더불어 고찰해야 할 필요성이 있는 이유다. 프로이센의 목적국가 모델을 바탕으로 하면서도 일본화된 국민국가 모델은 제2차 세계대전 이후 소위 '발전국가(the developmental state)'라는 이름으로 일본, 한국, 타이완, 홍콩, 싱가포르 등에서 부활한다(Painter & Peters 2010).

계몽 관념 자체가 나라에 따라 상이한 정치적 해석과 변형과 계승이 이루어졌듯이, 국가 행정 또한 나라에 따라 정치적으로 특이한 제도화가 이루어졌다. 마찬가지로 한 나라에서 다른 나라로의 제도이식(institutional transplantation)은 원형 그대로 되는 것이 아니라, 의도하든 의도하지 않든 변형이 이루어지면서 토착화가 진행되기 마련이다. 유럽 대륙, 특히 주로 프로이센과 부분적으로 프랑스의 국가 제도가 일본을 거쳐 한국으로 이식되는 과정에서 어떠한 변형이 이루어졌는지, 그리고 그로 인해 국가 발전에 어떤 긍정 및 부정적 결과가 초래되었는지를 경험적으로 규명하는 작업도 후속 연구과제로 남겨 둔다.

계몽주의의 갱신을 위한 선결과제 고찰*

강학순**

현대에 와서 인류 문명의 미래에 대한 의미 있는 담론들 중에서 '근대와 탈근대 논쟁'은 계몽주의를 둘러싸고 벌어져 왔다. 그것은 계몽주의에 대한 비판적 시각과 아울러 새로운 재조명과 재해석의 필요성을 불러일으킨다. 계몽의 청산과 해체냐, 아니면 계몽의 합리적 재구성을 통한 계승과 진화냐 하는 양립하는 입장들이 공존한다. 시대를 넘어서서 철학함의 원동력은 이성적 성찰과 비판정신이다. 계몽주의의 공과(功過)를 깊이 있게 성찰하고, 그것을 현대의 시각으로 비판하고 재조명하는 일은 현대철학의 과제로 여겨진다. 계몽주의에 의한 근대성의 근본이념은 우리의 삶과 역사에 대한 항상적 비판과 더불어 이성적 인간 그리고 이성적 사회를 실현하기 위한 기획의 종합으로 표현된다.

잘 알려져 있듯이, 근대의 계몽주의에 대한 상반되는 평가들이 공존한다. 근대의 계몽적 이성은 한편으로는 지적·정신적 자유와 해방을

* 이 글은《OUGHTOPIA》39권 1호(경희대학교 인류사회재건연구원, 2024)에 실린 논문을 수정·보완한 것이다.

** 안양대학교 신학과 명예교수(철학), 인문철학재단 타우마제인 연구위원.

추동하고, 다른 한편으로 그러한 자유를 속박하고 삶을 기술적으로 지배하기 위한 욕망의 도구로 활용된다. 후자의 경우 계몽이 도리어 또 다른 형태의 신화로 퇴보하는 '계몽의 역설'을 낳는다. 동시에 계몽주의에 내재한 타자에 대한 배타성 문제가 어떻게 극복되어져야 하는지가 계몽주의 갱신을 위한 선결과제가 된다. 이런 점에서 계몽주의에 반하는 반계몽주의와 대항계몽주의[1] 그리고 '계몽의 변증법'[2] 및 '계몽의 해체'가 논의된다. 그러나 우리에게 가장 필요한 일은 계몽정신을 다시 기획하는 '지금 다시 계몽' 내지 '계몽주의 2.0'을 주장하면서 새로운 계몽주의를 위한 '계몽의 진화'를 모색하는 것이다.[3] 본고에서는 계몽주의의 갱신을 위한 선결과제들을 극복할 수 있는 대안들을 살펴보고자 한다. 이를 통해 지속가능한 이념적 유산으로서의 계몽주의를 새롭게 정립하고, 또한 적실(適實)한 계몽주의의 버전(Version) 확립에 기여할 수 있는 시사점을 찾고자 한다.

일반적으로 계몽주의는 프랑스, 독일, 스코틀랜드에서 다양한 모습으로 전개되었고, 계몽주의자들 사이에도 융화될 수 없는 관점의 차이들이 존재하기 때문에 일원적으로 또는 통합적으로 계몽주의를 파악하는 데는 어려움이 있다. "이러한 지역적 차이는 무엇보다도 각 국가의 계몽주의가 서로 다른 정치적·역사적·종교적·철학적 기반 위에서

1 최종렬, 〈계몽주의, 대항계몽주의, 반계몽주의〉, 《사회와이론》 5, 한국이론사회학회, 2004; 스티븐 핑커, 김한영 옮김, 《지금 다시 계몽-이성, 과학, 휴머니즘 그리고 진보를 말하다》, 사이언스북스, 2021, 39-68쪽, 제3장 '반계몽' 참조.

2 테오도어 아도르노, 막스 호르크하이머, 김유동 옮김, 《계몽의 변증법》, 문학과지성사, 2001.

3 스티븐 핑커, 위의 책; 조지프 히스, 《계몽주의 2.0-감정의 정치를 어떻게 바꿀 것인가》, 이마, 2017 참조.

전개, 발전되었다는 데에서 기인한다."[4] 또한 현대의 진화론, 심리학, 유물론, 포스트모더니즘의 등장으로 인해 근대의 계몽주의는 비판과 해체의 표적이 되고 있다.

여기서는 먼저 우리가 오늘날 계몽주의 이념의 유산을 포기하지 않고 다시 옹호하고 계승해야 하는 필요성과 이유들을 살펴보고자 한다. 근대의 합리주의와 경험주의를 통일시킨 계몽주의는 온갖 종류의 비합리주의, 신비주의, 허무주의를 배격하고자 한다. 이런 점이 우리가 계승해야 할 지속가능한 이념적 유산으로서의 계몽주의의 가치에 속한다. 그러나 계몽주의는 계몽이 오히려 신화가 되는 '계몽의 역설'과 '타자에 대한 배타성'의 문제를 야기한다. 바로 계몽이 신화로 퇴보한다는 점이다.

이미 계몽주의 시대에도 볼테르(Voltaire)는 계몽주의의 갱신을 선구적으로 보여주었다. 철학 콩트, 《캉디드 혹은 낙관주의》 이야기를 통해 그가 철저하게 비판적 이성과 구체적 경험에 의거하여 계몽주의의 독단론을 넘어서서 진정한 계몽주의를 옹호하고자 했음을 확인할 수 있다. 마지막으로 계몽주의의 갱신에 대한 방법론과 이론들을 살펴보면서 현대의 맥락에 걸맞은 새로운 계몽주의의 비전(Vision)을 위한 시사점을 제시하고자 한다.

지속가능한 이념적 유산으로서의 계몽주의

칸트에 따르면, "계몽이란 인간이 스스로의 잘못으로 초래한 미성년 상태로부터 벗어나는 것이다. 미성년 상태란 다른 사람이 이끌어주

4 이엽, 〈독일 계몽주의의 보편적 인간 이성의 이념과 그 전개〉, 《철학논총》 제36집, 새한철학회, 2004, 362쪽.

지 않으면 자신의 지성을 사용할 수 없는 무능력 상태를 말한다."[5] 그리고 "스스로 생각한다는 것은 진리의 최고 기준을 자기 자신 안에서 (다시 말해서 자신의 이성에서) 찾는다는 것을 뜻한다."[6] '계몽(Aufklärung, enlightenment)'이란 말은 "어둠과 반동 그리고 비자유의 시대를 뒤로하고 인간 이성과 자율성 그리고 자유가 중시되는 새로운 시대의 도래를 표현하고 있다."[7]

무엇보다 계몽적 이성은 우상과 신화의 허구를 밝혀낸다. 그것은 신화나 전통 일반의 구속에서 비롯되는 비이성적인 미망(迷妄)과 무지의 어두움으로부터의 탈출과 해방을 가능케 한다. 계몽주의는 16세기 말에서 18세기 후반에 걸쳐서 유럽 전역에 일어난 혁신적인 사상운동으로서 주로 프랑스, 독일 및 영국에서는 반종교적인 사고방식을 자연인식과 사회인식에까지 확장시킨 것이다. 말하자면 그것은 사회적 부자유와 불평등을 제거할 수 있다는 입장이다. 인간의 이성만이 오로지 구속하고 억압해 왔던 우상·미신·신화로부터 인간을 해방시킬 수 있다고 본 것이다. 따라서 계몽주의는 신앙적 타율로부터 이성의 자율에 근거한 인간 의식의 새로운 시작이요, 동시에 전통적 세계관에 대한 하나의 혁명적 도전이다. "계몽주의는 잘못된 과거를 개혁하려는, 말하자면 종교적·정치적 권위에 의존하는 기존의 생각을 인간 이성의 자율적인 활동에서 산출된 그리고 합리적 비판을 견뎌낸 생각으로 대체하

5 임마누엘 칸트, 임홍배 옮김, 《계몽이란 무엇인가》, 길, 2022, 28쪽(*Beantwortung der Frage: Was ist Aufklärung?*, 1784).

6 같은 책, 28쪽, 역주 3) 참조. "《베를린 월간 학보》 1784년 10월 호에 발표한 〈올바른 사고를 한다는 것은 무엇을 뜻하는가(Was heißt: sich im Denken orientieren)?〉라는 글에서도 칸트는 계몽에 대한 동일한 소신을 피력한다."

7 이엽, 위의 논문, 360쪽.

려는 것을 그 목표로 삼고 있다."[8]

서구의 계몽주의는 기독교에 대한 비판과 아울러 초자연적 계시와 섭리를 배제하고서 인간과 우주에 대한 새로운 해석에서 출발한다. 계몽주의의 저변에 깔린 근본정신은 인간의 문제를 인간 스스로의 능력으로 해결하고자 하는 인간 중심주의, 즉 휴머니즘이다. 독일 계몽주의의 완성자인 칸트(I. Kant)는 "감히 알려고 하고(sapere aude!), 너 자신의 이성을 사용할 용기를 가져라"[9]는 계몽주의의 모토를 제시한다. 이것의 핵심은 누구나 후견인의 통치를 받지 않고 자신의 이성에 따라 스스로 생각한다는 것을 뜻한다. 이를테면, 나의 지성을 대신해주는 책이나, 나의 양심을 대신해주는 목사나, 그리고 나를 대신해 식단을 짜주는 의사 등의 후견인의 통치에서 벗어나 스스로 생각한다는 것을 뜻한다.

무엇보다 계몽정신은 비판정신이다. "계몽철학으로서 칸트의 철학은 모든 진리의 본부를 인간 이성에 둔다. 그러나 그 이성은 자기비판을 통하여 한계를 지각한 이성이다."[10] 혹자는 칸트의 계몽을 "고정된 틀에 머무르지 않고 비판적 이성을 사용하는 용기"[11]라고 해석한다. 여기서 비판이란 인식 및 인식능력의 기초 및 그들의 한계를 명확히 하는 것을 의미한다. 칸트에 따르면, "이성은 원래 규범적 목표들을 판단하고 목표들 사이의 충돌을 조정하기도 하지만, 또 다른 한편으로 이미

8 이엽, 같은 곳.

9 칸트, 위의 책, 28쪽. 칸트는 〈계몽이란 무엇인가에 대한 답변〉에서 호라티우스(Q. Horatius)의 경구를 빌려옴.

10 김영례, 〈칸트의 계몽정신의 유효성〉, 《동서철학연구》 제62호, 한국동서철학회, 2011, 127쪽.

11 양운덕, 《미셸 푸코》, 살림출판사, 2003, 82쪽 이하.

주어진 목표를 달성하는 데 가장 효율적인 수단을 극대화시키는 기능적인 성격도 지닌다."[12]

칸트는 누구에게나 주어져 있는 '보편적인 인간 이성'을 계몽주의의 근본이념으로 삼는다. "독일 계몽주의의 이성관은 '보편적 인간 이성'이라는 칸트의 개념에 잘 표현되어 있다."[13] 이런 "보편적 이성의 이념은 바로 독일 계몽주의의 근본이념 중 하나였다. 이 이념을 모태로 해서 독일 계몽주의 안에서는 여러 종류의 철학 사상과 이론들이 산출되었다. 독일 계몽주의의 이성관은 '보편적 인간 이성의 이념'으로 요약해 볼 수 있다. 이 이념에 따르면, 이성은 한편으로는 누구에게나 주어져 있는 '보편적'인 것이다."[14] 그러나 다른 한편으로 이성은 다만 '인간적인', 즉 유한한 이성일 뿐이다. 계몽적 이성은 존재와 비존재, 진리와 허위를 식별하는 능력이고, 또한 인간을 부자유와 구속으로부터 해방하는 역할을 한다. 또한 계몽적 이성의 발달은 자연을 지배하는 기술로서 과학과 문명의 발달을 가져왔다.

근대적이라는 형용사는 무엇보다도 인간 이성에 대한 굳은 믿음과 더불어 삶이 전반적으로 합리화되어간다는 것을 의미한다.[15] 또한 "진보적 사유라는 가장 포괄적인 의미에서 계몽은 예로부터 인간에게서 공포를 몰아내고 인간을 주인으로 세운다는 목표를 추구한다."[16] 따라

12 윤평중, 《푸코와 하버마스를 넘어서-합리성과 사회비판》, 교보문고, 1990, 12쪽.

13 Norbrt Hinske, *Kant als Herausforderung an die Gegenwart*, Freiburg und München, 1980, pp. 35-43.

14 이엽, 위의 논문, 366쪽.

15 윤평중, 위의 책, 22-26쪽.

16 아도르노·호르크하이머, 위의 책, 21쪽.

서 시민은 계몽의 논리적 주체가 된다. 진보적 사유의 차원에서 계몽은 인간을 공포로부터 해방시키고 그 존엄성을 확립시키고자 한다. 나아가 "진보를 향한 계몽주의의 바람은 인간 본성의 개조가 아니라 인간의 제도를 다시 빚는 데 맞추어져 있었다. 정부, 법률, 교육, 시장, 국제기구 같은 인간의 체제들은 이성을 인류의 개선에 적용하고자 할 때 자연스럽게 떠오르는 대상들이다."[17]

계몽주의에서 근대성의 과제는 객관적 과학과 보편적 도덕과 법률 그리고 자율적인 예술을 각 분야의 내적인 논리에 따라 발전시키는 것이다. 계몽이란 사상 그리고 표현의 자유를 바탕으로 한 인류 전체의 진보를 꾀하는 것이다. 따라서 계몽은 이성의 사용과 의지 및 권위를 연결짓는 기존 관계의 변화를 지칭한다. 그러나 오늘날 반계몽주의 진영에서는 '진보공포증'이 만연한다. "따라서 놀라운 사실이 하나 있다. 세계는 인간의 안녕과 복리의 모든 방면에서 괄목할 만한 진보를 이루어왔다는 것이다. 놀라운 사실이 하나 더 있다. 그것을 아는 사람이 거의 없다는 것이다."[18]

요약하자면, 계몽의 이념은 우리가 현실의 문제와 맞서고 인류의 진보를 이어가는 데 있어서 반드시 필요한 이상들인 이성, 과학, 휴머니즘, 진보의 토대가 된다. 따라서 계몽주의는 인류가 미래에도 계승해야 할 지속가능한 이념적 유산에 해당한다.

17 스티븐 핑커, 위의 책, 32쪽.

18 같은 책, 90쪽.

계몽주의에 있어서 '계몽의 역설'의 문제

계몽주의는 아이러니하게도 "계몽의 역설(Paradox of Enlightenment)"[19]을 배태했다. 계몽의 역설은 계몽 시대의 이념과 원리 자체에 내재된 모순이나 역설을 가리킨다. 계몽은 인간의 이성과 자유에 대한 신념을 강조하면서도 그 신념이 종종 역설적인 결과를 초래한다는 것을 의미한다. 이런 점에서 계몽적 이성은 한편으로는 해방과 자율의 밝은 이성의 얼굴로, 다른 한편으로는 예속과 지배의 어두운 이성의 얼굴로 나타난다. 그리고 그것은 합리주의와 객관주의의 권위를 앞세운 이성에 의한 새로운 형태의 지배를 불러온다. 계몽적 이성은 오히려 인간을 부자유스럽게 만들었으며, 나아가 인간을 억압하는 이데올로기로 등장한다. 또한 그것은 교조적인 독단론과 야만적인 인종학의 역사를 탄생시켰다.

더욱이 계몽주의는 인간의 삶을 기술적으로 지배하기 위한 도구로 바뀌었다. 도구적 이성을 통해 전체주의가 기반을 마련하게 되고 인간을 관리하는 전체주의적 권위체제가 등장하게 된 것이다. 계몽주의는 그 스스로가 타파하고자 했던 전체주의의 권위로 환원할 수밖에 없었던 자기 모순적 현상이다. 근대의 계몽주의는 한편으로는 보편성의 원칙을 표방하면서도, 다른 한편으로는 이성을 문명과 야만, 인간과 미개인을 변별하는 기준으로 삼은 것이다. 계몽주의가 기독교와 귀족사회라는 양대 전통의 해체를 가속화한 것은 사실이지만, 그 전통에 내재하는 이분법적 인식의 틀을 계승한 것이다.

19 '계몽의 역설(Paradox of Enlightenment)'은 18세기 독일 철학자이자 예술가 겸 사상가인 헤르더(Hohann G. Herder)가 처음 제기한 개념이다. Anthony Pagden, *The Enlightenment: And Why It Still Matter*, New York: Random House, 2013. 여기서는 계몽주의의 역설과 현대 세계에 미친 영향을 탐구한다. 저자는 이 책을 통해 계몽주의의 이념과 역설이 현대 세계에서 어떻게 작용하는지에 대해 상세히 논의하고 있다.

계몽의 이면(裏面)을 비판한 베버(M. Weber)에 따르면, 계몽은 곧 "세계의 탈미신화(Entzauberung der Welt)"이며, 신화의 해체이고, 또한 환상을 참된 지식으로 대치시키는 작업임을 밝힌다. "삶의 전반적인 합리화가 자유의 상실과 제도에의 복속을 가져오는 현상은 근대화의 배리이며, 베버는 근대사회를 일종의 '쇠우리'에 비유했다. 그의 진단에 따르면 이는 근대에 있어서 이성의 도착(倒錯) 현상이라는 것이다."[20] 계몽적 이성에 의한 자본주의의 발전은 합리화의 과정을 통해 이루어지는데, 이 합리화의 과정은 다름이 아니라 바로 계몽적 이성에 의한 통제와 조정에 의한 것이다. 이 기술적 합리화의 과정은 인간을 자본주의 체제의 관리제도에 예속시킨 것이다.

이제 "계몽의 역설"을 완화하고 극복하기 위해서는 서로 다른 관점과 가치를 가진 사람들 간의 대화와 이해를 촉진하는 것이 중요하고, 예술, 종교, 정서와 같은 영역을 계몽적인 가치와 융화시키는 방법을 모색해야 한다. 서로 상충하는 가치와 요구 사이에서 타협점을 찾고 조정하는 것이 중요하다. 이러한 방법들을 통해 계몽의 역설을 극복하고, 계몽적 가치와 인간의 다양한 측면을 조화시키는 더 풍요로운 사회를 구축할 수 있을 것이다.

계몽주의에 내재한 타자의 배타성 문제

계몽적 이성에 입각한 유럽중심주의(Eurocentrism, Eurocentricity)는 더 획일적이고 지적인 오만으로 가득찬 시대이다. 무엇보다도 계몽주의의 요체인 인간성과 인간다움의 개념이 인종적·문화적 타자를 배척함

20 윤평중, 위의 책, 27쪽.

으로써 진정한 보편성을 상실하였다는 점이다. 이 지점에서 계몽주의의 양면성인 보편성과 배타성이 갈등하게 된다. 계몽적 이성은 비판적 입장에서 보자면, 타자의 존재를 인정하지 않는 자기중심적 개념이다. 이성과 감정의 이분법으로 고착된 문명과 미개, 혹은 중심과 주변의 정체성은 이 신화가 비판하고자 했던 식민주의의 논리와 근본적으로 궤를 같이한다는 사실도 간과할 수 없는 문제점이다. 계몽주의자들이 부르주아적 시민사회의 이상적 구성원으로 내세운 '보편적 인간'이 식민지 원주민과 유색인종이 철저하게 배제된 유럽중심주의적 범주임을 의미한다.

계몽주의자들이 의미한 이성은 그들이 속했던 유럽-백인-중산층-가부장제 사회의 가치를 대변한 것이다. 계몽주의자들이 관심을 기울였던 '보편적 인간'은 유색인, 노예, 여성이 배제된 제한적 범주에 불과하다. 비유럽 세계의 원주민은 인간의 영역에 포함되지 못하는 주변인이다. 서양의 근대는 이성을 문명과 야만, 인간과 미개인을 변별하는 기준으로 삼았고, 이성은 분류와 배제의 준거가 된 것이다. 이처럼 계몽주의는 또한 유럽, 백인, 중산층, 가부장적 사회의 가치를 대변한다. 계몽주의는 '이성과 과학의 이름'으로 인종적 타자, 즉 원시인, 미개인, 야만인의 존재를 인정하지 않는 유럽중심주의를 노정하고 있다. 계몽주의자들이 관심을 기울였던 '보편적인 인간'은 유색인, 노예, 여성이 배제된 제한적 구조이다. 나아가 유럽 내부의 계급적 타자와 유럽 외부의 인종적 타자를 배제시킨다. 계몽주의는 보편성과 배타성의 이중논리를 통해 자신의 양면성을 드러낸다. 계몽주의는 인간성과 인간다움의 개념이 인종적·문화적 타자를 배제함으로써 진정한 의미의 보편성을 상실하였다. 따라서 계몽주의는 인종주의적·식민주의적·제국주의적 요소를 지닌다. 계몽적 이성은 문명과 야만, 인간과 미개인을 변별하는 분류와 배제의 준거가 된다. 또한 계몽적 이성의 학문을 대표하는 과학은 타자를 설명·예측하고, 궁극적으로는 타자를 통제하는 것을 목적으로 삼는다.

이런 점에서 비판이론이나 포스트모더니즘의 계몽주의 비판은 계몽주의의 진보 기획의 퇴행적 성격, 즉 '진보의 신화'를 비판한다. 포스트모던 해체주의자들은 근대의 계몽주의에 반대해 해체적 방법을 자유로이 구사할 때조차도 비판의 역할을 무제한적으로 급진화시키고 있다. 따라서 계몽주의에 내재한 '문명과 야만의 이분법'과 '인종적·문화적 타자에 대한 편견과 배타성'을 혁신할 경우에, 우리는 계몽주의의 근본이념인 '보편적 인간'과 '보편적 이성'의 이념이 그 정당성과 적실성을 확보할 수 있을 것이다.

18세기에 오리엔탈리즘(Orientalism)이 등장하여 타자를 일방적으로 이교도, 이방인, 원시인, 미개인, 야만인으로 세분화하였고, 이를 통해 인류진화론, 문명확산론, 기능차등론이 생겨나게 되었다. 그 이유는 계몽적 이성 자체가 당대의 해체의 대상이었던 신앙만큼이나 타자의 존재를 인정하지 않는 자기중심적 개념이었기 때문이다. 계몽주의가 표방한 탈신화적 슬로건에도 불구하고, 계몽주의 자체가 아이러니하게도 또 다른 형태의 신화가 되었던 것이다. 이러한 사실은 계몽주의와 당시 지배 이데올로기 중의 하나였던 식민주의와의 관련을 통해 잘 드러난다. 계몽주의자들이 이성에 근거하여 인간의 자유와 평등을 외치고 있을 때, 식민주의자들도 동일한 논리로 유럽 문화의 우월함을 내세웠던 것이 결코 우연이라고만은 할 수 없다. 가치의 보편성에 대한 흄(D. Hume)과 칸트의 변론은 유럽중심주의의 완곡한 표현에 불과한 것이다.

이제 저러한 '계몽주의의 역설'과 '계몽주의에 내재한 배타성의 문제'를 어떻게 극복할 수 있는가를 비판이론가들로부터 그 시사점을 찾아보도록 하자.

독단론적 계몽주의 비판: 철학 콩트, '캉디드 혹은 낙관주의' 이야기

독일의 계몽주의 안에 내재한 합리론적 독단론을 비판하면서 계몽주의의 갱신을 선구적으로 부르짖었던 볼테르의 입장을 우선 살펴보도록 하자. 《캉디드 혹은 낙관주의(Candide ou l'optisme)》[21]는 프랑스 계몽철학자인 볼테르(Voltaire)가 1759년에 발간한 철학 콩트이다. 이는 웃음을 통해서 지성에 호소하는 전형적인 풍자소설이다. 여기서 '낙관주의'가 암시하는 것은 독일의 계몽주의자인 라이프니츠(G.W. Leibniz) 등의 낙관적 세계관을 의미한다. 이런 낙관주의를 조소하고 사회적 부정과 불합리를 고발하려는 목표를 지닌 볼테르는 주인공 캉디드의 입을 빌려 이 세상이 과연 최선의 상태인지에 대해 끊임없이 질문을 던진다.

이 이야기는 철학 콩트일 뿐 아니라, 주인공의 성장소설이자 기행문이기도 하다. 세상물정 모르던 주인공 캉디드가 어릴 적부터 배운 대로 비판 없이 수용하고 있던 사고의 틀을 깨고, 새로운 세상 경험을 통해 삶의 지혜를 찾아가는 성장소설이다. 또한 독일 땅에서 태어난 주인공이 네덜란드, 포르투갈, 스페인을 거쳐 남아메리카의 부에노스아이레

21 볼테르, 이병애 옮김, 《미크로메가스, 캉디드 혹은 낙관주의》, 문학동네, 2010 (*Candide ou l'optisme*, 1759).

스, 파라과이까지 항해했다가 우연히 엘도라도라는 이상향에 도달한다. 그 후 그는 다시 네덜란드 식민지 수리남과 프랑스, 영국, 베네치아를 거쳐 마침내 동서양의 교차점인 콘스탄티노플에 정착하는 기나긴 기행문이기도 하다.

주인공 캉디드는 "현재의 상태는 가장 옳다"라는 주장을 믿는 순진한(프랑스어로 candide) 청년이다. 숙부인 남작의 저택에서 그의 가정교사인 팡글로스(Pangloss) 박사는 모든 것을 다 설명할 수 있는 박식한 사람이다. 그는 캉디드에게 "모든 것은 최선의 상태에 있다"와 "원인 없는 결과란 있을 수 없다"는 것을 가르친다. 이 명제들은 이 세상이 최선의 상태라고 보며, 악의 존재마저도 선을 위해 필요하다고 보는 입장이다. 이런 견해에 의해서 팡글로스는 세상에서 가장 좋은 것 중 남작의 성(城)이 가장 아름다우며 남작의 부인은 이 세상의 모든 부인들 가운데 가장 훌륭한 분이라는 것을 멋지게 증명해 보이곤 한다. 그리고 그는 교수형에 처해질 위험에 처한 순간에서조차도 "이것은 모든 가능한 세계 중에서 최선의 것이다. 모든 것은 언제나 지금 현재가 최선의 상태이다"라는 낙관적인 생각을 설파한다. 낙관주의에서는 세상만사를 자유방임 상태로 내버려두기만 하면, 모든 것이 가능한 세상에서 최선 중의 최선이 된다고 주장한다. 현재보다 더 나은 다른 사회를 설계·기획하고, 이 사상을 기반으로 세상을 바꾸고 대안적 사회를 쟁취하려고 싸우는 모든 시도는 자연히 '헛된 일'이 된다.

팡글로스는 독일 계몽주의자 라이프니츠의 낙관주의를 다음과 같이 구체적으로 주장한다. "사물들은 달리 존재할 수 없다는 것이 증명되었습니다. 모든 것은 한 가지 목적을 위해 만들어졌으며 반드시 최선의 목적을 위해 존재하기 때문이지요. 코는 안경을 걸치기 위해 만들어졌고 그래서 우리는 안경을 쓰는 겁니다. 두 다리는 바지를 입기 위해 만들어졌고 그래서 우리는 바지를 입는 것이지요. 돌멩이는 다듬어져서 성을 쌓기 위해 그런 모양이 되었고, 그렇기에 영주님은 너무나 아름다운 성을 가지고 계십니다. 이 지방에서 가장 훌륭한 남작은 가장 훌륭한 곳에서 사셔야 하니까요. 돼지는 잡아먹히기 위해 태어났으니 우리는 일 년 내내 돼지고기를 먹는 것입니다. 즉 모든 것이 선이라고 주장하는 것만으로는 말이 안 됩니다. 모든 것이 최선이라고 말해야 하는 거죠."[22]

모든 일은 반드시 일어나야만 하는 '충족 이유(Raison suffisante)'가 있고, 신의 예정된 조화에 의해 '원인과 결과'에 따라 서로 연결되어 있다는 라이프니츠의 견해를 팡글로스는 따랐다. 그러나 캉디드는 사촌 큐네공드를 연모했다가 숙부에게 쫓겨나서 가는 곳마다 전쟁·병고·조난·지진·종교재판·고문·폭행 등을 경험한다. 말하자면, 그는 추위와 배고픔 등의 육체적 나약함이 낳은 소소한 악에서부터 종교적 불관용이 낳은 종교재판의 폭력, 노예제도의 수탈, 사기, 배신, 위선, 편견, 야만적인 식인풍습 등의 인간이 겪을 수 있는 온갖 불행을 대면한다. 나아가 지진과 폭풍 등의 자연재해와 전쟁 그리고 페스트 같은 질병 등 인간의 통제력을 넘어서는 거대한 악에 이르기까지 광범위하게 펴져 있는 이 세상의 악과 부조리를 열거해 보임으로써 보편적인 인간의 조건을 성찰하게 되었다.

캉디드는 그러한 불행하고 비극적인 현실들 앞에서 놀라서 말문이 막히고 어리둥절하여 혼자 중얼거린다. "이것이 이 세상에서 최선이라

22 볼테르, 위의 책, 48쪽 이하.

면 다른 세상은 도대체 어떤 세상일까? 내가 볼기를 맞은 거야 불가리아 군대에서도 당했던 일이라고 해두자. 하지만 내 소중한 스승 팡글로스 당신은! 가장 위대한 철학자인 당신은 왜, 이유도 없이 교수형을 당해야 한단 말인가요? 오, 내 사랑하는 재침례교도 당신은! 이 세상에서 가장 착한 당신은 왜 항구에서 익사해야 했단 말입니까? 오 퀴네공드! 처녀 중의 진주인 그대는 어찌하여 배가 갈려서 죽어야 했던가!"

결국 캉디드는 낙관주의를 "불행할 때 모든 것이 잘 되고 있다고 주장하는 광기이다"라고 외친다. "처음에는 곧이곧대로 '예정조화설'을 신봉하던 캉디드였지만 인간들의 사악함을 경험하고 수많은 불행을 겪으면서 현실에 맞지 않는 공리공론에 환멸을 느끼고, 마침내는 적대감을 갖기에 이른 것이다."[23] 물론 순진하기만 하던 주인공이 수많은 불행과 고통을 겪으면서 예정조화설의 "사고의 경직성과 자기모순 및 상황과 동떨어진 엉뚱한 궤변으로 일관하는 팡글로스는 볼테르가 캉디드에서 공격의 목표로 삼고 있는 예정조화설의 화신이었다. 연속적으로 닥치는 현실의 불행에 대해서 이 모든 일이 최선의 세계를 위해서 필요한 것이라는 그의 주장이 반복되면 반복될수록 그 논리는 더욱더 공허하게 들린다."[24] 그 환상에서 깨어난다는 줄거리 자체는 비극적 사건에 속하는 것이다. "순진하기 이를 데 없는 착한 성격을 지닌 캉디드였지만 이제는 그의 궤변이 얼마나 허황된 것인가를 판단할 수 있을 만큼 세상 경험을 쌓았기 때문이다. 캉디드마저도 거부하는 논리라면 세상 사람 그 누구도 설득할 수 없는 무용지물에 지나지 않는다는 뜻이

23 이은주, 〈볼테르의 희극적 글쓰기-《캉디드》를 중심으로〉, 《프랑스문화예술연구》 제13집, 프랑스문화예술학회, 2005, 299쪽.

24 같은 글, 301쪽.

된다."[25] 결국 그는 전쟁과 질병, 고문, 폭행 등 온갖 비극적인 일을 겪은 후 마지막 순간에 "눈앞의 밭을 가꾸는 데나 힘쓰자"며 현세주의적 조언을 건넨다. 이 작품은 이 세상의 우연한 사건과 우연하지 않는 사건에 대해 따져보고, 사건들과 현상들의 원인과 결과에 대해서 우리로 하여금 정신적인 악과 육체적인 악에 대해 그리고 자유와 필요에 대해 토론하도록 한다. 이 작품을 통해서 "볼테르 자신은 라이프니츠의 계몽주의 철학에 동의하지 않고 비판하는 입장이라는 사실을 아이러니를 통하여 독자들에게 전달하고 있다."[26] 또 잘 알려져 있듯이, 볼테르는 프랑스를 대표하는 계몽주의자다. 물론 독일과 영국에도 계몽 철학자들이 있었다. 그는 행동하는 지식인이자 이성의 빛으로 무장한 소위 불온한 정신의 소유자로서 비판적 계몽주의자이다. 그는 계몽군주 프로이센의 프리드리히(Friedrich) 2세의 친구였다. 계몽군주는 계몽사상 친화적인 군주로 합리성을 견지하면서 봉건적인 유럽을 탈피할 길을 모색한 통치자이다. 볼테르에 있어서 근대의 계몽은 자유를 추구하는 비판적 태도를 말한다. 플라톤의 철학적 소명도 군주를 철학으로 깨우치는 것이었듯이, 볼테르도 그러한 일을 자임한 것으로 보인다.

푸코(M. Foucault)는 볼테르를 '보편적 지식인의 대표'로 칭한 바 있다. 그 이유는 볼테르에게서 지식인의 요건인 권력에 대한 비판적 시선과 사회적 약자를 보호하려는 의지 그리고 정당한 권리와 자유를 위한 투쟁정신을 찾을 수 있기 때문이다. 무엇보다 볼테르는 이성의 고귀한 힘을 옹호하며 모든 권위와 신념 그리고 지식을 시험대에 올려놓았으며,

25 같은 글, 307쪽.

26 같은 글, 309쪽.

광신과 불의를 고발하고 인류의 보편적 가치들을 위한 공론을 제기하였다. 그는 종교의 이름으로 자행된 폭력에 맞서서 제도를 문제삼고 그리고 인간의 보편적 가치와 관용의 원칙을 수호하는 데 앞장섰다. 그는 일평생 인간의 오류를 고발하기에 전념했거니와 평생 교회와 성직자들의 그릇된 권위와 광신을 공격했다.

결국 볼테르가 말하고 싶은 것은 근거 없는 낙관주의를 비판하는 것이지, 결코 비관주의의 옹호는 아니다. 책 말미에 작은 농토를 경작하면서 하는 "추론을 그만두고 일합시다. 일을 하는 것만이 삶을 견딜 만하게 만드는 유일한 방법입니다"라는 말이 주는 메시지는 최선의 세상과 미래에 대한 아직 남아 있는 꿈이 아닐까? 우리는 세상을 바꾸려 하는 데 앞서서 자신에게 주어진 일상의 작은 의무들을 수행해야 한다. 말하자면 우리의 정원은 스스로 가꾸어야 한다는 것이다. 적어도 인류는 노동을 통해 권태와 방탕 그리고 결핍이라는 세 가지 악을 멀리할 수 있다. 그리하여 신분사회는 사라지고 각자 자신의 재능에 따라 일하고 나눠 가지는 평등한 사회를 이룰 수 있다.

더욱이 "볼테르가 작품을 통해서 공통적으로 내세우는 중요한 가치 중 하나는 서로 다른 관점에 대한 관용의 태도이다."[27] 광신이 일으키는 맹목과 억압을 이성의 힘으로 고발해 온 그는 이 작품을 통해 우리에게 관용과 상대주의 정신을 일깨워주고 있다. 타자성의 인정과 다양성의 공존이 그 어느 때보다 절실한 시대에 그의 통찰은 시사하는 바가 크다. 결국 볼테르는 독단론적 계몽주의의 낙관론을 비판하였다. 그는 철

27 박한표, 〈볼테르의 《캉디드 혹은 낙관주의》의 소설적 여정에 나타나는 세계와 '정원'의 의미〉, 《프랑스학연구》 제72호, 프랑스학회, 2015, 133쪽.

저하게 비판적 이성과 구체적 경험에 의거하여 계몽주의의 독단론을 넘어서서 진정한 계몽주의를 옹호하고자 하였다.

현대의 계몽주의에 대한 비판이론들 개관

이제 계몽주의의 어두운 면을 부각시킨 현대의 대표적인 비판론자들의 입장을 살펴보도록 하자. 이들의 입장을 통해 계몽주의 갱신을 위한 모종의 시사점을 찾아보도록 하자.

영(R. Young)에 따르면, 서구의 휴머니즘을 '백색의 신화'라고 규정한다. 인간을 창조하기 위해 비인간을 창조했던 유럽의 휴머니즘은 이미 그 자체가 반휴머니즘적 도그마가 될 수밖에 없었다. 역설적으로 휴머니즘은 식민지 지배를 위한 이데올로기적 통제의 수단이 되었다. 인간의 자유와 존엄을 내세운 휴머니즘이 침략과 약탈의 역사에 동참하게 된 이유는 계몽주의자들이 유럽 문명의 윤리적 과제로 여기며 확립하고자 했던 인간성과 인간다움의 개념이 인종적·문화적 타자를 배제함으로써 진정한 의미의 보편성을 상실했기 때문이다.[28]

화이트(H. White)에 따르면, 진실과 허구, 지혜와 무지, 이성과 상상력 등의 철저한 이분법적 틀에 얽매여 있었던 대부분의 계몽주의자들은 자신들이 우상이나 미신으로 간주한 삶의 양식들이 과거의 인류에게는 진리에 접근하는 방편이자 그 진리의 일부였음을 깨닫지 못했다. 그가 보기에는 '이성적인 것'과 '비이성적인 것'을 연속적이고 상호보완적 관계가 아닌 대립적 관계로만 파악한 것은 과학의 잣대로 예술의 가

28 Robert Young, *White Mythologies: Writing History and the West*, London: Routledge, 1990, pp. 119-126.

치와 역할을 평가하려는 것과 마찬가지로 잘못된 태도였다.[29]

잔모하메드(A. R. JanMonhamed)에 따르면, 식민주의 문학에서는 식민지 지배인과 피지배인을 항상 "백과 흑, 선과 악, 우월과 열등, 문명과 미개, 지성과 감정, 합리성과 관능성, 자신과 타자, 주체와 객체"[30] 등의 다양하고도 호환성이 있는 일련의 마니교적 알레고리에 의해 이분화시킨다는 사실을 통렬하게 비판한다.

현대 탈식민주의 철학의 대부로 평가받는 파농(F. Fanon)은 끊임없이 인간(Man)을 논하면서도 지구의 방방곡곡에서 인간들(men)을 학살하는 유럽의 두 얼굴을 공격하였다. 그것은 바로 계몽적 이성의 밝은 얼굴을 내세우면서도 실제로는 그것의 어두운 얼굴을 감추고 있는 것을 통렬하게 비판한 것이다.[31]

인류학적 관점에서 분(A. Boon)은 다음과 같이 계몽주의에 깃든 유럽중심주의를 비판한다. "계몽적 이성에 입각한 더 획일적이고 지적인 오만으로 가득찬 시대임을 폭로한다. 그 이유는 유럽의 지리적 팽창으로 인하여 접하게 된 비유럽 세계의 다양한 문화들을 이성과 과학의 이름으로 진행된 분류작업을 통해 명암대조법적인 진화론의 틀 속에 고정시킴으로써 인종학의 역사를 탄생시킨 사건이 바로 계몽주의이기 때문이라는 것이다."[32] 결국 우리는 계몽주의에 내재한 인종적·문화적

29 이경원, 〈문명과 야만의 이분법: 계몽주의의 양면성과 식민지 타자〉, 《외국문학》 47, 열음사, 1996, 179쪽 재인용. Hyden White, *Metahistory: The Historical Imagination in nineteenth-Century Europe*, Baltimore: The Johnshopkins Uni. Press, 1973, pp. 48-53.

30 A. R. JanMonhamed, "The Economy of Manichean Allegory: The Function of Racia; Differece in Colonialist Literature," *Critical Inquiry* 12(1), 1985, p. 63.

31 이경원, 위의 글, 181쪽.

32 같은 글, 178쪽 재인용; James A. Boon, *Other Tribes, Other Scribes: Symbolic*

타자에 대한 배타성을 넘어서야 새로운 계몽주의의 기획을 실현할 수 있다.

계몽주의의 후예들은 모두 이성의 본연인 자기비판과 반성의 정신을 계승하고자 하였다. 칸트는 일찍이 비판을 다음과 같이 정의한다. "비판이란 책들과 체계에 대한 비판을 뜻하는 것이 아니라 이성 능력 일반을, 이성이 모든 경험으로부터 독립해서 추구함 직한 모든 인식과 관련해서 비판함을 뜻한다. 그러니까 그것은 도대체 형이상학이라는 것이 가능한지 불가능한지를 결정하고, 형이상학의 원천과 범위 그리고 한계를 규정하되, 그것들을 모두 원리로부터 수행함을 뜻한다."[33] 이성이 자기 자신의 능력에 대한 '선험적 비판' 없이 하는 일은 무엇이든 그 자체가 교조적임을 면할 수 없기 때문이다. 이와 같이 칸트의 계몽철학은 이성의 비판에서부터 그 첫발을 내디디며, 계몽은 곧 비판에서 시작됨을 알린다.[34]

다음으로 미성숙의 상태에서 성숙의 상태로 넘어가기 위해서는 스스로 생각하는 '반성'의 작업이 요구된다.[35] 즉 "스스로 생각하는 반성의 작업 없이는 계몽의 수행은 불가능하다. 이성적 주체가 스스로를 명확히 이행하며 자신을 올바로 실현하여 가는 것이 바로 계몽적 자의식, 즉 계몽철학의 특징이라 할 수 있다."[36] 중요한 것은 이성적 사유가 이

Anthropology in the Comparative Study of Cultures, Histories, Religions, and Texts, Cambridge: Cambridge Uni. Press, 1982, pp. 30-37, pp. 43-46.

33 Immanuel Kant, *Kritik der renene Vernuft*, Hamburg: Felix Meiner Verlag, AXII, 1972.

34 같은 책, AXI.

35 같은 책, AXII.

36 김영례, 〈칸트의 계몽정신의 유효성〉, 《동서철학연구》 제62호, 한국동서철학회, 2011, 138쪽.

성을 통해 사유될 수 없는 것, 혹은 그동안 이성에서 배제되어왔던 것과 관계를 맺어야 한다는 점이다. 그동안 사회에 의해 주어진 삶의 규범과 비교해 이상하다고 느껴졌던 사고와 도덕률에 의해 배제되어야 할 악으로 치부되어왔던 행위까지 접근해야 한다. 감정과 욕망, 광기와 신비 이 모든 영역을 자신 안에 포함할 때 진정한 의미의 인간에 접근할 수 있다. 그만큼 인간은 불확실하고 흔들리는 주체다.

사르트르(J. P. Sartre)도 서구가 예찬해 왔던 휴머니즘은 허위의 이데올로기이자 약탈의 완벽한 이론이며, 그것이 내뱉는 달콤한 말들과 그럴듯하게 포장된 감수성은 서구가 저지른 범죄에 대한 알리바이라고 토로하면서 통렬한 자기비판을 가하고 있다.

푸코(M. Foucault)에 따르면, 사유는 신화나 무의식 혹은 광기처럼 흔히 비(非)사유라고 말하는 형태로 존재할 수도 있다. 그러나 계몽이 다시 신화가 되어 인간을 몽매하게 만들었다. 그는 계몽을 고정된 사고틀에 머무르지 않고 비판적 이성을 사용할 용기를 갖는 것이라고 한다. 그는 이성에 기초한 합리주의적 인간관을 넘어설 때만이 인간에 대한 진정한 이해가 가능하다고 주장한다. 인간의 욕망이 자연에 의해 만들어진 이상 서로의 자발성에 기초한 광기는 자연의 것이다. 광기는 인간의 생 자체이며, 또한 인간의 내면을 비추는 거울이다. 자신의 광기를 의식하는 것은 자신의 강함과 약함, 위대함과 추악함, 합리성과 비합리성 전체에 대한 이해이기도 하다. 그러한 의미에서 광기는 이성에 의해 또는 법과 도덕의 이름으로 굴절되거나 억압된 자연을 복구하는 의미를 갖는다.[37]

37 Michael Foucault, *Madness and Civilization: A History of Insanity in the Age of Reason*, R.

요약하자면, 계몽주의에 대한 비판들은 모두 "계몽주의의 역설"의 문제와 계몽주의에 내재한 이분법적 배타성의 문제로 수렴되어 있다. 따라서 그것들을 극복할 방법은 계몽주의의 갱신에 달려 있음을 확인할 수 있다.

'계몽주의 갱신'의 방법들과 이론들 고찰

계몽주의에서 계몽의 역설과 타자에 대한 배타성을 극복하기 위한 처방으로 프랑크푸르트 학파의 호르크하이머(M. Horkheimer)와 아도르노(T.W. Adorno)는 '계몽의 변증법'을 제시한다. 그들은 계몽 개념 자체의 갱신을 요구한다. "계몽 개념 자체가 오늘날 도처에서 일어나고 있는 저 퇴보의 싹을 함유하고 있다는 것 또한 분명히 인식하고 있다고 믿는다. '계몽'이 이러한 퇴행적 계기를 자각하지 못한다면 계몽 스스로가 자신의 운명을 돌이킬 수 없는 것으로 만들게 될 것이다."[38] 2차 세계대전 와중에 망명한 두 지식인인 그들은 '계몽의 변증법'을 통해 "왜 인류는 진정한 인간적 상태에 들어서기보다 새로운 종류의 야만에 빠졌는가?"[39]를 밝히기 위한 총체적이고 역사적인 해석을 시도한다. 따라서 계몽주의는 스스로 타파하고자 했던 전체주의의 권위로 환원할 수밖에 없었던 자기모순적 현상이다. "그들은 근대적 이성 안에 내재해 있는 이러한 긴장관계를 '계몽의 변증법'이라 부르면서 포괄적 이성에 대한 도구적 이성의 우위가 근대 서양의 행로를 특징짓는다고 주장

Howard, Richard(trans.), New York: Pantheon, 1965.

38 아도르노·호르크하이머, 위의 책, 15쪽.

39 같은 책, 12쪽.

한다."[40] 말하자면 "근대를 기점으로 하여 이성은 그 본질적 포괄성을 상실하고 도구화되어, 형해화된 형태의 도구적 합리성이 삶의 모든 영역에 깊이 침투했다는 것이다."[41] 그들은 계몽의 개념에서 계몽의 역사가 보여준 퇴보의 경로를 보여주며, 그 과정 속에서 계몽의 진정한 의미를 회복하는 것이다.

더욱이 호르크하이머와 아도르노는 자본주의 생산양식에 의한 인간의 통제와 억압구조를 비판한다. 계몽적 이성에 의한 인간의 자연 지배, 나아가서 인간 자신의 지배는 계몽이 지닌 이데올로기적 요소를 통해 가능하다. 계몽적 이성이 도구적 이성으로 변하여, 그것은 결국 인간의 진정한 자유와 삶을 철저히 차단하고 관리하는 기제로 등장한다. 그들은 실증주의의 등장에 따라 마비된 이성의 사회비판적인 기능을 그 본래의 모습으로 되찾으려는 분석을 수행한다.

이들에게 영향을 끼친 "베버(M. Weber)는 서양에서 근대화의 도정(道程)을 '삶의 점진적 합리화' 현상으로 보았는데, 이 흐름을 '세계의 탈미신화'라고 규정한다."[42] 그리고 "삶의 전반적인 합리화가 자유의 상실과 제도에의 복속을 가져오는 현상은 근대화의 배리(背理)이며, 베버는 근대사회를 일종의 '쇠우리(iron cage)'에 비유한다. 그의 진단에 따르면, 이는 근대에 있어서 이성의 도착(倒錯) 현상이라는 것이다."[43] 여기서 베버가 말한 '합리화'의 의미는 다음과 같다.

40 윤평중, 위의 책, 12쪽.

41 같은 곳.

42 윤평중, 위의 책, 28쪽.

43 같은 책, 27쪽.

> 합리화가 의미하는 바는 세계를 설명하는 데 있어서 더 이상 신비롭고 불가측한 힘에 의존하지 않아도 된다는 사실이다. 세계는 이제 탈신비화되었다. 야만인들은 신령들을 제어하거나 그들에게 간청하기 위해 마술적인 수단을 사용했지만, 이제는 그럴 필요가 없다. 기술적 수단과 계산이 그 역할을 대신한다. 이것이 바로 합리화의 의미이다.[44]

하버마스(J. Habermas)는 도구적 합리성이 생활세계의 고유한 영역을 침범할 때 도구적 합리성에 의한 '생활세계의 식민지화'라고 부른다. 이 현상은 사회적 근대화의 역설이다.[45] 그에 따르면, 근대의 기획은 실패했지만 끝나지 않은 미완의 프로젝트인 계몽주의가 갖는 개혁적 추동력을 멈추게 해서는 안 된다는 것이다. 무엇보다 그는 계몽적 이성을 비판적 이성으로 되살리려고 한다. 그가 추구하는 억압받지 않는 이상적 의사소통은 끊임없는 이데올로기 비판을 가능하게 할 수 있다고 보면서, 의사소통적 이성의 부활을 기획한다. 그의 입장은 근대적 합리성을 비판적으로 수용하여 의사소통적 합리성으로 재구성하는 데로 나아간다. 결국 그것은 억압 없는 의사소통을 통한 사회적 합의의 도출이라는 절차에 의해 완성될 수 있다고 본다.[46] 하버마스는 "근대의 프로젝트가 끝났다"는 아도르노의 입장과는 달리, "실패했지만 미완의 근대

44 Max Weber, "Science as Calling," *From Max Weber: Essays in Sociology*, Gerth, Hans H. and Mills, C. Wright. (ed.), New York: Oxford Uni. Press, 1946, p. 139.

45 윤평중, 위의 책, 41쪽.

46 김영필,《현대철학의 전개》, 이문출판사, 1998, 163쪽.

프로젝트"[47]라는 주장으로 그것이 여전히 유효함을 천명하였다.

마르쿠제(H. Marcuse)는 선진산업사회의 인간상을 '일차원적 인간(One-dimensional Man)'이라 칭한다. "인간의 특별한 특성은 창의적인 주체성과 자유로움이다. 경제 사회생활에서 인간이 기술적 노동기구에 의해 관리되고 지배적인 사회규범에 순응하는 경우, 인간은 개인적 특성과 자기결정 가능성을 잃게 된다. 따라서 자아의 힘에서 소외된 일차원적 인간은 지배와 순응의 객체가 된다."[48] 선진 산업사회의 문제는 "풍요와 부유로 인한 비인간화와 소외, 노동시스템의 노예화, 문화적 세뇌와 이데올로기, 소비자 중심주의의 맹목적인 숭배, 군사 산업 복합단지의 위험성과 탐욕을 날카롭게 비판한다."[49] 그에 따르면, 비판적 이성은 개인의 해방과 사회의 발전, 이 두 가지 모두의 근원인 창의적인 원칙이다. 그는 무비판적 사고와 비판적 사고를 다음과 같이 구분한다. "무비판적 사고는 기존의 생각과 사회적 관행에서 신념·규범·가치를 끌어내지만, 비판적 사고는 비판적인 견해를 형성하는 대안적인 사고방식과 행동양식을 추구한다. 이러한 비판적인 견해는 마르쿠제가 '부정적 사고'라고 칭한 개념을 제시할 필요가 있으며, 이것은 높은 가능성을 기대하고 기존의 사고방식과 현실을 부정한다."[50]

사회비판이론 진영에서는 이미 1세대의 계몽주의의 "기술 이성" 대

47 Jürgen Habermas, *Kleine Politische Schriften I-V*, Frankfurt a.M.: Shurkamp, 1981, p. 444 이하.

48 헤르베르트 마르쿠제, 박병진 옮김, 《일차원적 인간-선진 산업사회의 이데올로기 연구》, 한마음사, 2009, 24쪽.

49 같은 책, 25쪽.

50 같은 책, 10쪽.

신에 "객관적 이성"(호르크하이머), "탈기술적 이성"(마르쿠제), "미메시스적 이성"(아도르노), "의사소통적 이성"(하버마스), "전통적 이성"(M. 오크쇼트)을 통해 이성 개념을 갱신하고자 하였다. 하버마스는 근대의 기획은 실패했지만 끝나지 않은 미완의 프로젝트인 계몽주의가 갖는 개혁적 추동력을 멈추게 해서는 안 된다고 하였다. 무엇보다 그는 계몽적 이성을 비판적 이성으로 되살리려고 한다. 하버마스가 추구하는 억압받지 않는 이상적 의사소통은 끊임없는 이데올로기 비판을 가능하게 할 수 있다고 보면서, 의사소통적 이성의 부활을 기획한다. 마르쿠제도 비판적 이성은 개인의 해방과 사회의 발전이 두 가지 모두의 근원인 창의적인 원칙이었다. 그들은 모두 이성의 본연인 자기비판과 반성의 정신을 계승하고자 하였다. 모름지기 계몽주의의 핵심인 성찰의 힘과 비판적 사고는 비판적인 견해를 형성하는 대안적인 사고방식과 행동양식을 추구한다. 왜냐하면 인간은 불확실하고 흔들리는 주체이기 때문이다.

최근에 와서 계몽주의의 이념을 옹호하면서도 그것을 시대에 맞는 버전(Version)으로 재구성하거나 새로운 갱신을 통해 부활시켜야 한다는 대표적인 입장들을 살펴보자. 특히 《지금 다시 계몽》을 통해 새로운 계몽주의를 제안하는 핑커(S. Pinker)는 21세기의 언어와 개념으로 계몽주의 이념을 지금 다시 기술하고자 한다. 또한 21세기 특유의 방식인 데이터로 계몽주의의 이상을 옹호하고자 한다. 그는 계몽주의 이념을 올바로 이해할 때 그것은 진정한 감동과 영감과 숭고함을 불러내고, 더욱이 살아갈 이유를 준다고 확신한다.[51] 《지금 다시 계몽》은 계몽의 이념과 가치를 현대적 맥락에 맞추어 재해석하고, 더욱 포용적이고 지속

51 스티븐 핑커, 위의 책, 23쪽.

가능한 사회를 구축하기 위한 노력을 제안한다.

핑커의 견해로는 계몽주의는 순진한 희망이 아니며 실제로 작동해 왔다는 것이다. 하지만 그 어느 때보다 강력한 옹호가 필요하다. 계몽은 선동자들이 즐겨 이용하는 인간 본성-부족 중심주의, 권위주의, 악마화, 마술적 사고-에 반대한다. 계몽주의는 모든 지식인이 합의한 내용이 절대 아니며, 서양문명이 구제 불능 상태에 이르렀다고 주장하는 종교, 정치, 문화 분야의 비관주의자들에게 맹렬히 공격당하고 있다. 그 결과 숙명론이 암처럼 번지고 자유민주주의와 지구적 협력에 기초한 소중한 제도들이 난파당할 위기에 처해 있다는 것이다.[52]

이런 점에서 핑커도 인간이 시종일관 이성적이지 않기에, 개인적으로나 집합적으로 이성적일 수 있도록 노력해야 함을 강조한다. 그에 따르면, "우선, 어떤 계몽사상가도 인간은 시종일관 이성적이라고 주장하지 않았다. 당연히 이성이 차고 넘쳤던 칸트도 '일찍이 인간성이라는 비뚤어진 재목에서부터 올곧은 일이 이룩된 적이 없었다'라고 썼고, 마찬가지로 스피노자, 흄, 스미스, 백과전서파도 단지 시대를 앞선 인지 및 사회심리학자였다. 그들이 주장한 것은 우리가 이성적이어야 하고 그러기 위해서는 우리를 매혹하는 오류와 도그마를 억제할 줄 알아야 한다는 것, 우리는 개인적으로가 아니라 집합적으로 이성적일 수 있으며, 그러기 위해서는 표현의 자유, 논리적 분석, 경험적 검증 같은 정신능력을 장려하는 제도와 규범을 시행하고 지지해야 한다는 것이었다."[53]

52 같은 책, 2쪽 참조.

53 같은 책, 534쪽.

하버마스의 제자인 히스(J. Heath)도 제1계몽주의를 갱신하고, 현대에 맞게 업그레이드된 "계몽주의 2.0"이 필요함을 역설한다. 계몽주의 2.0은 현대사회에서 계몽주의 원칙을 새롭게 적용하고 발전시킨 개념을 가리킨다. 계몽주의는 18세기 유럽에서 등장한 사상으로, 인간의 이성과 합리적 사고를 강조하여 사회적 진보와 인간의 해방을 추구하는 이념이다. 계몽주의 2.0은 이러한 원칙을 현대의 복잡한 사회 및 기술적 환경에 맞게 재해석하고 새로운 과제에 적용하는 것을 목표로 한다. 이는 현대사회의 다양한 도전과 과제에 대한 대응으로서 인류의 발전을 위한 지속적인 노력을 나타낸다. 여기서는 이성에 대한 새로운 접근 방식을 설명한다. 이성의 한계와 직관의 위력을 인정하지만 이성이 왜 필수불가결한지 설명한다. 또한 이성이 불합리를 일으키는 환경이 어떻게 생겨나게 됐는지, 또한 그것을 어떻게 바꿀지를 살펴본다.[54] 히스의 논지는 바로 이것이다. "이성이 완벽한 도구는 아닐지라도 우리는 우리에게 있는 도구를 가지고 어떻게든 해나가는 수밖에 없다. 문명은 이성에 달려 있다."[55]

히스에 따르면, 새로운 계몽주의는 1세대 계몽주의가 보여주었던 이성의 개념에 대한 지나친 신뢰에서 벗어나, 즉 "시스템 2"[56]의 장단점과 한계를 분명히 알아야 한다는 것이다. 그것의 장점은 받아들이고 단점은 수정해야 한다는 것이다. 새로운 계몽주의를 논하려면, 1세대 계몽

54 조지프 히스, 위의 책, 35쪽 이하.

55 같은 책, 40쪽.

56 "시스템 2"는 "합리적이고 분석적인 시스템"을 일컫는다. 그것의 내용은 다음과 같다. "언어 및 성찰적 의식과 관련이 있음, 느리고 순차적임, 작업 기억 및 일반적 지능수준과 관련 있음, 추상화와 가설적 사고가 가능함, 의지와 통제에 따른 지시 또는 명시적으로 표현된 의도에 반응함, 노력이 많이 듦"(같은 책, 80쪽 이하).

주의 사상가들이 간과했던 인지 양식의 하나인 "시스템 1", 즉 "직관적이고 경험법칙에 기반한 시스템의 존재"를 제시한다. 이 시스템의 속성은 무의식적, 자동적, 계산처리가 빠르고 강력하며, 병렬적이고, 연상적이고, 실용적이고, 작업기억이라는 중앙 지원을 필요로 하지 않고, 지능의 개인차와 관계없이 가능하고, 노력이 적게 든다는 점이다.[57] 이성은 예전에 계몽주의 이론가들이 생각했던 것보다는 훨씬 덜 강력하고 우리의 의지를 더 많이 벗어나 있다. 하지만 이성은 특정한 종류의 인지를 수행하는 데는 꼭 필요하다.[58]

그에 따르면, 제1세대 계몽주의자들의 실수는 인간의 이성도 신성한 지적 존재처럼 완벽한 통합성, 질서, 순수성, 선함을 가지고 있을 것이라는 예견이었다. 그들이 받아들인 이성 개념은 실제로는 사실이 아니었다는 것이다.[59] "인간 이성의 구조는 신성한 지적 존재의 완벽성을 반영하기는커녕 표준적인 진화 과정에서 만들어지는 구조(이것은 매우 낮은 수준인데도)보다도 수준이 낮다. … 신봉자들은 인간 정신이 수행하는 모든 것을 이성이 더 잘할 수 있다고 믿었다. 그래서 전통, 권위, 직관을 모두 이성으로 대체하고자 했다."[60] 또한 인간 이성의 한계를 인지하는 것과 이성을 정반대를 옹호하고 예찬하는 것은 전혀 다른 것이라고 히스는 강조한다. 그 이유는 이성만이 할 수 있는 일이 있다고 보기 때문이다. 이를테면, "직관과 달리 이성은 언어에 의존하므로 자신의 한계를 발견할 수 있고, 자신이 잘 해결하지 못하는 것들을 피해갈

57 같은 책, 80쪽.

58 같은 책, 81쪽.

59 같은 책, 104쪽 이하.

60 같은 책, 105쪽.

수 있다."[61]

히스의 결론은 자유민주주의의 이론적 기반이 된 계몽주의를 이 시대에 계승해 나가기 위해서는 다음과 같은 것이 필요하다. 계몽적 이성의 단점은 갱신하고 그것의 본령인 "냉정하고 이성적인 숙고"를 결코 포기해서는 안 되고, 그것을 지켜나가야만 "보편적인 멍청이 만들기"에 대항할 수 있는 유일한 방법이라는 것이다. "이성을 방어하는 우리의 행동은 세 개의 기둥에 기반을 둬야 한다. 첫째, 그것을 가능하게 하는 조건을 파악해야 한다. 둘째, 그런 조건을 어떻게 향상시킬 것인지에 대해 숙의해야 한다. 셋째, 그러한 향상을 가져올 목적으로 집합행동에 나서야 한다."[62]

필자의 견해로는 이상의 논자들의 입장을 수용하면서 계몽주의의 갱신을 위한 다음과 같은 노력을 해야 할 것으로 본다. 이제 계몽의 역설을 완화하고 극복하기 위해서는 서로 다른 관점과 가치를 가진 사람들 간의 대화와 이해를 촉진하는 것이 중요하고, 예술, 종교, 정서와 같은 영역을 계몽적인 가치와 융화시키는 방법을 모색해야 한다. 서로 상충하는 가치와 요구 사이에서 타협점을 찾고 조정하는 것이 중요하다. 이러한 방법들을 통해 계몽의 역설을 극복하고, 계몽적 가치와 인간의 다양한 측면을 조화시키는 더 풍요로운 사회를 구축할 수 있을 것이다.

요약하자면, 계몽주의 갱신의 필요성을 주장하는 이론들은 계몽주의에 내재하고 있는 역설과 모순 그리고 타자에 대한 배타성이 있음을 인정하고, 그것들을 비판하고 재구성하고 수정하여 계몽주의의 새

61 같은 책, 147쪽.

62 같은 책, 440쪽.

로운 버전을 탄생시켜야 한다는 데 있다. 계몽주의의 근본이념인 이성, 자유, 민주주의, 휴머니즘, 진보를 결코 포기해서는 안 되고, 그것들을 현대의 문맥에 맞게 수정 보완하고 재해석하고 부활시키는 것이 필요하다.

맺음말

우리는 지금까지 새로운 계몽주의 기획을 위한 선결과제인 계몽주의의 역설과 타자에 대한 배타성 문제의 극복 방안에 대해 논의해 보았다. 계몽주의의 어두운 면은 비판하되, 그것의 밝은 면까지 함께 버리거나 해체하는 것은 바람직하지 않다. 계몽적 이성을 전면적으로 해체하려는 포스트모던의 극단적인 반이성주의 내지 비이성주의에 대해서도 경계를 해야 한다. 이런 점에서 계몽적 이성의 긍정적인 측면은 계승하고, 부정적 측면은 수정해가는 변증법적 사고와 현시대의 문맥에 맞는 계몽주의의 갱신이 필요하다.

위에서 상술한 바와 같이, 볼테르가 이성의 고귀한 힘을 옹호하면서도 모든 권위와 신념 그리고 지식을 시험대에 올려놓았으며, 광신과 불의를 고발하고 인류의 보편적 가치들을 위한 공론을 제기하였음을 환기할 필요가 있다. 결국 그는 철저하게 비판적 이성과 구체적 경험에 의거하여 계몽주의의 독단론을 넘어서서 진정한 계몽주의를 옹호하고자 하였다. 이처럼 우리도 이성의 고귀한 힘을 옹호하고, 서양중심적인 보편이 아니라 모든 종족들에 열려 있는 다원적인 인류의 보편적인 이념과 다원적인 보편성을 추구해야 한다. 무엇보다 우리는 독단론적이고 낙천적인 계몽주의와 반계몽주의적인 회의론과 허무주의를 넘어서서 행동하는 지식인이자 이성의 빛으로 무장한 비판적·성찰적 계몽주의자가 될 필요가 있다. 계몽의 진화는 그 시대와 지역의 사회, 문화, 정치적 맥락에 따라 다양한 형태로 나타날 수 있다.

결론적으로 계몽주의의 갱신을 하기 위해서는 그 속에 있는 선결과제를 인식하고 그것을 넘어설 수 있는 대안을 찾아야 한다. 이제 볼테르의 독단적 계몽주의 비판을 거울 삼아서 프랑크푸르트 학파의 "계몽의 변증법"과 핑커의 "지금 다시 계몽" 그리고 히스의 "계몽주의 2.0" 등을 통해 현실의 문맥에 걸맞은 적실성 있는 계몽주의를 추구해야 한다. 이로써 계몽주의의 새롭고 항상적인 갱신을 통해 열려 있는 계몽주의를 지향해야 할 것이다. 이를 통해 계몽주의의 다층적이고 다원적인 의미를 발견하면서 계몽주의의 진화와 재해석 그리고 지속가능한 이념적 유산으로서의 계몽주의 옹호에 이바지할 수 있기를 바란다.

제2부

계몽주의의 비판적 계승

탈진실 시대와 칸트의 계몽주의 정신*

정제기**

탈진실이란 무엇인가?

최근 우리 시대에서 많이 주목받고 있는 "탈진실(Post-Truth)"이란 무엇인가? 탈진실이라는 용어 자체가 만들어진 것은 사실 꽤 오래되었다. 그러나 수많은 탈진실 연구자가 동일하게 지적하듯이 탈진실 현상 자체는 오래전부터 있어왔으나, 본격적으로 주목받기 시작한 것은 바로 2016년도라고 할 수 있다. 왜냐하면 옥스퍼드 사전이 2016년 당시 "올해의 세계의 단어"로 '탈진실'을 선정했기 때문이다.[1] 탈진실이 올해의 단어로 선정된 이유는 바로 탈진실이라는 단어 사용이 2015년과 비교했을 때 약 스무 배나 증가했기 때문이었다. 그렇다면 2016년에는 어떤 일들이 벌어졌는가? 2016년은 영국이 유럽연합을 탈퇴한 해이자, 또 트럼프 대통령이 당선된 해이기도 하다. "브랙시트를 앞둔 영국

* 이 글은《철학논총》117집(새한철학회, 2024)에 실린 논문을 수정·보완한 것이다.

** 영남대학교 객원교수.

1 조기원, 〈옥스포드사전, 올해의 단어로 '탈진실' 선정〉,《한겨레》2019년 10월 19일자 기사. https://www.hani.co.kr/arti/international/international_general/770519.html

에서는 홍보용 버스 수백 대가 영국이 유럽연합에 매주 3억 5,000만 유로를 지급하고 있다는 허위 사실을 퍼뜨렸"으며,[2] 트럼프 전 미국 대통령은 선거 유세 기간 동안 매우 능수능란하게 거짓말과 가짜 뉴스를 이용했다.[3] 트럼프에게 호의적인 가짜 뉴스들 중 상당수는 발칸반도 마케도니아의 작은 도시인 벨레스에서 나왔는데, 고작 4만 5,000명이 거주하는 도시에서 가짜 뉴스 사이트가 140개 이상 만들어졌다고 한다.[4] 트럼프는 당선되고 난 첫해에만 해도 2,140가지의 거짓 또는 허위 주장을 펼쳤는데, 이는 하루 평균 5.9개 정도로 계산된다.[5] 이처럼 거짓말과 가짜 뉴스에 많은 사람들이 선동되고 넘어갔다는 사실은 탈진실 시대의 현주소를 적나라하게 보여준다.

그렇다면 탈진실이라는 개념은 정확히 무엇을 의미하는가? 우선, 옥스포드사전에서 내리는 정의에 따르면 "사람들이 사실보다 감정과 신념에 더 많이 반응하는 상황과 관련이 있는 것"이다.[6] 여기에 더하여, 리 매킨타이어에 따르면, 이때 접두사 "포스트(Post)는 시간 순서상 진실 '이후'라는 뜻이 아니라, 진실이 무의미할 정도로 '퇴색'"되었다는 의미로 쓰인다.[7] 이는 다시 말해, 사람들이 참된 진실이나 사실을 객관

2 리 매킨타이어, 김재경 옮김, 《포스트트루스 – 가짜 뉴스와 탈진실의 시대》, 두리반, 2019, 20쪽 인용.

3 같은 책, 16쪽 이하 참조.

4 제임스 볼, 김선영 옮김, 《개소리는 어떻게 세상을 정복했는가 – 진실보다 강한 탈진실의 힘》, 다산북스, 2020, 45-46쪽.

5 미치코 가쿠타니, 김영선 옮김, 《진실 따위는 중요하지 않다 – 거짓과 혐오는 어떻게 일상이 되었나》, 돌베개, 2019, 11쪽.

6 https://www.oxfordlearnersdictionaries.com/definition/english/post-truth

7 리 매킨타이어, 위의 책, 19쪽.

적으로 잘 받아들이는 것이 아니라, 자신의 감정이나 신념, 혹은 자신이 선호하는 정치적 이념에 따라 얼마든지 거짓 뉴스들을 받아들일 준비가 되어 있음을 의미한다. 즉, 참된 진실을 받아들이는 것보다 중요한 것은 자신의 신념과 이데올로기를 더욱 강화하는 것이다.

이러한 탈진실의 문제는 트럼프가 재선에 성공한 미국뿐만이 아니라, 우리나라를 비롯해 전 세계적으로 대두되는 문제라고 할 수 있다. 그렇다면 이러한 탈진실 문제를 우리는 어떻게 이해해야 할 것인가?

탈진실 현상의 진단

탈진실 문제의 전문가 리 매킨타이어는 이러한 탈진실 현상의 원인을 여러 맥락에서 보다 치밀하게 분석했는데, 그에 따르면 과학 이론은 진리가 아니라고 주장하며 과학적 연구를 부인하는 과학부인주의[8]와 인지 편향으로 인한 사실 거부[9] 등을 예시로 든다.

먼저, 리 매킨타이어에 따르면, 과학부인주의는 사람들이 자신의 이익을 위해 의도적으로 과학적 연구를 부인하는 현상을 가리킨다. 리 매킨타이어는 다음의 두 예시를 제시하는데, 첫째 예시는 미국 담배 회사가 담배 수익을 위해 담배가 우리 몸에 미치는 악영향에 대한 과학적 분석들을 의도적으로 무시하고, 전문가들을 섭외해 이러한 분석들에 대한 의혹을 제기하거나, 오히려 담배가 건강에 아무런 영향도 미치지 않는다는 역정보를 오랫동안 제공해 온 경우이다.[10] 둘째 예시는 기후

8 같은 책, 35쪽 이하 참조.

9 같은 책, 59쪽 이하 참조.

10 같은 책, 41쪽 이하 참조.

위기 문제와 관련하여 미국의 석유 기업들이 기후위기를 반박하는 연구소들을 지원하여 기후위기는 사실 과학자들이 꾸며낸 거짓에 불과하다는 허위 연구들을 많이 생산해냈다는 사실이다.[11] 이러한 예시들은 기업이 자신의 이익을 위해 과학적 사실을 의도적으로 무시하거나 왜곡하여 사람들로 하여금 피해를 입힌 사태를 보여준다.

또한 리 매킨타이어에 따르면, 사람들은 인지 편향에 사로잡혀 있다. 즉, 인간은 심리적으로 불편한 것을 경험할 때, 비록 그 불편한 것이 사실이더라도 회피하고자 애쓰는 성향이 있다는 것이다. 그래서 인간은 편향된 인지를 천성적으로 가지고 있으며, 이는 탈진실 현상의 뿌리가 된다는 것이 리 매킨타이어의 설명이다. 이러한 현상은 진실을 외면하고, 진실이 아니더라도 자신들이 보고 싶어하는 정보들만 편향적으로 취하려고 하는 대중들의 심리를 잘 드러내 보여준다. 매킨타이어에 따르면, 이는 결국 저널리즘을 중시하는 전통적인 미디어의 쇠퇴를 야기했으며, 더 나아가 SNS가 발전함으로써 SNS가 가짜 뉴스 생산의 진원지가 되어버렸다는 것이다.

탈진실 연구자들이 자주 지적하듯이, 전 세계적으로 가짜 뉴스를 가장 많이 생산하는 SNS들 중 하나는 바로 페이스북이다. 페이스북은 처음 만들어졌던 2004년경만 하더라도 단지 친구들을 연결해주는 소통 서비스에 지나지 않았다. 그러나 페이스북이 "좋아요" 기능을 기반으로 하는 알고리즘을 도입함에 따라, 사람들은 객관적인 뉴스 기사를 접하기보다는 자신이 선호하는 기사들을 선별적으로 접하기 시작했다. 이에 따라 사람들은 "정확성이 검증되지 않았더라도 자신이 듣고 싶은

11 같은 책, 46쪽 이하 참조.

말을 들려주는 '뉴스' 기사만 클릭할 수 있게 되었"다.[12] 현재 미국 성인 중 62퍼센트가 소셜미디어에서 뉴스를 확인하며, 이 중 71퍼센트가 페이스북에서 뉴스를 확인한다고 응답했다고 한다.[13] 이는 사람들로 하여금 무엇이 올바른 진실인지에 대한 관심을 떨어뜨리며, 설령 가짜 뉴스라 하더라도 자신의 입맛에 맞는 기사들만 취사선택한다는 점에서 인지 편향을 더욱 가속화한다. 사용자의 취향에 따라 정보를 편향적으로 제공하는 AI 알고리즘은 사용자로 하여금 일종의 "반향실 효과(Echo Chamber Effect)"를 불러일으킨다. 이는 자신이 선호하는 정보에만 노출되기 때문에, 자신이 지닌 편향된 시각을 교정하지 못하고 계속해서 증폭되는 현상을 가리킨다.[14] 또한, 이러한 반향실 효과는 사용자의 확증 편향을 강화하여 자신의 세계에 갇히는 "필터 버블(Filter Bubble)"을 유발하기도 한다. 즉, 자신이 듣고 싶은 것만을 듣고, 또 믿고 싶은 것만을 믿는 상태를 강화한다는 것이다.[15] 탈진실 연구자들은 탈진실 현상으로 인해 많은 대중이 극단적으로 편향된 관점을 가지게 될 경우, 민주주의에 심각한 위협을 초래할 수 있음을 지적한다.[16]

그렇다면 이러한 탈진실 현상을 극복하기 위해서는 어떠한 작업이 필요한가? 첫째는 저널리즘 정신의 회복을 들 수 있을 것이다.[17] 리 매

12 같은 책, 130쪽 인용.

13 같은 책, 131쪽 인용.

14 김종길, 〈디지털 사회의 심화와 '탈진실' 시대의 진실 찾기〉, 《사회사상과 문화》 제26권 3호, 2023, 258쪽 참조.

15 같은 곳.

16 송정민 외, 〈탈진실 현상의 원인은 무엇인가?〉, 《한국정치연구》 제32집, 2023.

17 저널리즘의 문제와 관련하여 탈진실을 논의하는 연구로는 다음을 참조할 것: 김사승, 《탈진실 바로잡기》, 책세상, 2022; 박진우, 〈'가짜 뉴스'라는 기호를 다루는 사람들〉, 《사이

킨타이어가 지적하듯이, 가짜 뉴스를 덮어버리기 위해서는 더 많은 진짜뉴스로 가짜 뉴스를 덮어버릴 필요가 있다.[18] 이처럼 사실 정보를 반복적으로 제공해서 충격을 제공할 수 있다면 가짜 뉴스로 인해 형성된 잘못된 신념을 변화시키는 것이 가능하다는 것이다.[19] 둘째는 디지털 리터러시 교육을 강화하는 것이다.[20] 디지털 리터러시 교육이란 말 그대로 온라인상에서 접할 수 있는 정보들에 대한 문해력을 가르치는 일이다. 이러한 교육을 통해 대중들은 인터넷상에서 전개되는 여러 뉴스를 접하면서, 어떤 뉴스가 신뢰할 만한 뉴스이며, 또 어떤 뉴스가 가짜 뉴스인지를 분별하는 능력을 갖추게 될 수 있다는 것이다. 셋째는 공동체적 차원의 논의를 보다 확장하는 것이다.[21] 리 매킨타이어에 따르면, 인간은 자신의 인지 편향적인 경향성으로부터 완전히 자유로울 수는 없다. 그러나 이러한 인지 편향은 다른 사람과 상호작용하는 가운데 어느 정도 상쇄될 수 있다는 것이다. 다시 말해, "진실을 찾고자 하는 사람은 비판적으로 생각하고 충분히 의심하며 다른 사람의 검토를 받을

버 커뮤니케이션 학보》 제37집, 2020; 이재경, 〈탈진실 사회와 저널리즘의 역할〉, 《언론중재》 제152집, 2019.

18 리 매킨타이어, 위의 책, 160쪽 인용.

19 같은 책, 211쪽 인용.

20 이와 관련해서는 문미리, 〈'탈진실' 시대 미디어 리터러시 개념과 공영방송의 역할〉, 《한국과 국제사회》 제7집, 2023; 이용준, 권이은, 〈Post-truth 시대의 가짜 뉴스와 리터러시 교육의 중점〉, 《리터러시연구》 제11권 6호, 2020.

21 이와 관련된 연구는 다음을 참조할 것: 유용민, 〈포스트 진실의 인식론 넘어서기〉, 《한국언론정보학보》 제99집, 2020; 김만권, 〈'탈진실' 시대의 정치와 논쟁적 민주주의 모델〉, 《철학》 제147집, 2021; 송지우, 〈말, 거짓말, 도덕적 진보〉, 《철학사상》 제63집, 2017; 구은정, 〈탈진실 시대, 숙의와 공공선〉, 《NGO연구》 제16집, 2021.

때 최상의 결과를 얻을 수 있"다는 것이다.[22] 이러한 사실은 우리가 비판적으로 사유하는 공동체를 구성할 때 탈진실 현상에서 벗어나 진실을 추구할 수 있는 긍정적인 방향으로 나아갈 수 있음을 시사한다. 그리고 수많은 연구자가 지적하듯이, 디지털 리터러시를 교육하기 위해서든 혹은 공동체 내부에서 비판적 논의를 확장하는 것이든, 이를 위해서는 필연적으로 비판적 사고(Critical Thinking)가 먼저 요구된다. 그러나 현재까지 국내 연구에서 탈진실 문제를 해결하기 위한 대안으로서 비판적 사고를 어떻게 회복할 것인지에 대한 철학적 논의는 거의 전무한 상황이다.

탈진실의 문제에 대한 칸트적 진단

그렇다면 진실과 거짓, 가짜 뉴스가 교묘하게 섞여 있는 탈진실의 사회에서 칸트의 계몽철학은 어떠한 점에서 여전히 유효하게 작동할 수 있는가? 이를 위해 우리는 칸트의 비판철학 내에서 계몽정신이 어떻게 작동하는지를 살펴보고자 한다. 먼저, 다음의 인용문을 한번 살펴보자.

> 계몽이란 인간이 그 자신에게 책임이 있는 미성숙함(Unmündigkeit)에서 벗어나는 것이다. 미성숙함은 다른 사람의 지도 없이는 자신의 지성을 사용하지 못하는 상태다. 이 미성숙함이 지성의 결여에서 기인하지 않고 다른 사람의 지도 없이 자신의 지성을 사용하는 결단과 용기의 결여에서 기여하는 경우, 그 책임은 자신에게 있다. 그러므로 감히 알려고 하라! 너 자신의 지성을 사용할 용기를 가지라! 이것이

22 리 매킨타이어, 위의 책, 87쪽 인용.

계몽의 표어이다.[23]

이 인용문은 칸트의 계몽주의 철학을 대표적으로 드러내는 〈계몽이란 무엇인가?〉의 도입부이다. 칸트는 계몽을 "자신에게 책임이 있는 미성숙함에서 벗어나는 것"으로 설명한다. 그리고 칸트가 지적하듯이, 여기서 미성숙함이란 "다른 사람의 지도 없이는 자신의 지성을 사용하지 못하는 상태"이다. 즉, 인간은 성숙해지기 위해서는 다른 사람의 지도에 의존하지 않고 스스로 지성을 사용할 수 있어야 한다. 이어서 칸트는, 지성의 결여로 인해 미성숙한 것은 어쩔 수 없지만, 스스로 지성을 사용할 결단과 용기가 없어서 미성숙한 경우, 그 책임이 자신에게 있다고 지적한다. 그래서 우리는 우리 자신이 미성숙한 상태에 머물러 있다는 문제상황에서 벗어나기 위해 "감히 알려고" 해야 하며, "우리 자신의 지성을 사용할 용기를 가져"야 한다는 것이다.

이러한 칸트의 설명에서 흥미로운 지점은 바로 계몽을 설명하는 방식이다. 칸트는 계몽을 설명하기 위해 특별한 교육학적 방식이나 사회구조적인 개선을 말하지 않는다. 오히려 칸트가 주목하는 방식은 바로 스스로의 사고 능력에 대해 자신이 어떠한 태도를 취해야만 하는지에 대한 것이다.[24] 즉, 각자가 스스로 지성을 사용할 용기를 가지는 것, 그래서 우리가 미처 알지 못했던 것들에 대해 적극적으로 알고자 하는 태

23 Kant, WiA, Ⅷ35. 이 글에서 칸트 원전을 인용할 때, 학술원판 전집의 권수와 쪽수로 표기하되, 기본적으로는 다음의 번역본들을 참조하였다: 〈계몽이란 무엇인가〉, 홍우람 역, 《비판기 저작 Ⅰ》, 한길사, 2019(약칭 WiA); 〈속설〉, 정성관 역, 《비판기 저작 Ⅰ》, 한길사, 2019(약칭 Gemeinspruch); 〈방향 정하기〉, 홍우람 역, 《비판기 저작 Ⅰ》, 한길사, 2019(약칭 Was heißt); 《학부들의 논쟁》, 이진오·이상헌 역, 《비판기 저작 Ⅱ》, 한길사, 2022(약칭 Streit).

24 최인숙, 〈칸트 철학에서 계몽의 의미〉, 《철학·사상·문화》 제1집, 2005, 3쪽.

도를 지니는 것이 계몽을 위해 먼저 선행되어야 할 태도이다. 따라서 우리는 계몽을 추구하기 위해 우리 자신이 스스로 지성을 자유롭게 사용할 것을 결단해야만 한다. 즉, 계몽은 개인이 지성을 사용하는 태도의 문제인 것이다. 그러나 이러한 계몽적 태도를 취하지 못했거나 취할 생각이 없는 사람들에 대해 칸트는 매우 신랄하게 비판한다.

> 오래전에 자연적으로 남의 지도에서 벗어나게 된 뒤에도 기꺼이 미성숙한 채로 평생 머무르는 사람들(자연적으로 나이 든 사람들)이 그토록 많은 이유, 그리고 다른 사람들이 주제넘게 그들의 후견인인 척하기가 그토록 쉬운 이유는 게으름과 나약함 때문이다. 미성숙하게 있는 것은 매우 편안하다. 나를 대신해 지성을 가지고 있는 책, 나를 대신해 양심을 가지고 있는 목사, 나를 대신해 식단을 짜주는 의사 등이 내게 있다면, 나는 아무런 수고도 할 필요 없다. 다른 사람들이 이미 나를 대신해 성가신 일을 떠맡을 테니, 그 대가를 지불할 수만 있다면 나는 생각할 필요가 없다.[25]

위의 인용문에서 알 수 있듯이, 칸트는 사람들이 스스로 지성을 사용하지 않고 미성숙한 상태에 남아 있는 이유로 게으름과 나약함을 든다. 왜냐하면 미성숙한 상태로 있는 것은 매우 편안하기 때문이다. 다른 사람들에게 판단하는 것을 맡기고 나면, 나는 아무런 수고도, 아무런 생각도 할 필요가 없다. 그렇기 때문에 편안함을 느끼게 된다. 그러나 내가 끊임없이 지성을 사용해 무엇인가를 알려고 하고, 진실을 알고자 하

25 I. Kant, WiA, Ⅷ35.

며, 무엇에 대해 올바르게 판단하고자 할수록, 나는 편안함에서 벗어나 불편함 혹은 고통을 느낄 수밖에 없다. 왜냐하면 진실을 알기 위해 올바르게 판단하는 일은 결코 쉬운 일이 아니기 때문이다.

칸트의 이러한 지적은 현재의 탈진실이라는 문제상황과도 크게 다르지 않다. 위에서 살펴보았던 것처럼, 탈진실 현상이 현대사회에서 더욱 강화되는 이유는 기술의 발전이 칸트가 지적하는 미성숙한 상태에서 벗어나기 어렵게 만드는 구조를 더욱 견고하게 만들기 때문이다. 인공지능이 발달한 후, 인터넷 쿠키 분석을 통해 사용자가 어떤 취향과 선호를 가지고 있는지를 분석하는 알고리즘 기술이 매우 발달했다. 이는 사용자들로 하여금 자신이 선호하는 취향의 콘텐츠를 쉽고 편안하게 찾을 수 있도록 선별하는 역할을 수행하기도 하지만, 또 한편으로는 무비판적이고 무반성적으로 콘텐츠를 소비하게끔 하는 악영향을 초래하기도 한다. 수많은 사람들이 페이스북을 비롯한 SNS를 통해 편향된 뉴스를 접하게 되며, 이러한 알고리즘을 사용하는 SNS는 객관적인 뉴스를 전달하기보다는 사용자가 더 선호하는 뉴스를 추려서 제공한다.

위에서 살펴본 것처럼, 사용자에게 뉴스를 제공하는 기준이 객관성이 아니라 선호도에 있다는 사실은 결국 사용자로 하여금 "반향실 효과"를 불러일으켜 확증편향을 강화시킬 수밖에 없도록 만든다. 그리고 이러한 반향실 효과는 종국에는 자신만의 세계에 갇혀 사는 "필터 버블" 상태를 야기하게 된다. 이러한 사실은 현대사회에서 무분별한 가짜 뉴스가 대량으로 생성되는 원인을, 더 나아가 그 가짜 뉴스를 아무런 반성도 없이 무비판적으로 수용하는 사람들이 늘어나게 되는 결정적인 원인을 함의한다. 리 매킨타이어가 지적하듯이, "인터넷이 등장한 뒤로 뉴스를 접하기가 너무나 쉬워지고 비용이 들지 않는 탓에 우리는 게을러졌다. 특권의식에 사로잡힌 나머지 비판적 사고 능력이 감퇴했다. 사실 이러한 잘못 역시 가짜 뉴스가 다시 나타나기에 적절한 환경을 조성하는 데에 부분적으로라도 기여했을 것"이다.[26]

이처럼 자신이 선호하는 혹은 자신이 듣고 싶어하는 뉴스나 콘텐츠를 소비하는 일은 결국 칸트와 리 매킨타이어가 지적하듯이 지성을 올바르게 사용하지 않는 게으르고 나약한 태도일 수밖에 없다. 자신이 보고 싶은 것만을 편향적으로 접하면서 믿고 싶은 것만을 믿는 일은 쉽다. 그러나 자신이 인정하기 싫거나, 자신의 입장과 상반되는 논의들을 지속적으로 접하면서 무엇이 진실인지를 찾아가는 것은 어렵다. 이 점에서 칸트 역시도 "각각의 개인이 거의 자기 본성이 되다시피한 미성숙함에서 벗어나는 것은 어려운 일"임을 인정한다.[27] 왜냐하면 미성숙한 개인은 자신의 미성숙한 상태를 좋아하며, 심지어 "당분간은 자신의 지성을 사용할 수 없"기 때문이다.[28] 그 이유는 바로 자신의 지성을 스스로 사용하려는 시도가 허용되지 않기 때문인데, 미성숙한 사람은 스스로 지성을 사용할 때 불안감을 느끼며, 따라서 자유롭게 지성을 사용하고자 하는 시도를 잘 행하려고 하지 않기 때문이라는 것이다. 그래서 "자신의 정신을 스스로 연마하여 미성숙함에서 벗어나고도 확고한 길을 걷는 데 성공한 사람들은 단지 소수에 불과"하다고 칸트는 지적한다.[29]

그렇다면 미성숙한 개인은 어떻게 자신의 지성을 스스로 사용하면

26 리 매킨타이어, 위의 책, 142쪽 인용.

27 Kant, WiA, Ⅷ36.

28 같은 곳.

29 같은 곳.

서 계몽되는 것이 가능할 수 있는가? 이에 대해 칸트는 오히려 스스로의 힘으로 미성숙함에서 벗어날 수 있는 소수의 사람들이 있기 때문에 "대중이 스스로를 계몽하는 일은 오히려 가능하다"고 말한다.[30] 자신만의 힘으로 지성을 사용하여 미성숙함에서 벗어나기는 쉽지 않다. 그러나 자신의 힘으로 미성숙함에서 벗어난 소수의 사람들은 주변 사람들에게 스스로 생각한다는 것의 의미와 가치를 널리 알릴 수 있다는 것이다.[31] 미성숙한 개인은 처음에는 자신의 지성을 스스로 사용하는 일에 불안감을 느낄 수 있고, 또 홀로 지성을 사용했을 때 생길 수 있는 어려움들이 있을 수 있다. 그러나 칸트는 마치 처음 걸음마를 떼는 생물이 몇 번 넘어지고 나면 자연스럽게 걷는 법을 배우게 되듯이 그러한 위험은 사실 크지 않다고 설명한다.

그러나 문제가 되는 것은 다음의 상황이다.

> 그런데 특별한 경우가 있다. 아무런 계몽 능력도 스스로 갖추지 못한 몇몇 후견인이 대중을 선동하는 경우, 대중은 후견인들에 의해 먼저 굴레에 갇히지만 나중에는 대중 스스로가 그 후견인들을 이 굴레 아래에 머물도록 강제한다. 선입견을 심는 것은 이렇게 유해하다. 선입견은 결국 그 선입견의 창시자나 후임자에게 직접 앙갚음을 하기 때문이다. 그러므로 대중이 계몽에 이르는 일은 더딜 수밖에 없다. 어쩌면 혁명에 의해서 개인적 폭정이 무너질 수도 있고 이익이나 권력을 탐하는 압제가 무너질 수도 있겠지만, 사고방식의 참된 개혁은 결

30 같은 곳.

31 같은 곳.

코 실현되지 않을 것이고, 오히려 낡은 선입견과 마찬가지로 새로운 선입견이 생각 없는 군중의 지침으로 쓰일 것이다.[32]

이 인용문에서 칸트는 예외적인 상황을 예시로 든다. 즉, 자신의 힘으로 미성숙함에서 벗어난 사람이 다른 사람들에게 지성을 스스로 사용할 것을 권유하며 계몽으로 이끄는 경우가 아니라, 자기 스스로도 미성숙함에서 벗어나지 못해 "아무런 계몽 능력도 스스로 갖추지 못한" 사람이 대중을 선동하는 경우 대중을 계몽으로 이끌지 못하는 문제적인 상황이라는 것이다. 칸트의 이러한 예시는 자신의 이익을 위해 가짜 뉴스를 퍼뜨려 사람들을 선동하는 정치인이나 유튜버들을 연상시킨다.

흥미로운 점은 이처럼 계몽되지 못한 사람들이 계몽을 목적으로 하는 것이 아니라 자신의 이익을 목적으로 하여 대중들을 선동할 때 발생하는 일이다. 칸트에 따르면, 대중들은 처음에는 이러한 사람들에 의해 영향을 받고 가짜 뉴스의 굴레에 갇히게 되지만, 나중에는 대중들이 이러한 사람들을 가짜 뉴스의 굴레 아래에 머물도록 강제한다는 것이다. 그래서 칸트는 "선입견을 심는 것은 이렇게 유해하다. 선입견은 결국 그 선입견의 창시자나 후임자에게 직접 앙갚음을 하기 때문이다"라고 말한다.[33] 이는 가짜 뉴스를 생산하고 대량으로 유포하는 사람들이 처음에는 자신의 이익을 위해 가짜 뉴스를 생산하여 대중들을 선동하지만, 나중에는 이 선동된 대중들에 의해 자기 자신마저 벗어날 수 없는 상황을, 결국에는 모든 것이 밝혀진 뒤에 성난 대중들에 의해 앙갚음을

32 같은 곳.

33 같은 곳.

당하는 결과를 초래한다는 것을 의미한다.

칸트는 이러한 상황을 대중이 계몽에 이르는 것을 더디게 만드는 것으로 진단한다. 사람들은 어쩌면 혁명과도 같은 것을 일으켜서 가짜 뉴스를 유포한 정치인이나 유튜버들을 단죄할지도 모른다. 그래서 그 정치인이나 유튜버들이 시민사회에서 더 이상 마이크를 잡지 못하고 몰락할 수도 있을 것이다. 그러나 칸트가 지적하듯이, 이러한 방식으로는 "사고방식의 참된 개혁"을 실현하지 못한다.[34] 왜냐하면 가짜 뉴스를 주장하는 몇몇 정치인이나 유튜버를 쫓아낸다고 하더라도, 그 빈자리에는 새로운 가짜 뉴스를 주장하는 새로운 정치인이 들어설 수 있기 때문이다. 이는 칸트가 지적하듯이 대중들이 보다 더 계몽될 수 있는 방법이라기보다는, 오히려 새로운 형태의 선입견(가짜 뉴스)이 대중들을 선동하는 결과를 낳을 뿐이다.

이성의 공적 사용과 탈진실 문제의 극복

그러므로 참된 계몽이 일어나기 위해서는 결국 대중들의 "사고방식의 참된 개혁"이 요구될 수밖에 없다. 그렇다면 이러한 "사고방식의 참된 개혁"을 통한 계몽은 어떻게 가능할 수 있는가? 칸트는 이에 대해 자신의 이성을 공적으로 사용할 자유를 제시한다.

> 자기 이성의 공적 사용은 항상 자유로워야 하고, 그런 공적 사용만이 인간의 계몽을 이루어낼 수 있다. 하지만 자기 이성의 사적 사용은 종종 매우 좁게 제한될 수도 있는데, 그래도 이런 제한으로 말미암아

34 같은 곳.

계몽의 진보가 특별히 방해받지는 않는다. 자기 이성의 공적 사용이란 말을 나는, 어떤 사람이 독서계의 전체 대중 앞에서 학자로서 자기 이성을 사용하는 것이라고 이해한다. 사적 사용이란 그가 맡게 된 특정한 시민적 지위나 직무에서 허용되는 이성 사용을 말한다.[35]

칸트는 이 인용문에서 이성의 공적 사용과 사적 사용을 구분한다. 칸트에 따르면, 이성의 공적 사용은 전체 대중 앞에서 학자로서 자기 이성을 사용하는 것이다. 이성의 사적 사용은 자신이 맡은 지위나 역할 내에서 허용되는 이성 사용을 의미한다. 그리고 칸트는 이성의 공적 사용은 전적으로 자유를 보장받아야 하지만, 사적인 사용은 충분히 제한될 수 있다고 설명한다. 예를 들면 상관에게 명령을 받은 장교는 근무 중에 이 명령의 정당함을 공공연하게 따져서는 안 된다. 왜냐하면 이는 그 장교가 자신의 이성을 사적으로 사용하는 것이기 때문이다. 칸트에 따르면, 이 경우 장교는 반드시 명령에 복종해야만 한다. 그러나 이 장교가 동시에 학자로서 병역의 문제점에 대해 대중들 앞에서 논평하는 것은 결코 금지될 수 없다. 왜냐하면 이는 자신의 이성을 공적으로 사용하는 것이기 때문이다.[36] 세금을 납부하는 시민의 예시나, 성직자에 대해서도 사정은 마찬가지다. 시민은 세금을 납부할 의무가 있으므로, 이성을 사적으로 사용하여 세금을 납부하지 않거나 혹은 세금을 납부하는 일에 불평해서는 안 되지만, 공적인 영역에서는 학자로서 세금의

35 Kant, 위의 책, Ⅷ37.

36 같은 곳.

부적절함과 부적당함에 대해서는 얼마든지 주장할 수 있다는 것이다.[37] 성직자 역시도 교회 내에서 교회의 교리를 정직하게 따라 전해야 하는 의무가 있으므로, 이 교리들에 대해 동의하지 않는다는 이유로 사적인 이성을 사용하여 기존의 교리를 가르치지 않는 일은 제한되어야 한다. 그러나 성직자가 공적인 영역에서 대중들 앞에 서서 기존 교리가 지니는 모순점들에 대해 학자로서 논의를 펼치는 것은 얼마든지 자유롭게 허용되어야만 한다.[38]

이성을 공적으로 사용하는 것, 즉 대중들 앞에서 자신이 옳다고 여기는 바에 대해 학자로서 논평하여 대중들에게 판정을 받고자 하는 일은 결국 표현의 자유 내지는 언론의 자유로 이해할 수 있다.[39] 따라서 계몽이 가능하기 위해서는 언론의 자유가 먼저 선행되어야 한다. 칸트에게서 언론의 자유는 "국가의 최고지배자가 공동체에 불법을 저지를 때 자신의 의견을 공개적으로 알릴 수 있는 권한"이자, "국민들의 권리를 보호할 수 있는 유일한 수호신"이다.[40] 즉, 국가 구성원들의 혁명권을 인정하지 않은 칸트 철학에서 이러한 언론의 자유는 국가기관과 권력자들을 견제할 수 있는 유일한 수단일 수 있다. 이러한 칸트의 설명은 결국 학자, 곧 지식인들이 한편에서는 국가법의 지배를 받아 자신의 사적인 이성을 때때로 제약받으며 국가에 복종할 의무가 있다 하더라도, 동시에 국가권력을 감시하며 비판할 수 있는 권리와 의무가 있음을 나

37 같은 책, Ⅷ37-38.

38 같은 책, Ⅷ38.

39 이충진, 〈칸트 계몽사상의 현재성〉, 《소통과 인문학》 제12집, 2011, 156쪽.

40 Kant, Gemeinspruch, Ⅷ304.

타내기도 한다.[41]

혹자는 이러한 표현의 자유나 언론의 자유에는 가짜 뉴스를 주장할 수 있는 자유도 있는 것이 아니냐고 반문할 수도 있을 것이다. 그러나 가짜 뉴스를 주장하는 것은 자신의 지성을 스스로 사용할 용기를 가지는 것과는 완전히 동떨어져 있으며, 오히려 계몽되지 않은 채로 사람들을 선동하는 것에 불과하다. 이 점에서 칸트가 말하는 표현의 자유 혹은 언론의 자유는 철저히 국가권력에 대한 저항으로서 자유이다. 다음 인용문을 살펴보자.

> 첫째로, 생각할 자유는 시민 강제와 대립한다. 사실 사람들은 상위의 권력이 우리에게서 말을 하거나 글을 쓸 자유는 박탈할 수 있지만 결코 생각할 자유는 박탈할 수 없다고 말한다. 그렇지만 만일 우리가 다른 사람들에게 생각을 전하고 다른 사람들도 우리에게 생각을 전하며, 말하자면 다른 사람들과 공동체를 이루며 생각하지 않는다면, 우리는 과연 얼마나 많이 그리고 얼마나 올바르게 생각할 수 있겠는가! 그러므로 우리는 사람들에게서 자신의 생각을 공공연하게 전할 자유를 빼앗는 바로 그 외부 권력이 사람들에게서 생각할 자유도 역시 박탈한다고 충분히 말할 수 있다.[42]

이 인용문은 〈사유 안에서 방향 정하기란 무엇인가?〉의 일부이다. 이 인용문에서 칸트는 생각할 자유가 시민 강제와 대립하고 있음을 지

41 이에 대한 보다 상세한 논의로는 김시형, 〈국가와 지식인 – 칸트〉, 《인문과학논집》 제21집, 2010 참조.

42 Kant, Was heißt, Ⅷ144.

적한다. 즉, 국가권력이 학자들로 하여금 자유롭게 말할 수 있는 자유를 박탈한다 하더라도, 그래서 학자들이 공식적인 석상에서 대중들에게 자신의 입장을 자유롭게 펼치지 못하는 상황이라 하더라도, 학자들이 스스로 생각할 수 있는 자유만큼은 결코 박탈할 수가 없다는 것이다. 〈방향 정하기〉에서 칸트는 이처럼 스스로 생각할 수 있는 자유야말로 계몽이라는 사실을 분명하게 지적한다.[43] 또한, 이러한 자신의 자유로운 생각을 다른 사람들과 자유롭게 전할 수 있는 공동체를 이루며 함께 생각하는 것이야말로 올바른 사유의 방향으로 나아갈 수 있는 방법임을 지적하고 있다. 이 점에서 칸트는 스스로 생각할 수 있는 자유야말로 시민에게 남아 있는 유일한 보석이자, 생각할 수 있는 자유를 통해서만 "현 상황의 모든 해악에 대한 대책이 강구될 수 있"다고 설명한다.[44] 즉, 칸트가 말하는 생각할 수 있는 자유, 그리고 표현과 언론의 자유는 국가권력에 대한 저항과 비판의 의미를 내재적으로 포함하고 있을 뿐만 아니라, 사회를 보다 건강하고 올바른 방향으로 나아가게끔 하는 중요한 역할을 수행한다.

그러나 가짜 뉴스를 생산하는 일은 이러한 국가권력의 핍박과 결코 대립하지 않는다. 역사적으로 생각해 보았을 때, 오히려 가짜 뉴스는 국가권력이 학자들의 사상적 자유를 억압할 때 등장하며, 또 혼란한 시대 상황에서 자신의 이익을 추구하기 위해 나타난다. 위에서 살펴본 것처럼, 시민들의 건강을 위협함에도 불구하고 기업의 이윤을 극대화하기 위해 "담배는 유해하지 않다"라는 가짜 뉴스가 등장한다. 또, 군사정

43 같은 책, Ⅷ146 Anm.

44 같은 책, Ⅷ144.

부의 쿠데타를 정당화하기 위해 "5.18은 북한에서 간첩이 내려와 시민들을 선동했기 때문에 어쩔 수 없이 군대를 동원한 사건이다"라는 가짜 뉴스가 등장하게 된다는 것이다. 이 점에서 칸트가 제시하는 표현과 언론의 자유는 가짜 뉴스를 유포할 자유와는 상반된다. 가짜 뉴스가 "특정한 목적을 위해서든 이익을 위해서든 영향력을 위해서든 고의적으로 허위 정보를 생산하고 유포함으로써 사람들로부터 원하는 반응을 이끌어내는 시도"라고 한다면,[45] 표현과 언론의 자유는 국가권력의 핍박에도 불구하고 지성을 자유롭게 사용하여 대중들을 계몽할 것을, 그래서 부당하고 부적절한 국가권력의 행사를 비판하며 견제하는 일에 그 목적이 있다는 점에서 양자는 매우 상이한 것이라고 할 수 있다.

이러한 점에서 칸트가 제시하는 이성의 공적 사용이라는 표현과 언론의 자유는 결국 지식인으로 하여금 국가권력에 대한 비판과 견제를 그 목적으로 한다는 점에서 가짜 뉴스를 생산할 자유와는 완전히 다르다고 할 수 있다. 이성을 공적으로 자유롭게 사용하는 것, 이를 통해 각자가 자신의 지성을 스스로 사용할 수 있도록 돕는 것, 즉 대중들의 계몽을 추구하며 돕는 것, 이를 바탕으로 하여 국가권력의 부당한 사용을 견제하며 비판하는 것이야말로 칸트가 말하는 학자의 사명, 특히 철학자의 사명이다. 이때 철학자에게는 "스스로 사고하는 작업이 자의적인 것이 아니라 이성의 보편적 원칙에 정말로 부합하는지를 되묻는 비판적 성찰"이 요구된다.[46] 이러한 비판적 성찰은 가짜 뉴스를 주장하거나 유통하는 이들, 또 가짜 뉴스에 쉽게 부화뇌동하는 대중들의 작업과는

45 리 매킨타이어, 위의 책, 148쪽.

46 임홍배, 〈칸트의 계몽 개념에 대하여〉, 《괴테연구》 제31집, 2018, 162쪽 인용.

완전히 결을 달리한다. 칸트는 이러한 비판적 성찰을 기반으로 하는 이성의 공적 사용, 즉 공개적인 논의를 금지하는 것은 국민의 진보를 방해하는 일임을 분명히 한다.[47] 따라서 인류가 계몽되어 도덕적으로 진보하기 위해서는 스스로 지성을 비판적으로 사용할 수 있는 학자, 즉 계몽된 지식인들에 의한 철저한 비판을 통해서만 가능할 수 있다.[48]

맺음말

무엇이 참된 진실이며, 또 무엇이 거짓인지에 대한 구분이 애매모호한 탈진실 시대에 이러한 칸트적 계몽정신은 혼란한 시대정신에도 불구하고 우리가 나아가야 할 방향을 제시해 준다. 기술의 발전으로 인해 자신이 선호하는 뉴스와 정보들을 취향과 선호도에 따라 취사선택하는 것이 자연스러운 현재의 상황은 자신의 지성을 게으르고 나약하게 만들어 내가 현재 접하고 있는 정보가 올바른 것인지 검토하기 어렵게 만든다.

그러나 칸트의 비판철학은 여전히 우리에게 "감히 알려고 하라!"고, 또 "너 자신의 지성을 사용할 용기를 가지라!"고 촉구한다.[49] 이는 우리의 자유로운 이성의 사용, 즉 이성을 공적으로 사용하여 계몽될 것을 촉구하는 것이기도 하다. 이를 현 시대에 적용해 본다면 탈진실이라는 문제상황에서 벗어나고 극복하기 위해 지성을 자유롭게 또 비판적으

47 Kant, Streit, Ⅶ89.

48 계몽정신의 발전이 비판능력과 관계된다는 사실에 주목하는 연구로는 다음을 참조할 것: 김영례, 〈칸트의 계몽 정신의 유효성〉, 《동서철학연구》 제62호, 2011; 김용대, 〈계몽이란 무엇인가?〉, 《독일어문학》 제37집, 2007.

49 Kant, WiA, Ⅷ35.

로 사용할 것을 촉구하는 것으로 이해될 수 있을 것이다. 물론 칸트가 유한한 한계를 지닌, 미성숙한 우리 각 개인의 능력만으로는 계몽에 이르기 어려울 수 있다고 지적하듯이, 각 개인의 힘만으로는 탈진실의 문제를 극복하기 어려울 수 있다. 그러나 우리 각자가 먼저 계몽된 이들의 도움을 받아 스스로 지성을 사용할 용기를 가지고 결단할 때, 우리는 우리 주변에 펼쳐져 있는 수많은 가짜 뉴스에 휩쓸리지 않고 자신이 가야 할 길을 오롯이 갈 수 있는 계몽의 힘을 얻게 된다. 또한 더 나아가, 이처럼 스스로 지성을 사용할 수 있는 계몽된 개인들은 학자로서 자신의 이성을 공적으로 사용함으로써 건강한 공론장과 여론을 형성할 수 있는 힘을 얻는다.

이러한 표현의 자유 내지는 언론의 자유를 확보하여 계몽에 이르고자 시도하는 것은 작게는 각 개인들이 계몽적 태도를 취하도록 촉구하는 것이며, 넓게는 저널리즘 정신의 회복을 촉구하는 것일 수 있다. 각 영역에 전문성을 지닌 학자들이, 특히 철학자들이 자신의 이성을 자유롭게 공적으로 사용하여 사회 내에서 벌어지는 부당하고 부적절한 행태들에 대해 비판적으로 검토하며 대중에게 의견을 구하는 것 - 바로 이것이 칸트가 추구하는 계몽정신의 핵심이다. 이를 토대로 대중은 사고방식의 참된 개혁을 일으켜 참된 계몽에 도달할 수 있으며, 현재의 "계몽의 시대"에서 벗어나 "계몽된 시대"를 향해 전진할 수 있을 것이라는 희망, 더 나아가 가짜 뉴스를 비롯한 탈진실 현상을 극복하여 참된 진실이 안전하게 추구되며 보장될 수 있는, 보다 더 나은 시대를 향해 도덕적으로 전진할 수 있을 것이라는 희망을 가질 수 있게 될 것이다.

계몽사상의 서구보편주의를 넘어서
- 한국 사회과학의 한국화 논리*

김현구**

머리말

명제 1: 한국화는 우리 학문의 정체성을 깨우친다.

사회과학은 서구의 근대가 생성한 학문이다. 종교와 신의 섭리에서 벗어나 과학과 인간의 이성을 내세운 계몽주의(The Enlightenment)가 근대의 사상적 기반이었다. 18세기 이후 계몽주의는 인류 문명의 진보를 견인하는 핵심 동력으로 작용했지만, 계몽사상을 토대로 서구 중심의 보편문명을 설파함으로써 서구보편주의(European universalism)를 유발하였다. '서구적인 것이 곧 보편'이라는 인식은 급기야 '백인의 책무'[1]라는 극도의 오만에 빠져 제국주의적 식민 지배를 시혜 조치로 정당화하

* 이 글은《OUGHTOPIA》39권 1호(경희대학교 인류사회재건연구원, 2024)에 실린 논문을 수정 · 보완한 것이다.

** 성균관대학교 행정학과 · 국정전문대학원 명예교수.

1 '백인의 책무(the white man's burden)'는 노벨 문학상(1907)을 수상한 영국의 작가 루디야드 키플링(Rudyard Kipling)이 1899년에 발표한 시의 제목인데, 이 시는 백인이 사명감을 가지고 미개한 식민지 원주민에게 유럽 문명을 전파하는 무거운 짐을 져야 한다는 인종우월주의 정서를 여지없이 드러낸 작품이다.

는 지경에까지 이르렀다. 서구 우월의 계몽사상을 배경으로 하는 지배의 이념 서구보편주의가 문화적·사상적·정치적 차원을 넘어 분야별 학문 영역으로도 파급될 수밖에 없었다.

우리가 뒤늦게 계몽주의적 근대문명을 받아들이기 위해 19세기 말에 구미 각국과 일본에 유학생을 파견하면서 '계몽'이 근대 지성사의 키워드로 등장했다. 한국인 최초의 국비 미국 유학생이었던 개화주의자 유길준[2]이 1895년 《서유견문(西遊見聞)》을 통해 각 부문의 근대화 방략을 제시한 이래, 1906년과 1907년 어간에 주요 사회과학이 이 땅에 처음 소개되었다.[3] 우리는 족히 100년이 넘도록 서구의 근대 학문을 온축해 온 셈이다. 사회과학 주요 학회가 창립된 것이 1952년에서 1956년 무렵이므로 제도권 속에서 본격적으로 사회과학 연구를 수행해 온 지도 종심(從心)의 연륜에 이른다.[4] 그동안 상당한 성과도 있었지

2 조선은 1882년 '한미수호통상조약'을 체결하고 1883년 7월 보빙사(報聘使)라는 친선 사절단(전권대신: 민영익)을 미국에 파견하였다. 이 사절단의 수행원이었던 유길준은 국비 장학생 신분으로 미국에 남아 그해 12월 중순부터 보스턴시 근교에 있는 세일럼시에서 에드워드 모스(Edward Morse) 교수의 개인 지도로 영어와 미국 문화를 익히고 나서, 1884년 9월 중순 'Governor Dummer Academy'라는 사립 고등학교 3학년에 입학·수학하였다. 그는 갑신정변(1884년 12월 4일)이 실패했다는 소식을 듣자, 대학 진학을 포기하고 유럽 각국을 순방한 뒤 1885년 12월에 귀국하였다(이광린 1999, 308-324쪽).

3 개화기에 〈혈의 누〉, 〈귀의 성〉 등을 쓴 신소설 작가 이인직이 1905-1906년에 월간지 《소년 한반도》에 5회에 걸쳐 사회학을 처음 소개했다(정수복 2022, 22-23쪽). 정치학은 〈금수회의록〉과 〈공진회〉를 발표한 신소설 작가 안국선이 1907년에 일본 학자가 쓴 책을 번역한 《정치원론》과 《외교통의》를 통해 처음 도입되었다(김학준 1997). 경제학의 경우 1907년에 처음으로 유치형의 《경제학》, 원응상·신해영의 《경제학》, 원응상의 《재정학》, 이필선(역)의 《화폐론》 등이 출간되었다(이기준 1993, 54-59쪽). 한편, 심리학은 김하정이 1907년에 일본의 서양 심리학 번역서를 다시 번역(번안)한 《심리학교과서全》을 통해 최초로 소개되었다(차재호 2005, 167쪽; 이형종 2022, 169쪽).

4 1952년에 한국경제학회, 1953년에 한국정치학회·한국심리학회·한국교육학회, 1956년에 한국사회학회와 한국행정학회가 창립되었다.

만 서구보편주의에 갇힌 한국 사회과학은 아직도 온전한 자기 정체성(identity)을 확립하지 못하고 있다. 오늘날 미국식 사회과학은 번성한 반면, 한국적 맥락의 사회과학은 빈약하기 짝이 없다는 사실이 이를 말해준다.

사회 현실에는 그 사회의 역사적 과정과 문화적 배경 그리고 제도적 여건이 스며들기 마련이다. 더구나 사회과학자는 자신이 그 일부이기도 한 사회 현실을 완전히 대상화할 수 없는 존재이다. 사회과학이 '과학'의 이름으로 탈맥락적인 자연과학을 본뜨려고 하지만, 사회과학은 아무래도 무게 중심이 '사회'에 있기 때문에 맥락민감성(context sensitivity)을 띤 학문이다. 사회과학 이론은 사회 현실 저변(실재층)의 보편적 원리가 체현된 특수 현상으로부터 도출된다. 그 보편적 특수(universal particular)가 유독 서구사회에만 존재할 리는 없다. 그런데도 한국 사회 현실은 어째서 아직도 이론화거리가 되지 못한 채 서구 이론의 실험장으로 전락하고 마는가. 한국 사회과학의 한국화(韓國化)가 의도하는 바는 우리도 이제는 학문의 세계에서 남에게도 통할 수 있는 우리 얘기를 좀 해보자는 것이다.

우리는 어쩌면 그동안 서구에 의해 주어진 타자의 눈으로 우리 학문을 구성하고 재단해 왔는지도 모른다. 우리가 서구 이론의 토착화에 안주하지 않고 학문(이론)의 한국화를 강조하는 까닭은 한국화로부터 적어도 세 가지의 학문적 유용성을 기대할 수 있기 때문이다(김현구 2020a, 357-358). 첫째, 남에게도 통할 수 있는 우리 것으로 학문을 함으로써 사회과학의 주체성, 즉 학문적 사유의 독창성과 자율성을 확립할 수 있다. 둘째, 한국적 맥락의 이론을 창출함으로써 사회과학의 적실성, 즉 우리 사회 현실에 대한 이론적 설명과 정책적 처방의 유관 적합성을 제고할 수 있다. 셋째, 한국적 맥락특화이론(context-specific theory)의 대외적 확산을 도모하는 '진정한 한국화', 즉 이론의 세계화를 통해 우리도 세계 학계에 기여할 수 있다.

한국화의 이러한 유용성을 바탕으로 한국 사회과학의 독자적 특성, 즉 학문적 정체성을 세계 학계에 드러낼 수 있다.[5] 계몽사상에서 비롯된 서구보편주의는, 과학문명과 근대 학문의 확산에 기여한 바도 있지만, 이제 우리가 넘어서야 할 근대의 유산이다. 학문은 모름지기 시대와의 대화다. 21세기의 시대정신은 다원주의다. 서구보편주의에서 다원보편주의(pluralistic universalism)로의 문명사적 전환기를 맞아 한국 사회과학은 서구적 보편을 넘어 다원적 보편을 모색하는 학문으로 거듭나야 한다. 이러한 문제의식에서 출발한 이 글은 우리 지성사의 주체화 전기를 마련할 한국 사회과학의 한국화 논리 10대 명제를 네 개 단락으로 나누어 논의하고자 한다.

한국화의 개념 규정

명제 2: 한국화는 한국적 특수의 이론적 보편화이다.

한국화에 대해 학계 일각의 비판적인 시선도 없지 않다. 그 저변에는 은연중에 학문의 서구보편주의 사유가 깔려 있고, '한국적'이라는 말에 대한 우리 학계의 부정적 이미지도 한몫하고 있지 않나 싶다.[6] 한국

5 미국 사회과학도 미국이 역사상 유럽과 다르다는 이른바 미국예외주의(American exceptionalism)에 입각하여 미국 사회의 중대한 문제들과 씨름한 결과 근대 미국 문화의 독특한 산물로서 학문적 정체성을 확립해 왔다(Ross 1991/2008, 21-30).

6 박정희정부가 '한국적 민주주의'라는 이름으로 유신독재(1972-1979)를 정당화하면서 '한국적'이라는 말에 덧씌워진 아전인수(我田引水) 격의 정략적 이미지가 한국화의 개념에도 녹아드는 것 같다. 우리는 그동안 산업화와 아울러 민주화를 이룩했을 뿐만 아니라 최근에는

화가 이론의 보편성에 반한다고 논박하는가 하면(김영평 2009, 12), 편협한 국수주의적 발상으로 매도하기도 한다. 이는 무엇보다 한국화를 사전적 의미로 받아들이기 때문인 것 같다. 단언컨대 한국화는 규약적 정의(stipulative definition)에 의한 학술 용어다. 한국화 그 자체의 사전적 정의는 특수화에 가까운 의미를 갖지만, 보편성을 지향하는 학문·이론의 한국화는 보편을 개념적 속성으로 삼을 수밖에 없다.

학문의 한국화는 한국적 맥락에서 보편성을 띤 학문하기를 말한다. 한국화에는 세 가지 유형이 있다(김현구 2022, 7). 첫째는 한국 사회 현실을 토대로 보편적 설득력이 있는 새로운 이론을 창출하여 대외적으로 널리 확산하는 '이론의 한국화'다. 둘째는 어떤 분야의 교과 내용에 대해 보편타당한 인식을 한국적 맥락과 아울러서 독자적인 지식체계를 구축하는 '과목의 한국화'다. 셋째 유형은 한국 학자가 창의적 아이디어로 세계적인 수준의 주요 학술 담론에 참여하여 상당한 성과를 얻는 '담론의 한국화'다.[7] 이론의 한국화와 과목의 한국화가 직접적이라면 담론의 한국화는 간접적이다. 이론의 한국화가 과목의 한국화나 담론의 한국화를 촉진하는 구심적 역할을 한다고 보아야 할 것이다. 이 글은 이론의 한국화에 초점을 맞춘다.

이론의 보편성은 사회 현실의 '보편적 특수'로부터 나온다. 이론의 한국화를 '이론-현실'의 준거틀로 보면 한국화의 본질은 한국 현실의

한국적인 것을 표방하는 대중문화의 한류가 세계를 풍미하고 있다. 이제는 '한국적'이라는 개념에 정치적으로 얼룩진 묵은 때를 벗겨내야 한다.

7 담론의 한국화를 한국화의 한 유형으로 보는 것은, 만하임(Mannheim 1936, 69-71)의 이른바 '사유의 존재 구속성'이 말해주듯, 한국 학자의 학문적 사유는 은연중에 한국적인 문제의식과 학술문화의 영향을 받을 수밖에 없기 때문이다.

보편적 이론화이고, '보편-특수'의 준거틀로 보면 한국화의 정향은 한국적 특수의 이론적 보편화이다. 이러한 약칭의 본질과 정향을 아우르는 것이 이론의 한국화다. 한국화는 한마디로 말해 이론화이자 보편화이다.

명제 3: 한국화에서 '한국'은 국적이 아니라 맥적이다.

한국화의 사전적 정의를 특수화로 이해하는 것은 한국을 단독개념인 국적(國籍)으로 간주하기 때문이다. 학문·이론의 한국화에서 한국은 국적이 아니라 맥적(脈籍)이다. 맥적이란 보편화 가능성을 안고 있는 한국의 맥락특화이론을 그렇게 배태시킨 맥락적 정체성(identity)을 표상하는 특성을 말한다. 이론의 맥락에는 연구 문제의 사회문화적 상황에 대한 구조적 경계조건인 거시적 맥락과 그 안에서 다시 구체화된 기능적 상황 및 개념적·방법론적 성향의 경계조건인 미시적 맥락이 있다. 맥적은 이론 창출과 적용의 전제조건이므로 맥적이 다르면 이론도 달라진다. 맥적은 한국을 법률공동체가 아니라 문화공동체, 담론공동체로 인식한다. 국적이 단독개념인 데 반해, 맥적은 준일반개념이다.

맥적을 준일반개념으로 보는 이유는 맥적이 유사하다면 그 이론은 다른 국가나 문명권에서도 적용될 수 있기 때문이다. 한국화에 의해 정립된 이론은 한국의 '보편적' 특수를 추상화한 것이므로, 유사한 맥적의 대외적 사례가 존재한다는 것을 상정한다. 우리는 확장성을 지닌 맥적 개념을 도입함으로써 한국화의 정향이 특수화가 아니라 보편화라는 것을 분명히 할 수 있다. 다양한 문화의 한류에서 접두어 '한국(K-)'도 유사한 맥락에서 폭넓은 적용 가능성을 말해주는 맥적에 속한다. 문화의 한류나 학문의 한국화에서 맥적은 한국적 특수와 세계적 보편을 잇는 징검다리 역할을 한다.

한국화에 대한 반론의 논거로 흔히 '학문에는 국경이 없다'는 것을 내세우곤 한다. 학문의 보편성을 강조하는 이 명제를 이론 창출과 적용의 맥적 차원에서 이해할 필요가 있다. 이 명제는 우선, 이론이 국경을 넘어 인간 사회를 어느 정도 관류하는 '보편적 특수'의 맥적을 토대로 창출된다는 것을 말해준다. 이는 이론의 '기본적 한국화' 논리를 뒷받침한다. 그 보편적 특수의 발원지가 맥적을 규정하므로, 우리는 맥적에 따라 편의상 '한국 이론'이나 '서구 이론'과 같은 용어를 사용하기도 한다.

한편 이론 적용의 측면에서 학문에 국경이 없다는 것은 이론이란 그 맥적과 유사한 조건의 맥락이라면 어떤 국가(문명권)에서도 적용될 수 있다는 것을 말해준다. 이론은 학문적 관점에서 맥적에 맞게 적용되어야 하며 정략적으로 활용되는 일이 없어야 한다는 것이다. 이는 '진정한 한국화', 즉 한국적 맥락특화이론의 세계화 논리를 뒷받침한다. 결국 '학문에는 국경이 없다'는 명제는 외려 한국화 입론의 논거가 된다.

한국화의 학문적 성격

명제 4: 한국화는 학문론과 맞닿아 있는 화두이다.

'한국 사회과학의 한국화'라는 말에는 학문의 본질에 대한 인식론적 쟁점과 아울러 그에 대한 깨우침의 실마리가 내장되어 있다. 이 언어적 방편은 한국적 맥락에서 학문의 본질에 충실한 사회과학 이론 형성을 통해 한국 사회과학의 정체성 확립을 이끄는 학문적 화두(話頭)이다. '한국 사회과학의 한국화'는 결국 학문론과 맞닿아 있다. 학문이란 무엇이며, 어떻게 해야 하는가?

조동일은 학문의 본질을 네 가지로 집약한다(1993, 16-25). 첫째, 학문은 진실(진리)을 탐구하는 행위이다. 이는 사실들 간에 존재하는 보편적 원리를 밝혀내는 것을 말한다. 둘째, 학문은 논리로 이루어진다. 학문적 진실 탐구는 논리적 타당성이 입증되어야 한다. 셋째, 학문은 실천의 지침인 이론을 마련한다. 이론 없이 이루어지는 실천은 착오와 낭비를 초래하기 십상이다. 넷째, 학문은 독백이 아니고 대화이다. 토론을 통해 점검·비판하는 작업이 이루어져야 타당한 성과에 이를 수 있다.

진실(진리) 탐구는 학문의 목적이고, 논리와 대화는 학문의 접근 방식이며, 이론은 학문 활동의 산출물이다. 학문이란 진실(진리)을 탐구하기 위해 논리와 대화로 이론을 창출하는 지적 활동을 말한다. 사회과학은 이론을 통해 진실을 탐구하지만, 궁극적으로는 진리를 추구한다고 보아야 한다.[8] 학문의 본질은 진리성과 이론성에 있고, 이론의 본질은 지식의 보편성에 있다. 학문론에는 두 가지 핵심 쟁점이 제기된다. 하나는 진리를 바라보는 관점의 문제이고, 다른 하나는 보편성의 개념과 논거 문제다. 학문적 진리성과 이론적 보편성은 학문론의 영원한 주제다.

진리는 모든 학문이 지향하는 바의 이상이므로 학문론은 진리에 대한 철학적 물음을 피해 갈 수 없다. 진리에 대하여는 인식 주체의 사유가 일단 인식 대상의 실재를 표상한다고 보는 대응론(correspondence theory)이 서양철학의 주류 이론으로 자리잡아 왔다. 이는 진리가 관념과 그 지시 대상의 대응(일치)에 의해 결정된다고 보는 입장이다. 이러한 '주체-객체' 도식의 전통적인 대응론에 대해 다양한 차원의 '주체-주체' 관계 이론이 도전해 왔다. 정합론(coherence theory)은 유관 진리체계와의 논리적 일관성을, 실용론(pragmatic theory)은 판단의 실천적 유용성을, 합

8 진리와 진실이 영어로는 truth로 뭉뚱그려 표현되지만, 우리말로는 다소 다른 의미를 함축한다. 참된 이치인 진리가 문제의 근원을 파고드는 철학적 개념이라면, 참된 사실인 진실은 정확성을 따지는 과학적 개념이라고 할 수 있다.

의론(consensus theory)은 공동체 구성원들의 상호주관적 합의를 진리의 기준으로 제시한다.

이들 대안 이론은 나름의 설득력을 지니고 있지만 어떤 형태로든 그 저변의 대응적 객체(실재)를 전제하지 않을 수 없다는 한계에 봉착하게 된다. 더구나 대응론은 자연의 진리에 대한 과학적 인식에 유의미한 설명을 제공한다는 점에서 과학의 비호를 받고 있다. 한국화론은 실재의 경험적 관찰에 대한 궁극적 한계를 인정하면서도 기본적으로 이론은 현실을 표상한다고 보는 '비판적 대응론'에 기반한다. 사안에 따라 필요할 경우 여타 진리 이론도 한국화의 표상적 대응 간극을 메우는 보완적 논거로 활용해야 할 것이다. 학문론의 또 다른 쟁점인 보편성 문제는 한국화의 다양한 후속 명제를 통해 살피기로 한다.

명제 5: 한국화는 우리 학문 발전의 한 도정이다.

나라마다 나름의 지성사적 내력이 있게 마련이다. 우리는 근대 초입부터 일제의 식민 지배로 말미암아 지적 전통이 단절·왜곡된 상태에서 광복 이후 서구(특히 미국)로부터 근대 학문을 본격적으로 받아들였다. 식민 교육을 경험한 세대 김운태가 "홍수같이 밀어닥치는 구미 이론 바람에 자칫하다가는 학문적 식민주의에 빨려들 위험성도 없지 않다"(1969, 65)고 우려했던 그 절박한 사연을 가히 짐작할 만하다.

서구 이론의 거센 파고 속에 우리의 학문적 정체성 확립을 위한 자구책이 토착화에 이어 한국화로 표출되었다. 서구 이론을 한국 현실에 맞게 적용하는 토착화가 소극적 자아준거화라면, 한국 현실을 토대로 독자적 이론을 형성하는 한국화는 적극적 자아준거화다. 한국화에는 가설적 맥락특화이론을 창출하는 '기본적 한국화'가 있는가 하면,

그 이론의 대외적 확산으로서 세계화를 지칭하는 '진정한 한국화'도 있다.[9]

한국화는 근대 학문 후발국으로서 우리 학문 발전의 한 도정이다. 한국화를 일단 '기본적 한국화'로 본다면, 한국 사회과학은 '토착화 → 한국화 → 세계화'로 전개되는 중층구조적 단계로 발전해 간다(명제 8의 [6-3] 참조). 선형구조가 아니라 '중층구조'라고 언명한 것은 이를테면 한국화가 주도하는 단계에서도 필요한 서구 이론의 토착화는 지속되며, 한국 이론의 세계화도 어느 정도 이루어질 수 있다는 의미이다. 사회과학계에서는 1960년대 말부터 서구 이론을 단순히 수입·모방하던 단계를 넘어 우리 현실에 맞게 적용하는 토착화에 힘쓰다가, 토착화와 한국화가 미분화된 1980년대와 착종된 1990년대의 과도기를 거쳐 2000년대로 접어들면서 한국화 문제가 본격적으로 제기되었다. 그럼에도 우리의 학문적 사유를 지배해 온 서구보편주의와 서구 이론의 유행 추수(追隨) 경향은 좀처럼 수그러들 기미를 보이지 않고 있다.

오늘날 토착화가 당연시되자 그 용어가 우리의 인식 공간에서 점점 멀어져 가듯, 언젠가 진정한 한국화가 확고히 정착되면 한국화라

9 지성사적으로 보면 우리 학문의 자아준거론에는 일제강점기에 위당(爲堂) 정인보와 함께 조선학 운동을 주도했던 민세(民世) 안재홍의 민세주의가 관류하고 있다. 그는 서구의 근대 학문을 접하면서 1935년 "민족으로 세계에, 세계로 민족에"라는 기치를 내걸고 문화·학문의 민족적 특수성과 세계적 보편성을 하나의 조화된 이념 속에 구현하고자 했다. 민세주의의 "민족으로 세계에"는 자아 창건을 통해 세계문화에 조선색(朝鮮色)과 조선소(朝鮮素)를 물들이고 짜 넣음으로써 독자적 이채(異彩)를 발양(發揚)해야 한다는 것이다. 한편, "세계로 민족에"는 세계문화를 채취하고 적용하되 조선색과 조선소를 수용의 주체로 확립함으로써 대지적응적(對地適應的)인 일원다양(一元多樣)을 실현하자는 것이다. "민족으로 세계에"와 "세계로 민족에"는 각각 이론의 진정한 한국화와 서구 이론의 주체적 토착화에 상응하는 메시지라고 할 수 있다(김현구 2019, 16-21쪽).

는 말도 자연스레 자취를 감추게 될 것이다. 한국화가 더 이상 거론되지 않는 상황, 그것이 진정한 한국화를 대변해 준다. 미국 정치학자들도 1903년 미국 정치학회 결성을 계기로 그들의 학문적 시발점이었던 독일 국가학(Staatslehre)의 영향권에서 벗어나 점차 독자적인 노선을 걷게 되었는데, 초창기의 이러한 노력을 미국 정치학의 미국화(Americanization)로 호칭한 적이 있다(문승익 1974, 114). 일본은 우리와 달리 별도의 자아준거화 문제 제기 없이도 근대 학문의 실질적인 일본화를 이룩할 수 있었던 것 같다. 1868년 메이지유신에 의한 서구식 근대화 개혁 이후 서구 여러 국가로부터 근대 학문을 서서히 받아들여 새롭게 발전시키는 노력을 게을리하지 않았기 때문이다. 오늘날 자국 박사 학위 소지자가 일본 학계를 주도할 정도로 학문의 자생력을 갖추고 있다는 것이 이를 말해준다.

한국화의 기본 논거

명제 6: 한국화는 다원보편주의를 이념적 배경으로 한다.

오늘날 통용되고 있는 문명적 보편주의는 19세기에 서구 제국주의 세력이 팽창하면서 서구가 비서구 사회에 대한 정치적·경제적 지배를 정당화하기 위해 내놓은 서구적 이념이다(Huntington 1996, 66). 인간 사회에는 문명화에 요구되는 보편타당한 가치와 지식 그리고 역사가 존재하는데, 오직 서구가 그러한 보편의 거울이라는 것이다. 서구우월주의에 기반한 서구보편주의는 서구 문명을 인류 문명의 표준으로 규정하고 문명초월적 보편으로 분장한 독선적·편파적 보편주의이다.

비서구권 학자들이 서구보편주의 틀에 갇히게 되면 자국의 사상과 이론은 특수하고 국지적인 것으로 치부해버리고 서구적인 것만을 보편으로 숭상한다. 오늘날 우리 문화에 창조성이 쉽게 눈에 띄지 않는 것은 "서양의 유혹에 넘어간 눈이 서양을 내면화하고 우리 자신의 문화와 역사를 외면으로 바라보는 데 익숙해진" 탓이다(김우창 2009, 281). 주제론(thematics)을 주창해 서양 철학자로서 일가를 이룬 승계호(2007)의 고언을 귀담아들을 필요가 있다. "서양 흉내만 내면 뭐 해, 문제의식이 있어야지." 아름다워지는 것은 본성에서 나와야 하는데, "한국 인문학은 서양 사람 얼굴을 만드는 성형수술 같은 거요." 우리는 아직도 서구의 눈으로 우리 문제를 바라보고 서구의 잣대로 보편을 재단하고 있다는 것이다. 이것이 어디 인문학만의 문제이겠는가.

20세기 후반부터 탈식민주의의 확산(제국주의 질서의 해체), 포스트모더니즘의 부상(과학주의에 대한 도전), 그리고 아시아 지역의 비약적 경제발전(역사주의의 허구성 노출) 등으로 인해 서구보편주의는 점차 쇠퇴의 길로 접어들었다. 그러나 이미 20세기 초반부터 서구 지성사의 저변에는 '절대주의에서 상대주의로의 전환'이라는 시대정신의 변화가 서서히 움트고 있었다. 특히 미국 인류학을 중심으로 전개된 문화상대주의(cultural relativism)는 서구의 문화절대주의적 관념을 비판적으로 성찰하며, 서구보편주의와 뚜렷한 변증법적 대립 구도를 형성하였다. [6-1]에서 보듯, 통일성을 지향하는 '맥락초월적' 서구보편주의와 다양성을 옹호하는 '맥락결정적' 문화상대주의가 양극단으로 치달았다. 전자는 세계 어느 사회문화에도 적용 가능한 단일의 보편성을 상정하는 반면, 후자는 각 사회문화의 고유한 맥락에 따라 그 사회의 모든 가치가 상대적으로 규정된다고 본다. 그러나 보다 높은 차원의 윤리적 실천과 지적 탐구를 위해서는, 이러한 극단적 대립 구도를 넘어 문화적 차이를 존중하면서도 인류가 일정 부분 공유할 수 있는 보편적 가치를 모색하지 않

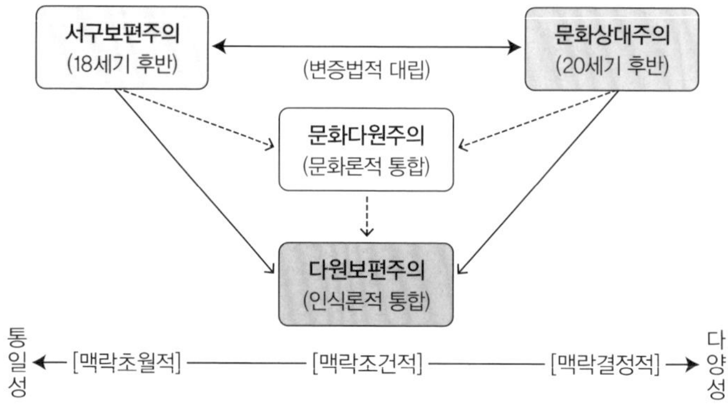

자료: 김현구(2018, 214)의 수정·보완

[6-1] 다원보편주의의 개념적 위상: 상호조정의 변증법

을 수 없었다.

문화론적 차원에서 볼 때, 서구보편주의에 내재된 문화절대주의와 이에 대립하는 문화상대주의는 피히테(Fichte)의 '상호조정의 변증법'[10]

10 '정-반-합'의 변증법 도식을 처음 제시한 피히테(Fichte)의 '상호조정의 변증법'은 형식상 헤겔의 '자기지양의 변증법'과 마찬가지로 '정-반-합'의 틀 속에서 '부정-보존-고양'의 논증 구조를 따르지만, 그 철학적 기반과 내적 지향은 근본적으로 상이하다. 자기지양의 변증법은 정명제의 필연적 자기모순에서 발생하는 대립적 반명제가 정명제의 직접성을 '부정'하면서도 자기동일성을 '보존'하여, 더 높은 단계의 합명제로 '고양'되는 유기적 · 역동적 · 존재론적 발전 과정을 설명한다. 반면, 내재적 상호조정의 변증법은 일정한 의미와 가치를 지닌 정명제(자아)가 대립적 반명제(비아)를 불러일으킬 때, 상호제한을 통해 각자의 일방성을 '부정'하고, 상호인정을 통해 각자의 정당성 · 고유성을 '보존'함으로써, 보완적 공존의 합명제로 '고양'되는 규범적 · 실천적 · 균형적 발전 경로를 제시한다. 헤겔의 변증법이 사태의 내재적 필연성을 해명하는 형이상학적 논증 구조라면, 피히테의 변증법은 자유로운 주체들의 상호규범 형성을 설명하는 실천철학적 논증 구조라 할 수 있다. 백훈승(2022: 39-40, 279-289)에 의하면, 피히테는 헤겔처럼 반명제가 정명제로부터 필연적으로 연역된다고 보지 않았으며, 합명제를 정명제와 반명제의 '상호제한'과 '상호인정'을 통한 보완적 종합으로 이해했을 뿐, 이를 완결적 총체로 정식화하지는 않았다.

에 따르면, 상호제한을 통해 각자의 일방성을 '부정'하고, 상호인정을 통해 각자의 고유성을 '보존'하는 보완적 통합으로 '고양'된다. 이러한 변증법적 조정의 결과로 등장한 이념이 바로 문화다원주의(cultural pluralism)이다. 문화다원주의는 고유한 특성과 독자적 가치를 지닌 다양한 문화가 상호 연관 속에서 공존하면서도, 다원화된 보편적 가치의 존재 가능성 자체를 부정하지는 않는다. 인식론적 차원에서는, 이러한 문화다원주의를 매개적 통로로 삼아([6-1]의 점선), 단일한 보편적 질서를 표방하는 서구보편주의와 개별적 특수성을 중시하는 문화상대주의가 각자의 일방성을 '부정'하고, 규범적 정당성을 '보존'하는 보완적 통합으로 '고양'됨으로써 형성된 사유의 틀이 곧 다원보편주의이다. 다원보편주의는 동일한 문제나 현상에 대하여도 다양한 차원과 수준의 보편이 사회문화적 맥락에 의해 조건 지어진다고 보는 '맥락조건적' 보편성을 지향한다.

다원주의 시대 21세기에 보편성의 이념적 기조는 이제 일원적 서구보편주의에서 다원보편주의(pluralistic universalism)로 전환되고 있다. 월러스타인 외(Wallerstein et al. 1996, 58-60)는 담론공동체가 성취해야 할 목표이자 지적 권력의 원천인 보편주의를 역사적인 것으로 규정하면서, 사회과학이 개방적인 자세로 지역편파주의를 극복하고 보편성에 대한 새로운 요구를 충족해야 한다고 역설했다. 이를 위해 근대사회와 사상의 형식적 보편주의를 넘어 불확실하고 복잡한 세계에 대해 다양한 해석이 공존한다는 것을 받아들이는 그런 보편주의로 다원보편주의를 제안했다. 다원보편주의만이 우리가 살아가는 사회 현실의 풍부한 실체를 제대로 파악할 수 있도록 뒷받침한다는 것이다.

그 뒤 세계 학계에서 다원보편주의에 대한 후속 논의가 제대로 이루어지지 않아, 기존의 낡은 패러다임은 해체 일로에 있는데, 이를 대체할 새로운 패러다임은 그 전모가 드러나지 않고 있었다. 이에 김현구(2018)가 한국화 논거 확보의 일환으로 다원보편주의 패러다임 정립을 시도하였다. 다원보편주의란 분야별로 상당한 보편화 수준의 중추이론들이 공존하면서 동화·융합·수용·공고화[11] 등의 상호작용을 통해 인류 사회에 보편적 인식의 지평을 넓혀간다고 보는 관점을 말한다. 이는 동일한 문제에 대하여도 다양한 축(軸)의 맥락조건적 보편성이 경쟁하면서 공존하는, 보편성의 다중추(多中樞) 체제라고 할 수 있다. 서구적 보편성도 핵심 축의 하나일 뿐, 전적인 지배력을 행사할 수는 없다. 중추이론이란 사회과학 이론의 전형인 맥락조건이론 중에서 중추성이 높은 이론을 지칭한다. 중추성은 이론의 기능적 요건인 확장성(보편화 수준)을 비롯하여 설명력, 예측력, 교시적 가치 등에 좌우된다.

통일성 위주의 서구보편주의가 '지배의 논리'를 구사해 온 닫힌 보편주의라면, 통일성과 다양성의 조화를 모색하는 다원보편주의는 '공존의 원리'를 구현하는 열린 보편주의다. 서구보편주의의 보편이 일원적·맥락초월적·독점적이고 주기만 하는 보편성이라면, 다원보편주의의 보편은 다원적·맥락조건적·경쟁적이고 주고받는 보편성이다. 다원보편주의는 보편주의의 보편화 논리를 수용하되 이를 절대화하지 않고, 다원주의의 개별화 논리를 인정하되 그에 매몰되지 않는 '제한된 보편주의' 또는 '완화된 다원주의' 성향을 띤다고 할 수 있다. 실제로 사

11 동화(assimilation)는 어떤 중추이론이 경쟁력을 잃고 다른 이론에 완전히 흡수·소멸되고 마는 것을, 융합(convergence)은 대등한 입장에서 다른 이론과 상호보완적 결합을 통해 새로운 이론으로 거듭나는 것을, 수용(accommodation)은 자기 정체성을 유지한 채 다른 이론의 내용을 일부 받아들이는 것을, 공고화(consolidation)는 보편의 자기 정체성을 확고히 다지는 계기로 삼는 것을 말한다(김현구 2018, 217쪽).

이드(Said 1978)의 '오리엔탈리즘'과 차크라바티(Chakrabarty 2000)의 '유럽을 지방화하기' 등 다양한 전복적 담론이 등장하면서 서구보편주의의 기세가 한풀 꺾이기는 했으나, 아직도 그 저변의 과학주의가 상당한 위력을 발휘하고 있다.

명제 7: 한국화는 비판적 실재론을 인식론적 기초로 한다.

과학적 인식의 비판적 실재론(critical realism)에 따르면, 이론화 대상으로서 사회 현실은 [6-2]에서 보듯 저변에서부터 본질의 실재층, 현상의 사실층, 관찰의 경험층 그리고 담론의 언어층 순으로 중첩된 층화구조를 이루고 있다(김현구 2020, 118-119). 우리는 이론을 통해 사실층의 현상을 경험적으로 관찰함으로써 그 현상을 일으키는 실재층의 인과구조를 언어층에서 간접적으로나마 추론해 낼 수 있다. 경험적 관찰에 의한 실재성 인식에는 어쩔 수 없는 한계(영원한 가설적 지위)가 있지만, 이론은 기본적으로 본질의 실재를 표상한다고 보기 때문이다(Popper

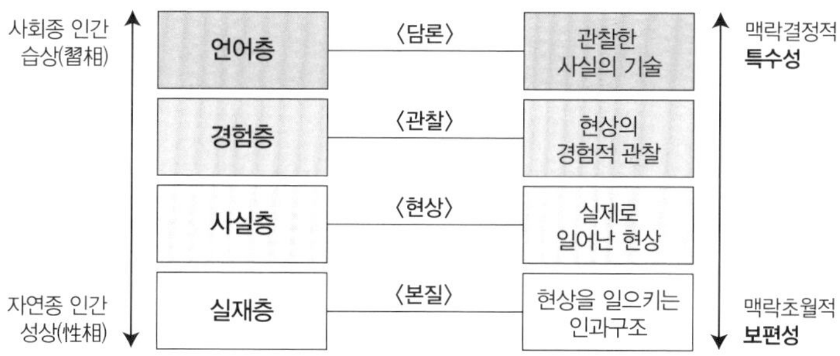

자료: 김현구(2020b, 119)의 보완

[6-2] 이론의 보편화 논거: 사회 현실의 실재론적 구조

1963/2002b, 130-160).

정대현(1997, 229-231; 2019, 8-9)은 과학적 실재론에서 거론되는 종(kinds)의 존재론적 위상을 비트겐슈타인(Wittgenstein)의 이원적 생활양식(Lebensform) 개념과 결부하여 인간 원형을 두 가지로 구분한다. '자연종(natural kinds) 인간'이 인간이기에 공유하는 단수성의 보편적 생활양식이 빚어낸 생물학적 존재로서의 인간 집합체라면, '사회종(social kinds) 인간'은 사회마다 다를 수 있는 복수성의 특수한 생활양식이 빚어낸 문화적 존재로서의 인간 집합체이다. 인간 존재의 이러한 이중적 정체성이 사회 현실의 층화 구조에 따라 달리 반영된다. 담론의 언어층으로 올라갈수록 사회종 인간의 맥락결정적 특수성이 드러나고, 본질의 실재층으로 내려갈수록 자연종 인간의 맥락초월적 보편성에 근접하게 된다. 사회현상의 경험적 관찰에 의한 맥락조건적 사회과학 이론은 이들 양극단의 중간 영역에 위치한다.

공자도 인간으로서 본디부터 타고난 성상(性相)은 비슷하나 습관에 의해 형성되는 사람의 습상(習相)은 서로 다르다고 했다(《논어》 양화편: "性相近也, 習相遠也"). 어떤 문제에 대해 한 뿌리의 성상이 다양한 가지의 습상을 파생시킨다. 사회종 인간의 습상이 현상의 '경험적 관찰' 영역이라면, 자연종 인간의 성상은 본질의 '창조적 통찰' 영역이다. 국가 간에도 어떤 문제에 대해 언어층의 기술은 물론이고 경험층의 관찰과 사실층의 사건에는 상당한 차이가 있지만, 이를 규정하는 실재층의 본질적 인과구조에는 많은 상동성(相同性)이 존재할 수밖에 없다.

사회과학 이론의 보편성은 보편적 특수(universal particular), 즉 사회 현실 저변(실재층)에서 작동하는 보편적 원리(인과구조)가 체현된 특수 현상으로부터 나온다. 이론화의 단초인 보편적 특수가 유독 서구사회에만 존재할 리는 없다. 그것은 나라마다 역사적 과정과 문화적 배경에 따라 다양한 형태로 표출되기 마련이다. 사람은 고유의 전통에 따라 나름의 '문화적 삶'의 방식으로서 습상은 달리할지라도 종 특유의 '원초적 삶'의 본질로서 성상을 공유한다. 말하자면 "인간 사회는 사회이기에 특수하지만 인간이기에 보편적이다"(Huntington 1996, 318). 습상의 사회적 특수 저 너머에 실재하는 성상의 인간적 보편, 즉 '보편적 특수'를 읽어낸다면 사회과학 이론은 어떤 국가 어떤 문명권에서도 창출될 수 있다.[12]

한국화의 전개 과정

명제 8: 한국화는 이론의 변증법적 보편화 과정이다.

학문 활동이란 세상에서 일어나는 다양 속의 통일[공통성]과 변화 속의 항상[규칙성]을 읽어냄으로써 특수로부터 어떤 보편을 포착해

12 이론화의 단초를 제공하는 '보편적 특수' 현상의 예로 김현구(2020, 120-121쪽)가 정책 실패를 설명하기 위해 개발한 개념어 재임주의(在任主義)를 들 수 있다. 재임주의란 권력자(정치지도자, 고위공직자)가 과도한 '인정(認定)의 욕구'에 사로잡혀 무리하게 자신의 재임 중에 누릴 수 있는 가시적 업적을 과시하려고 드는 병리적 정책 행태를 말한다. 재임주의는 '오직 나의 재임 중에(Only While In My Office)' 내 이름으로 성과를 과시하겠다는, 네 가지 패턴의 'OWIMO 증후군'을 일으켜 결국 정책 실패를 초래하게 된다: 1) 저돌적 과시의 성취 강박(예: 문재인 대통령의 소득주도성장), 2) 차별적 과시의 승계 거부(예: 박근혜 대통령이 이명박 대통령의 녹색성장 외면), 3) 포장적 과시의 성과 허세(예: 문재인 대통령의 한반도평화프로세스 정책), 4) 모면적 과시의 책무 회피(예: 역대 대통령의 연금개혁 떠넘기기). 크든 작든 권력이 있는 자리(특히 임기직)라면 어디서나 재임주의가 꿈틀댄다. 이는 권력자로서 자연종 인간 성상의 발로이자 재임 권력의 본질적 속성이기 때문이다. 소집단(정책 보좌진)을 분석단위로 정책 실패를 설명하는 제니스(Janis, 1982)의 groupthink(집단사고)와 대비해 권력자 개인을 분석단위로 하는 재임주의를 powerthink(권력사고)로 의역한다. 한국 정치행정 현실에서 두드러지게 야기되고 있는 정책 실패의 재임주의 문제를 이론화한다면 상당한 보편적 설득력을 얻을 수 있을 것이다.

내려는 앎의 노력을 말한다(정범모 2006, 71). 그 보편이 바로 학문을 학문답게 하는 이론의 본질이므로, 한국적 특수의 이론적 보편화를 모색하는 한국화는 '보편-특수'의 문제로 귀착된다.

정태적 사유가 지배하는 일반논리학의 형식논리로 보면 보편과 특수는 배타적 상충관계로 파악될 뿐이다. 그러나 모든 사물을 동태적 사유의 유기적 질서로 파악하는 헤겔(Hegel)의 변증법에서는 보편과 특수가 대립적[13] 상보관계를 이루어 개별로 통합된다고 본다. 개념적으로 특수는 사물의 본질적 원리인 보편으로부터 산출되며, 모든 사물은 보편과 특수의 통일인 개별자로 존재한다.[14] 보편과 특수가 개별과 함께 저마다 개념의 계기(부분)이면서 동시에 서로를 포함하는 불가분의 유기적 통일체, 즉 총체성(totality)으로 간주되기 때문이다(강순전 2021, 9).

학문 활동의 핵심은 이론 창출의 추상화와 이론 검증의 구상화 두 축을 중심으로 이루어진다. '보편-특수-개별'이 상호 이행하면서 유기적으로 작동하는 '개념의 변증법' 논리를 원용하여 새로운 이론이 창출되고 검증을 통해 보편화 수준을 높여가는 필연적 작동 구조를 밝히는 것이 '이론의 변증법'이다. 이는 헤겔의 사변적 '개념의 변증법'에 과학의 경험적 방법을 접목하여 새로운 이론 형성의 역동적 전개 과정을 논

13 헤겔(Hegel)은 대립을 동일성과 상이성의 통일로 정의한다. 아무리 다양하다고 해도 그것들이 동일한 사항에 관계하는 것이 아닌 한 대립이 아니라는 것이다. 헤겔 철학에서는 대립이라는 필연적 관계를 매개로 사물의 본질을 파악한다(가트 히사다케加藤尙武 외 1992/2009, 82).

14 이를테면, 개라는 개념의 '보편'성(종의 유전 정보를 내포한 배아 줄기세포의 생명성)은 스스로 분화하는 자기 구별 활동을 통해 자신의 고유한 '특수'성(후각과 청각이 발달된 네발 포유동물)을 드러내고, 특수가 자기 속에 깃든 보편의 원리와 결합하여 다양한 '개별'자의 개(누렁이·검둥이 등)로 존재하게 된다. 이같이 보편은 그 자체로 현존하는 것이 아니라 특수를 매개로 개별자 속에 자신의 실체를 드러낼 뿐이며, 특수와 개별은 항상 보편에 매여 있는 셈이다.

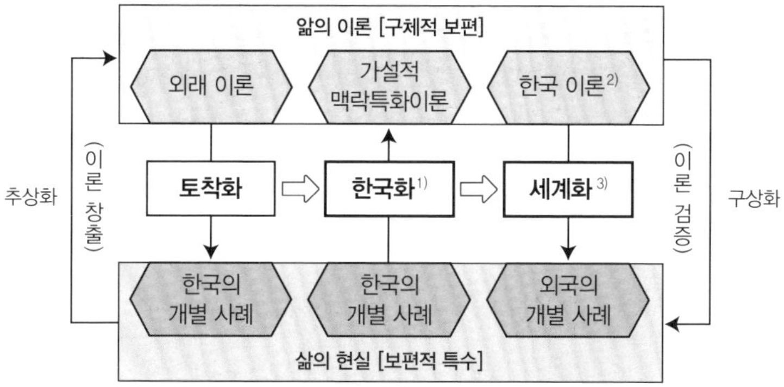

1) 기본적 한국화: 보편화 가능성이 있는 한국적 맥락특화이론 창출
2) 가설적 맥락특화이론 또는 대내적으로 검증된 맥락한정이론
3) 진정한 한국화: 대외적으로 확산·검증된 맥락조건이론 구축

자료: 김현구(2020b, 115)의 보완

[6-3] 한국 사회과학의 발전 과정 모형: 이론의 변증법

증하는 준거의 틀이다.

개념의 변증법에서는 "특수가 보편을 내포할 뿐만 아니라 규정성을 통해 그 보편을 드러낸다"(Hegel 1816/2010, 534). 모든 특수의 규정성에 개념화될 보편이 내포되어 있다고 보는 개념의 변증법과 달리, 이론의 변증법에서는 모든 특수의 규정성에 이론화될 보편이 내포되어 있다고 보지 않는다. 사회 현실에서 일어나는 특수 현상에는 두 가지 유형이 있다. 하나는 사회종 인간 습상의 발로로 그 나라(문명권)에만 고유한 특수이고, 다른 하나는 자연종 인간 성상의 발로로 다른 나라(문명권)에서도 일어나고 있거나 일어날 법한 특수이다. 보편으로부터 산출된 구성개념의 특수 가운데 이론화될 보편을 내포하고 있는 후자의 특수를 일컬어 '보편적 특수'라고 한다. 이는 사회 현실 저변의 본질적 원리(인과구조)가 체현된 특수 현상이므로, 세계적으로 어느 정도 통용될

수 있는 이론 창출의 단초를 제공한다.

[6-3]에서 보듯, 한국화는 이론 창출과 검증의 두 축을 중심으로 작동하는 이론의 변증법적 보편화 과정이다. 이론 창출의 기본적 한국화는 한국 사회 현실의 '개별' 사례에 내재하는 보편적 '특수'로부터 구체적 '보편'의 가설적 맥락특화이론을 도출하는 창조적 보편화 과정(개별→특수→보편)이다. 이는 한국의 보편적 특수 사례(실존)에서 작동하는 보편적 인과구조(원리)를 포착해 내는 작업이므로 변증법적 상승 운동이다. 한편, 기본적 한국화의 연장선상에서 이론의 대외적 검증을 도모하는 세계화는 구체적 '보편'의 한국 맥락특화이론을 그 맥적과 유사한 외국의 사회 현실에서 일어나는 다양한 보편적 '특수' 현상의 '개별' 사례에 맞게 적용하여 이를 설명하는 구상적 보편화 과정(보편→특수→개별)이다. 이는 한국적 맥락의 보편적 인과구조(원리)를 그에 상응하는 외국의 개별 사례(실존)에 적용하는 인식 활동이므로 변증법적 하강 운동이다.

이론 형성의 역동적 전개 과정에서 특수가 보편과 개별의 상호 이행을 추동하는 매개 역할을 한다. 새로운 이론을 개발하는 창조적 보편화의 이론 창출 운동이 발견의 맥락(context of discovery)이라면, 그 이론을 현실에 적용하여 보편적 설득력을 평가하는 구상적 보편화의 이론 검증 운동은 정당화의 맥락(context of justification)이다. 이론의 변증법에서 특수 없는 보편의 이론은 존재할 수 없고, 보편 없는 특수의 현실은 설명하기 어렵다. 따라서 학문(이론)의 한국화는 보편과 특수의 변증법적 조화를 모색한다.

명제 9: 한국화는 세 단계의 준귀납적 진화 과정이다.

사회과학은 기본적으로 의미론(semantics)의 문제이므로 자연과학에 비해 소루하고 이론의 정밀성과 법칙성 그리고 수학적 엄격성이 부족할 수밖에 없다(Putnam 1979, 152). 서로 다른 두 학술 문화의 보편성을 과학이라는 하나의 틀로 포괄하기는 어렵다. 구분선이 명확한 것은 아니지만, 자연과학과 사회과학의 보편성 간에는 현격한 상대적 차이가 엄존한다. 자연과학의 보편성이 절대적·탈맥락적·통시적이라면, 사회과학의 보편성은 상대적·맥락적·공시적이다. 보편성 개념은 이처럼 보편적이지 않다. 우리는 학문 분야에 따라 서로 다른 두 가닥의 해석이 가능한 보편 개념의 양의성(兩意性)을 인정하지 않을 수 없다.

한국에서 일어나는 사회현상 중에는 기존의 외래 이론으로 상당히 설명 가능한 문제(A)도 있겠지만, 마땅히 설명하기 어렵거나(B) 전혀 설명할 수 없는 문제(C)도 있을 것이다. 문제 A는 외래 이론의 기능적/구조적 토착화로 대처할 수 있지만, 문제 B에 대한 대체 이론이나 문제 C에 대한 신생 이론 개발은 이론의 한국화가 감당해야 할 영역이다. 다원보편주의 이념과 사회과학 본연의 보편성 개념에 입각한 이론의 한국화는 보편화 수준에 따라 세 단계로 진화한다.

제1단계의 '기본적 한국화'는 문제의 한국적 특수 현상 B나 C를 일으키는 사회 현실 저변의 보편적 원리를 포착하여 대내외적 확산·입증이 가능한 가설적 맥락특화이론을 창출하는 것을 말한다(예: 장경섭의 가족주의적 압축근대성이론, 2009). 제2단계의 '대내적 한국화'는 가설적 맥락특화이론이 국내의 다양한 미시적 맥락에서 널리 입증된 맥락한정이론으로 발전하는 것을 지칭한다(예: 이종범 외의 딜레마이론, 1994). 제3단계의 '진정한 한국화'는 한국적 맥락의 가망이론(可望理論: 맥락특화이론과 맥락한정이론)이 대외적으로 폭넓게 입증·인정되어 맥락조건이론으로 발전하는 이론의 세계화를 의미한다(예: Lee의 시관이론, 1968).

이론의 한국화는 결국 세 단계로 전개되는 보편화 과정을 통해 우리 학문 발전을 견인해 간다: 기본적 한국화(맥락특화이론) → 대내적 한국화(맥락한정이론) → 진정한 한국화(맥락조건이론). 기본적 한국화가 이론 창출의 보편화라면, 대내적 한국화와 진정한 한국화는 이론 검증의 보편화이다. 경우에 따라서는 기본적 한국화가 대내적 한국화를 거치지 않고 바로 진정한 한국화로 발전할 수도 있다.

포퍼(Popper 1959/2002a, 276-279)는 새로 정립된 이론이 경험적 검증을 통해 점진적으로 보편화 수준을 높여가는 과정을 "준귀납적 진화(quasi-inductive evolution)"로 규정한다. 과학적 이론은 생물의 진화처럼 '추측(변이) → 반증(선택) → 잠정 수용(유지)'의 반복 메커니즘에 따라 정교화 · 보편화가 이루어진다고 보기 때문이다. 이 과정은 실제로 연역적 논리에 의해 작동하지만, 외형상 경험적 반증 사례들의 귀납적 일반화 양상을 띠므로, 그는 이를 "준귀납적"이라고 명명한 것이다.

사회과학이 추구하는 보편이론의 전형은 국외의 다양한 사례를 통해 맥락조건적 보편성이 입증된 맥락조건이론이다. 맥락조건적 보편성이란 어떤 이론이 당초의 맥락과 유사한 조건의 맥락을 가진 국외의 다른 사례에서 폭넓게 적용·입증되는 성질을 말한다. 이론의 보편화 수준을 높이는 것이 바람직하지만, 일부 방법론 등의 이론을 제외한다면, 굳이 '사회 없는' 맥락초월이론에 집착할 필요는 없다. 사회의 보편적 가치와 질서 자체도 가변적이거니와 이론의 탈맥락성이 자칫 공허한 일반화를 초래할 수도 있기 때문이다. 다양한 맥락조건이론의 경쟁체제를 통해 인류 사회에 보편적 인식의 지평을 넓혀가는 것이 '사회 있는' 사회과학 본연의 보편 지향이 아닐까 한다.

맺음말

명제 10: 한국화는 결국 이론화 역량에 달렸다.

한국은 그동안 추격형(Fast-Follower)의 계몽주의적 근대화 패러다임에 의한 압축 성장을 통해 서구를 상당히 따라잡아 왔지만, 이제 개척형(First-Mover)의 창조화 패러다임으로 전환하지 않고는 선진국의 문턱을 넘어서기 어렵다. 전자가 단순히 서구적 발전 경로를 추종하는 모방력(응용기술)에 의존했다면, 후자는 우리의 독자적 발전 경로를 개발하는 창조력(원천기술)의 토대가 되어야 한다. 독창적인 이론의 뒷받침 없이는 국가 발전의 이러한 패러다임 전환을 감당하기 어렵다. 학문 발전의 토착화와 한국화는 각각 국가 발전의 근대화와 창조화에 상응하는 패러다임이다. 우리는 지금 학문의 길에서도 국가 발전을 뒷받침할 새로운 패러다임의 정립을 요하는 전환기적 상황에 직면해 있다.

학문은 모름지기 시대와의 대화이다. 21세기의 시대정신은 다원주의다. 우리는 이제 획일적 통일이 아니라 다양성 속의 통일(unity in diversity)을 모색해야 한다. 이론의 한국화야말로 한국 사회과학의 시대적 소명이다. 일단 중범위 수준에서부터 한국형 이론을 정립하고 확산의 물꼬를 터야 할 것이다. 한국적 맥락조건이론을 낚기 위해 글로벌 지식장에 가망이론의 그물을 과감하게 던져야 한다. 문제는 이론화 역량이다.

우선, 학계 자체의 노력으로 교육과정 개편을 통해 우리의 고전과 동양 사상은 물론이고 서구의 사회이론을 두루 섭렵하도록 하는 한편, 학문사, 과학적 인식론, 질적연구·비교연구 등의 교육을 강화하고 대학원 과정에 '이론형성론' 과목을 개설할 필요가 있다. 과목의 한국화를 이룩하는 것도 중요한 과제다. '우물을 깊이 파려면 넓게 파라'는 말이 있다. 분야마다 인접 사회과학은 물론이고 인문학 쪽으로도 학문적 시야를 넓혀가야 할 것이다. 그리고 오로지 학문의 논리가 지배하는 생산적인 토론 문화가 진작되어야 한다.

학문 정책적인 면에서도 두뇌한국 21이나 대학별 특성화 등을 통해 연구 인력의 자립적 재생산 체제를 구축함으로써 대학원 교육의 대외 의존도를 줄여나가도록 해야 할 것이다. 또한 '논문 쓰기에 바빠 연구를 못한다'는 학계의 자조적인 현실을 직시해야 한다. 도저한 연구 풍토가 조성될 수 있도록 질적 평가제의 도입, 이론적 연구물 우대, 실적 평가 주기의 유연화, 등재학술지 등급화 등을 고려할 필요가 있다. 연구 인프라 구축 차원에서 '제2의 창작'이라고 할 수 있는 주요 외국 문헌의 번역 기능도 강화되어야 할 것이다. 지식을 생산·관리하는 학문 정책이 바로 서지 않고는 지식을 전달·활용하는 교육정책이 제대로 자리잡기 어렵다.

《논어》 위정편에 이르기를 "배우기만 하고 스스로 깊이 생각하지 않으면 이치에 어둡게 되고(學而不思則罔), 생각하기만 하고 널리 배우지 않으면 위태롭다(思而不學則殆)"고 한다. 한국 사회과학은 어쩌면 학이불사(學而不思)의 늪에 빠져 있는지도 모른다. 진정한 한국화를 이룩하려면 널리 배우되 스스로 깊이 생각하는 학이사(學而思)의 자세가 절실하다. 경험적으로 관찰한 현상 그 자체가 사회 현실의 전부는 아니다. 한국화의 관건은 한국 사회 현실 저변에서 작동하는 '보편적 특수'를 발굴해내는 데 있다. 텍스트에만 집착하면 콘텍스트를 놓치고, 분석에만 집착하면 사색을 놓치기 쉽다. 이론의 한국화는 주어진 맥락에서 문제의 본질을 꿰뚫는 창조적 통찰의 직관과 아울러 이를 체계적으로 엮어

내는 과학적 추론의 지성을 요한다.

한국 근대 지성사를 되짚어 보면, 1894년 갑오개혁 이후 1900년대 초부터 서구의 근대 학문을 폭넓게 수용하기 시작했으며, 일제강점기에는 계몽주의가 문화적·사회적·학문적 계몽운동으로 전개되었다. 보다 성숙한 단계로 나아가기 위해 끊임없는 자기 성찰과 비판적 이성을 통해 기존의 인습을 타파하는 것이 계몽의 핵심 과제다. 오늘날 우리가 근대적 계몽의 이념을 현대적 시각에서 재조명하는 이유도 여기에 있다.

우리는 지금 일원적 서구보편주의를 넘어 다원보편주의로 접어든 문명사적 대전환의 길목에 서 있다. 문명의 장소성(placeness) 복원이 역력하다. 한국 사회 현실은 언제까지 서구 이론의 실험장으로 전락되어야만 하는가. 최근 한강의 노벨 문학상 수상을 계기로 대중문화의 한류가 문학의 한류로 확산될 조짐을 보이고 있다. 이는 한국 문화의 문명화 동력을 말해준다. 학문 역시 문화적 소산이다. 다음은 학문의 한류가 그 동력을 이어받을 차례다. 이를 위한 노력의 일환이 바로 '한국적 특수의 이론적 보편화'를 표방하는 학문(이론)의 한국화이다. 우리 학문의 주체성과 정체성을 확립하고 자생력을 높이기 위해 한국화를 제2의 학술 계몽운동으로 전개할 필요가 있다.

칼 포퍼의 역사주의 비판*

이한구**

역사주의(Historicism)는 현대 인문사회과학 전반에 걸쳐 가장 복잡하고도 논쟁적인 개념들 중 하나이다. 그것은 때로는 개별 역사적 사건들의 비가역적이고 일회적인 개성을 강조하는 주장으로 간주되며, 때로는 사건들을 일정한 역사적 맥락 속에서 파악하고자 하는 입장으로 이해된다. 또한, 역사주의는 역사법칙의 존재 가능성 및 역사적 예측이라는 주제와 밀접하게 연결되기도 하지만, 반대로 그러한 법칙성과 예측 가능성을 철저히 부정하는 급진적 상대주의의 형태로 나타나기도 한다.

이런 서로 다른 해석 가능성은 역사주의를 둘러싼 학문적 담론의 양극화를 초래했다. 어떤 이들은 역사주의를 근대 서구의 사유가 낳은 가장 위대한 정신적 혁명의 표현으로 찬미하는 반면, 다른 이들은 그것을 단지 인식과 가치의 상대주의로 환원시켜 평가절하한다. 정신과학의

* 이 글은 〈역사주의와 반역사주의〉(《한국사학사학보》 24호, 2011)를 부분적으로 수정·보완한 것이다.

** 경희대학교 석좌교수, 인류사회재건연구원장, 대한민국학술원 회원.

방법론적 토대를 제공하는 독자적이고 정밀한 인식 태도로 역사주의를 바라보는 시각이 있는가 하면, 과학적 방법론에 대한 오해에서 비롯된 오류로 간주하고 비판하는 시선도 공존한다. 이러한 다층적 해석의 충돌은 개념의 혼란을 불러일으키며, 역사주의라는 용어 자체를 학문적 탐구의 준거로 삼기 어렵게 만드는 결과를 초래하기도 한다.[1]

이처럼 다양한 문맥 속에서 사용됨에 따라 역사주의는 심지어 서로 대립되거나 논리적으로 모순되는 의미를 함축하는 개념으로 전락하기도 했다. 학문적 개념이나 이론은 필연적으로 비판 가능성과 반증 가능성을 수반해야 한다. 그러나 하나의 개념이 정반대의 의미를 동시에 포괄하게 될 경우, 그것은 더 이상 분석적 기능을 수행하지 못하며, 학문적 탐구의 언어로서의 지위를 상실하게 된다. 조지 오웰이 그의 소설 《1984》에서 전체주의 체제를 묘사하며 핵심어들이 모두 이중의 그리고 상반된 의미를 갖는다고 서술한 것은, 언어와 개념의 이러한 붕괴가 사유의 파괴로 직결된다는 점을 날카롭게 지적한 예라 할 수 있다.

실제로 오늘날 역사주의라는 용어는 사용하는 이마다 서로 다른 의미로 이해하고 있어 '사람 수만큼의 정의가 존재한다'는 과장이 설득력을 얻고 있다. 이러한 상황은 역사주의 개념 자체를 무의미하게 만들 위험을 내포한다. 그러나 아무리 다의적인 개념이라 할지라도, 일정한 일반적 정의 없이는 학문적 담론에서 실질적으로 사용될 수 없다는 점은 부정할 수 없다. 개념의 개방성은 무정의 상태와 동일시될 수 없으며, 오히려 정교한 개념적 규정을 통해서만 복수의 의미 층위를 생산적으로 조직할 수 있다.

1 김현식, 〈역사주의〉, 김영한·임지현 편, 《서양의 지적 운동》, 지식산업사, 1994, 505쪽.

이러한 문제의식 위에서, 본 논문은 세 가지 핵심 과제를 중심으로 역사주의 논의를 체계화하고자 한다.

첫째, 역사주의라는 이질적이고 복잡한 사유의 계보를 정리하기 위해 그것을 두 개의 유형으로 정형화한다. 하나는 개별 사건의 비반복성과 특수성에 초점을 맞추는 역사개성주의이며, 다른 하나는 역사의 진행에 일정한 법칙성이 내재한다고 보는 역사법칙주의이다.

둘째, 이 두 유형의 주요 문제점을 분석하고, 각각이 내포하는 인식론적 난점을 현대 사유의 지평에서 재구성한다. 이 과정에서 역사개성주의는 '역사적으로 닫힌 인식체계'라는 한계를 드러내며, 역사법칙주의는 궁극적으로 진화론의 한 형태로 환원된다는 점이 드러난다.

셋째, 이들 유형의 타당성을 철저히 검토한다. 여기서 비판적 기준으로 제시되는 것은 '인식론적 열린 체계'와 '과학적 의미에서의 법칙'이다.

요컨대, 이 글은 계몽주의와는 대립각을 형성하는 역사주의라는 개념의 난해함과 혼종성을 단지 개념적 혼란으로 환원하는 데 머물지 않고, 그것을 정합적으로 분석하고 재구성함으로써 오늘날 인식론적·방법론적 지형 속에서 역사주의가 갖는 의의와 한계를 비판적으로 성찰한다. 이 작업은 단순한 정리 차원을 넘어서 역사주의라는 사유 양식이 어떻게 학문적 담론으로서 의미를 갖추고, 동시에 어떤 조건 아래서만 비판 가능성과 생산력을 유지할 수 있는지를 탐색하는 데 그 궁극적 목적을 둔다.

역사주의의 이론적 정형화: 역사개성주의와 역사법칙주의의 구분

역사주의(Historismus/Historicism)라는 개념은 장구한 지적 전통 속에서 다양한 형태로 전개되어왔으며, 그 복잡성과 다의성은 오늘날에도 여전히 학문적 분류와 개념적 정리를 어렵게 만들고 있다. 이 같은 개념적 난맥을 극복하고 역사주의의 철학적 의미를 보다 명료하게 조명하기 위해, 나는 역사주의를 두 가지 상이한 유형으로 정형화하고자 한다. 즉, 역사개성주의(Historism)와 역사법칙주의(Historicism)라는 구분을 통해 역사주의의 본질을 보다 체계적으로 파악하고자 하는 것이다.

우선, 독일 사학사에서 전개된 전통적 역사주의는 레오폴트 폰 랑케(Leopold von Ranke)나 프리드리히 마이네케(Friedrich Meinecke)와 같은 인물들에 의해 대표된다. 이들은 역사적 사건의 고유성과 일회적 개성을 강조하며, 역사란 각 시대와 사건의 특수성 속에서 이해되어야 한다는 입장을 견지한다. 그들은 역사를 일반법칙에 환원하려는 시도를 철저히 거부하며, 역사적 사실은 "그 자체로서" 이해되어야 한다는 인식을 전면에 내세운다. 이 전통적 입장을 명확히 '역사개성주의'라 칭할 수 있다.

반면, 20세기 중반 칼 포퍼(Karl Popper)는 전혀 다른 방식으로 역사주의를 규정하였다. 그는 역사주의를 거시적인 역사법칙 또는 역사적 예언의 가능성에 대한 신념체계로 보았고, 그러한 경향을 철저히 비판하였다. 그의 분석에 따르면 역사주의는 마르크스주의나 유사한 역사철학들에서 나타나는 '예언적' 경향, 즉 인류사의 필연적 방향성과 법칙성에 대한 맹신으로 특징지어진다. 이러한 맥락에서 정의되는 역사주의는 전통적 역사주의와는 전혀 다른 구조를 갖는 이론적 유형으로 간주되어야 하며, 나는 이를 '역사법칙주의'라 명명한다.

이처럼 두 유형의 역사주의는 강조하는 초점과 전제하는 인식론적 태도가 근본적으로 상이하다. 따라서 이들을 단일한 용어로 포괄하는 것은 이론적 정밀성을 해치는 결과를 낳는다. 그러므로 본 연구는 역사주의를 이 두 유형으로 정형화함으로써 역사주의 개념을 둘러싼 지속적인 혼란을 일정 부분 해소할 수 있을 것으로 판단한다. 물론 일반적인 문맥에서 단지 '역사주의'라고 말할 경우, 이 용어는 상기 두 유형을 모두 포괄하는 상위 개념으로 사용된다.

영미권의 학술 전통에서도 이와 유사한 구분의 시도가 있었다. 초기에 'Historism'이라는 표현은 전통적 역사주의를 가리키는 데 사용되었고, 'Historicism'은 포퍼가 비판한 역사법칙주의를 지칭하였다. 그러나 시간이 흐르면서 이 둘은 혼용되기 시작했고, 오늘날에는 일반적으로 'Historicism'이라는 단일 표현이 양자 모두를 지칭하는 데 사용되는 경향이 두드러진다. 나는 이러한 혼용이 오히려 개념적 혼란을 심화시킨다고 보며, 'Historism'과 'Historicism'을 명확히 구분하여 사용하는 것이 바람직하다고 본다. 우리말로도 이와 같은 구분을 반영해야 학술적 오해를 방지할 수 있을 것이다.

이러한 입장에서 나는 'Historism'을 '역사개성주의'로, 'Historicism'을 '역사법칙주의'로 각각 번역한다. 이와 같은 번역은 두 사유의 차이를 보다 선명하게 드러낼 수 있다는 점에서 정당성을 가진다. 한편, 'Historism'을 '역사상대주의'로 번역하려는 시도도 있었으나, 이는 'Historism'의 상대주의적 인식론에만 치우쳐 존재론적 개성의 강조라는 핵심 요소를 간과하게 만들므로 적절한 번역이라 할 수 없다. 역사주의는 단지 앎의 방식에 그치지 않으며, 세계의 존재 양식 자체에 대한 이론이기 때문이다.

역사주의를 구성하는 주요 개념들을 일별하면, '역사', '개성', '발전', '법칙' 등의 핵심어들이 확인된다. 그러나 이러한 다양한 요소들을 모두 포괄하면서도 개념의 간결함과 일반성을 확보하기 위해 나는 '역사성(Historicity)' 하나만을 핵심 범주로 삼는 것이 타당하다고 판단한다. 이는 나머지 개념들이 대부분 역사성의 표현 또는 파생 형태에 해당하기 때문이다. 즉, 역사성이라는 하나의 원리를 중심으로 다양한 역사주의의 변종들을 통일적으로 조직할 수 있는 것이다.

이와 같이 할 때 역사주의는 다음과 같이 정의될 수 있다:

〈역사주의란 모든 사물과 사실이 역사성을 본질적 속성으로 지닌다고 전제하고, 이 역사성을 통해 사물과 사실을 설명하고 평가하려는 특수한 사유 방식이다.〉

그렇다면 역사성이란 정확히 무엇인가? 그것은 단순히 시간 속에 존재한다는 사실을 넘어서 시간의 흐름에 따른 변화와 개별화의 과정을 의미한다. 우리는 어떤 사물이나 현상이 시간 속에서 단순 반복이 아닌 고유한 방식으로 변화하면서 어떤 특성을 구현할 때 그것이 역사성을 지닌다고 규정한다. 다시 말해, 역사성은 시간적 개별화와 변화를 통한 독자적 존재 양식의 표현이다.

따라서 역사주의란 모든 존재와 사실을 이와 같은 역사성의 틀 안에서 이해하고자 하는 철학적 입장이다. 다만 이 역사성을 어떤 방식으로 해석하고 사유하느냐에 따라 앞서 언급한 두 가지 유형-즉, 개성의 특수성을 강조하는 역사개성주의와 역사 속에 내재하는 법칙적 필연성을 추구하는 역사법칙주의-으로 갈라지게 된다. 이 구분은 단순한 분류를 넘어 역사주의 사유 자체의 근본 방향과 한계를 규정짓는 결정적 기준이 된다.

1) 역사개성주의

'역사개성주의(Historism)'는 역사주의의 다양한 흐름 가운데서도 가장 전통적이며, 동시에 가장 깊은 존재론적 토대를 갖춘 유형이라 할 수 있다.[2] 이 사유 유형은 단순히 역사적 사실들의 기술에 그치지 않고, 역사를 개성과 발전 그리고 연관성이라는 세 가지 방법론적 원리에 의해 해명하고자 하는 일관된 철학적 태도를 내포한다. 이러한 원리들은 단지 개별 학자들의 이론적 선택이 아니라, 빌헬름 딜타이(Wilhelm Dilthey), 에른스트 트뢸치(Ernst Troeltsch), 프리드리히 마이네케(Friedrich Meinecke)를 포함한 역사주의 전통 전반에 걸쳐 반복적으로 관찰되는 핵심 교설로 기능해 왔다.

역사개성주의를 구성하는 세 가지 원리는 각각 다음과 같이 정식화될 수 있다.

첫째, '개성의 원리(Individualitätsprinzip)'는 역사 속의 모든 개체적 사실과 사건이 그 자체로서 독자적이며 대체 불가능한 개성을 지닌다고 전제한다. 이 원리에 따르면 역사적 사건은 절대 반복되지 않는 일회적 현상이며, 그 의미는 그 사건 고유의 맥락과 형식 속에서만 포착될 수 있다. 모든 존재는 그 자체로서 고유하며, 동일성보다는 차이와 특수성이 강조된다. 이는 마치 해변의 셀 수 없이 많은 모래알 하나하나가 자세히 들여다보면 각각 고유한 무늬와 질감을 지니고 있다는 인식과도 같다. 개성의 원리는 단지 외형적인 특수성에 머무르지 않고, 인간의

2 C. G. Rand, "Two Meanings of Historicism in the Writings of Dilthey, Troeltsch, and Meinecke," p. 507. 발전과 개성 및 연관의 세 개념을 방법론적 원리로서 논의하는 것은 딜타이, 트뢸치, 마이네케뿐만 아니라 거의 대다수의 역사주의들에게 공통되는 현상이다. 이 부분에 관한 논의에서 나는 인용한 랜드의 논문과 차하순 교수의 〈역사적 상대주의와 현대 사학의 전망〉, 《역사학보》 제80집(1978)을 특히 많이 참조했다.

가치판단과 인식 그 자체도 개성적으로 구조화되어 있음을 전제한다.[3]

둘째, '발전의 원리(Entwicklungsprinzip)'는 역사적 현실이 정지된 대상의 집합이 아니라 끊임없는 변화와 전개를 내포한 생성의 과정임을 강조한다. 역사적 개체는 시간의 흐름 속에서 자신을 드러내며, 그 본질은 발전의 각 단계 속에서만 온전히 이해될 수 있다. '어떤 것의 본질은 그것의 발전 과정을 통해 완전히 파악된다'는 이 명제는 역사개성주의가 단순한 묘사적 사유를 넘어서 발생적 인식론을 지향하고 있음을 잘 보여준다. 이 원리에 따르면 역사가는 개인이나 사건, 민족이나 제도를 정태적 실체로 파악하는 것이 아니라, 시간 속에서의 변화와 상호작용 속에서 살아 움직이는 개체로 간주해야 한다. 그 변화는 우연한 외적 영향만이 아니라 개체 내부에 내재된 원리나 동인에 의해 유도되며, 역사가는 그 원인을 정밀하게 추적해내야 한다. 그뿐만 아니라 모든 역사적 개체는 특정한 시대와 공간의 구조 속에 깊이 뿌리내리고 있으며, 그 특수한 역사적 조건 속에서만 자신의 의미를 갖는다.

셋째, '연관성의 원리(Zusammenhangsprinzip)'는 역사 속의 개체들이 고립된 존재가 아니라, 서로 긴밀하게 연결된 유기적 구조물임을 밝히는 원리이다. 역사적 개체들은 각기 고유한 개성에 따라 발전하되, 이 발전은 항상 다른 개체들과의 상호작용, 즉 상호 연관 속에서 이뤄진다. 딜타이는 이를 "정신생활은 부분들의 단순한 합성으로 이루어지지 않는다. 그것은 항상 근원적으로 포괄적인 통일체다"라고 표현하였다. 이로써 연관성의 원리는 단순한 개체론을 넘어 전체적인 의미 구조와

3 H. Meyerhoff, ed., *The Philosophy of History in Our Time*, New York: Doubleday & Company, Inc., 1959, p. 10.

지평을 확보하는 토대로 작용한다.

이 세 원리 중 무엇이 핵심인가 하는 문제는 역사개성주의의 이론적 중심축을 결정짓는 관건이다. 이에 대해 프리드리히 마이네케는 명확한 입장을 제시한다. 그는 역사주의를 서구 정신이 이룩한 가장 위대한 혁명적 사유 중 하나로 규정하면서 그 본질은 발전의 원리보다는 개성의 원리에 더욱 충실하게 표현된다고 보았다.[4] "개체는 말과 글로 완전히 표현할 수 없다(Individuum est ineffabile)"[5]는 명제는 역사개성주의가 포괄하는 개성 중심적 인식론을 단적으로 상징하는 표현이다. 마이네케에 따르면, 역사개성주의는 역사적·인간적 행위에 대한 일반화된 고찰을 철저히 배격하고, 오직 개별화된 고찰만을 허용하는 전회적 인식 태도이다. 그는 이를 "역사적·인간적 힘에 대한 일반화된 성찰을 개별화된 성찰로 대체하는 데 있다"고 표현한다.[6]

프리드리히 마이네케는 이 개성 중심의 역사적 사고가 보편적 이성이나 자연법이라는 계몽주의적 인식틀을 결정적으로 해체한 정신사적 전환이라 평가하며, 그 사상적 의의는 프랑스 혁명에 필적하는 것으로 본다. 그는 나아가, 보편적 이성조차도 개체성 속에 구현된 특수한 표현일 뿐이라고 주장한다. 이때 개성은 단순한 특수성이 아니라 보편성마저 내면화한 총체적 개체로서 작용한다.

4 F. Meinecke, *Die Entstehung des Historismus*, München: R. Oldenbourg, 1965, p. 2.

5 *Ibid*., p. xix; H. A. Hodges, *Wilhelm Dilthey*, New York: Howard Fertig, 1969, pp. 144-145 참조.

6 F. Meinecke, *Die Entstehung des Historismus*, p. 2; "Der Kern des Historismus besteht in der Ersetzung einer genenralisierenden Betrachtung geschichtlich-menschlich Kräfte durch eine individualisierende Betrachtung."

바로 이 지점에서 역사개성주의의 세 번째 축인 연관성의 원리가 필연적으로 등장한다. 연관성의 원리에 따르면, 역사 속의 사건이나 인물, 민족이나 제도 등은 각각 개성적 발전 과정을 지니면서도 서로 간에 긴밀한 상호 연관과 유기적 통일성을 형성한다.[7] 이 연관성은 부분과 전체의 통일을 지향하며, 개체는 전체 속에서만 그 의미를 온전히 구현한다. 이로 인해 역사개성주의는 통상적인 의미에서의 원자론과는 근본적으로 거리를 두며, 개체를 전체적인 연관 속에서 파악하는 존재론적 전체론으로 귀결된다.

많은 이들은 역사개성주의가 개체성과 특수성을 강조하기 때문에 전체론적 사유와 양립할 수 없다고 오해해 왔다. 그러나 역사개성주의에서 말하는 '개체'는 고립된 개체가 아니라 구조적·유기적 전체 속에 뿌리내린 개체이다. 이러한 개체는 존재의 토대에서부터 연관성에 의해 형성되므로 역사개성주의는 필연적으로 전체론적 인식틀을 요구하게 된다. 이 점을 가장 날카롭게 지적한 인물 중 하나가 바로 역사주의를 새롭게 정의한 칼 포퍼(Karl Popper)였다. 그는 역사주의가 의식하지 못한 채 전제하고 있는 전체론적 기초를 통찰함으로써 역사주의 비판의 핵심을 관통하였다.

요컨대, 역사개성주의는 개성, 발전, 연관이라는 세 원리를 통해 역사의 복합성과 개체성을 정교하게 조명하며, 개체의 독자성을 보존하면서도 그것을 전체적인 연관 속에서 파악하고자 하는 인식론적 긴장과 존재론적 깊이를 동시에 보여주는 이론적 구조를 형성하고 있다. 이러

7 W. Dilthey, *Die geistige Welt: Einleitung in die Philosophie des Lebens*, G. S. V, Stuttgart: B. G. Teubner, 1957, p. 211.

한 구조는 단순한 역사 기술을 넘어 인간 이해의 근본 틀에 대한 성찰로 나아가며, 역사학과 철학의 접점을 가로지르는 사유의 중심축이 된다.

2) 역사법칙주의

역사법칙주의란 인간 사회의 역사적 전개가 우연성과 개인의 의지에 따라 결정되는 것이 아니라 일정한 법칙이나 필연적 구조에 의해 지배된다는 전제를 바탕으로 성립된 이론적 관점이다. 이 입장은 역사의 전개를 무작위적인 사건들의 집합으로 보지 않고, 마치 셰익스피어의 희곡처럼 일정한 서사적 구조, 즉 기승전결의 논리에 따라 전개되는 일관된 드라마로 간주한다. 또는 그것을 태동과 성장, 쇠퇴와 소멸이라는 생명 주기를 따르는 하나의 유기체로 이해하기도 한다. 이처럼 역사 전체를 하나의 생명적 질서 혹은 서사적 체계로 간주하는 역사법칙주의는 궁극적으로 역사를 일정한 율동이나 반복되는 유형, 내재된 법칙에 따라 진행된다고 보고, 그 법칙이 무엇인지를 발견할 수 있다면 우리는 장차 도래할 미래의 모습을 합리적으로 예측할 수 있다고 주장한다. 따라서 역사법칙주의는 단순한 역사 해석이 아니라, 예측 가능성과 실천적 대응을 동시에 지향하는 일종의 규범적·분석적 틀로 작동한다.

역사법칙주의 개념을 체계적으로 정식화한 사상가는 칼 포퍼였다. 그는 이를 단지 역사에 대한 철학적 견해로 머무르지 않고, 사회과학의 특정한 방법론적 원리라고 규정했다.

> 역사법칙주의란 역사적 예측이 사회과학의 기본적 목적이라고 생각하고, 이러한 목적은 역사 진전의 밑바닥에 깔려 있는 율동이나 유형, 법칙이나 경향을 발견함으로써 달성될 수 있다고 보는 사회과학

에 의한 접근법을 의미한다.[8]

이 정의에 따르면, 역사법칙주의는 단지 과거에 대한 설명을 넘어서서 미래를 향한 규범적 전망을 가능케 한다는 점에서 단순한 역사철학이 아니라 일종의 실천적 사회이론으로 기능한다. 포퍼가 진단한 이 역사법칙주의의 방법론적 구조는 개별 행위자들에 대한 분석을 중심으로 삼는 방법론적 개체론(methodological individualism)에 대립되는 방법론적 전체론(methodological holism)의 한 유형이다. 이러한 방법론적 전체론은 다음의 세 가지 기본 명제로 환원될 수 있다. 1) 사회란 단지 개인들의 활동으로 환원될 수 없는 자율적 존재이다. 2) 사회 전체는 그 발전과 변화를 지배하는 거시적 법칙을 내포하고 있다. 3) 이 법칙을 바탕으로 사회의 미래적 변동을 과학적으로 예측하는 것이 가능하다.

이처럼 구성된 역사법칙주의는 전통적 의미의 역사주의와는 분명히 구별된다. 전통적 역사주의가 주로 문화적 특수성과 개별 시대의 정신 그리고 사료의 고유성에 초점을 맞추는 해석적 태도였다면, 역사법칙주의는 오히려 역사를 거시적 체계로 파악하며, 보편적 법칙의 존재를 전제하고 이를 과학적으로 탐구하려는 분석적 태도를 취한다. 이러한 의미에서 포퍼가 지칭하는 역사법칙주의의 주요 사상가들은 고전적 역사철학의 거장들인 플라톤, 헤겔, 마르크스 등이다. 이들은 각각 이데아의 실현, 절대정신의 전개, 생산양식의 변동이라는 상이한 개념을 통해 역사의 법칙성과 필연성을 주장하였으며, 그 점에서 역사법칙주의의 대표적 인물로 간주된다.

8 K. Popper, *The Poverty of Historicism*, New York: Harper & Row, 1957, P. 3.

요컨대, 역사법칙주의는 역사의 진전을 우연이나 우발적 사건들의 누적으로 보지 않고, 일관된 구조와 필연적 논리에 따라 움직이는 총체적 과정으로 파악하며, 그러한 인식을 바탕으로 미래에 대한 합리적 예측과 실천을 가능하게 하고자 하는 사유 체계인 것이다.

역사주의의 무엇이 문제인가

역사주의(Historismus)는 정태적이고 본질주의적인 세계관에 대한 비판적 대안으로 등장한 동적 세계에 대한 이해의 방식이며, 동시에 그 자체로서 하나의 독특한 인식론적 방법론이다. 역사주의적 시각은 우리가 살아가는 세계를 정적인 법칙의 지배 아래에 있는 것으로 보기보다는 유전과 변화의 흐름 속에서 끊임없이 새로이 생성되고 발전해가는 현상들의 장으로 파악한다. 이 세계에서는 반복 불가능한 고유한 사건과 개체들이 시간과 공간이라는 독특한 자리매김 속에서 자신의 특수성과 일회성을 드러낸다. 이러한 역사주의적 관점은 18세기 계몽기 자연주의적 세계관에 대한 근본적인 반발로 형성된 것이다.

18세기의 자연주의는 모든 현상을 물질적 자연의 범주 안에 포섭하고자 했으며, 그것을 수학적으로 정식화할 수 있는 불변적 법칙의 지배 아래에 두려 했다. 이에 반해 역사주의는 동일한 원리를 모든 개별적 현상에 일률적으로 적용하려는 시도에 강력히 저항하며, 각 현상을 그 역사적 맥락 속에서 개별화하고 구체화하려 했다. 말하자면 자연주의가 현상의 일반성과 보편성을 찾고자 했다면, 역사주의는 각 현상의 특수성과 개성에 주목하면서 그것을 고유하고 일회적인 역사적 흐름 안에서 해석하고자 한 것이다.

이와 같은 역사주의적 세계관은 19세기에 이르러 본격적으로 성립되었다. 카를 만하임(Karl Mannheim)은 역사주의를 "현대적 세계관"이라 명명하면서,[9] 우리가 세계를 이해하고 해석하는 방식 전반이 바로 이 역사주의적 관점에 뿌리를 두고 있다고 강조한다. 그의 논의에 따르면, 중세의 정태적이고 신학적인 세계 개념은 계몽주의 시대에도 여전히 세속화된 방식으로 지속되었다. 왜냐하면 양자의 세계관 모두 궁극적으로 '무시간적 개념', 곧 시간의 흐름을 배제한 추상적 본질 개념에 의존하고 있기 때문이다. 이에 반해 역사주의는 시간성과 변화성을 근본적인 원리로 삼고, 세계를 유기적이고 진화적인 과정으로 간주하는 관점이었다.

프리드리히 마이네케 또한 역사주의를 '동적 세계관'으로 정의하며, 그것을 단순한 역사 서술의 방식이 아니라 인간의 인식과 삶의 전반을 꿰뚫는 근본 원리로 파악했다. 마이네케에게 역사주의는 우리의 모든 지식과 가치판단이 역사적 맥락 속에서 형성된다는 점을 인식하는 앎의 원리(Wissenschaftsprinzip)이자, 모든 현실은 동일한 사건이 반복될 수 없는 유일무이한 흐름으로 구성된다는 삶의 원리(Lebensprinzip)[10]이기도 하다. 다시 말해, 역사주의는 인식론적 원리이자 존재론적 태도인 셈이다.

그렇다고 해서 모든 역사주의가 동일한 방법론을 공유하는 것은 아니다. 세계관으로서의 역사주의는 공통된 인식 방향을 제시하지만, 그것을 실현하는 구체적 방법론은 서로 상이한 경로를 취한다. 예컨대 전통적 역사주의, 즉 역사개성주의는 '개성기술적 방법론'을 취하며, 이는 보편적 법칙을 찾으려는 일반화적 접근과는 반대로, 개별성과 특수

9 K. Mannheim, "Historicism," G. W. Remmling, ed., *The Sociology of Knowledge*, London: Routledge & Kegan Paul, 1973, p. 103.

10 F. Meinecke, *Die Entstehung des Historismus*, p. 2.

성의 묘사에 중점을 둔다. 반면, 역사법칙주의는 개체적 접근을 넘어서서 전체적인 구조와 경향을 포착하려는 전체론적 방법론을 따른다. 이 양자는 개체론과 전체론, 개별성과 일반성 사이의 긴장 속에서 각각 다른 방향의 역사 해석을 시도한다.

이와 같은 역사주의는 19세기 후반과 20세기 초반에 이르기까지 인문사회과학의 기초를 제공한 지적 토대였으며, 특히 독일 사학과 사회과학에서 하나의 정통적 교설로 자리잡았다. 그러나 역사주의는 그 자체의 이론적 풍요로움과 영향력에도 불구하고 곧 내재적인 한계와 문제점을 노정하기 시작했다. 모든 것을 상대화하고 맥락화하려는 경향은 객관성의 근거를 약화시킬 위험을 안고 있었으며, 통시적 흐름에 대한 지나친 집착은 구조적 정태성이나 법칙성의 인식 가능성을 차단할 수 있기 때문이다. 또한 역사주의가 고유성과 특수성에 대한 강조 속에서 보편적 의미를 도출하지 못할 경우, 인식론적 회의나 가치판단의 해체로 이어질 수 있다는 우려도 제기되었다.

결국 역사주의는 고정불변의 자연법칙에 대항하여 인간 삶의 유일성, 역사적 맥락성, 시간적 전개성을 부각시킨 혁신적인 시도였지만, 동시에 그 자체가 안고 있는 상대주의적 경향과 방법론적 이질성으로 인해 새로운 비판의 대상이 되었다. 이러한 문제의식은 이후 해석학, 현상학, 구조주의, 비판이론 등 20세기 이후의 철학적 흐름에서 다시 다양한 방식으로 계승되고 변형된다.

1) 개성적 발전과 역사적 상대주의

역사개성주의(Historische Individualität)는 그 인식론적 전제에 있어서 필연적으로 역사적 상대주의(historischer Relativismus)를 수반한다. 역사적 상대주의란, 동일한 사물이라 할지라도 그것을 이해하고 해석하는 방식이 시대적 맥락에 따라 달라질 수밖에 없다는 인식이다. 이는 곧 진리라는 개념 자체가 절대불변의 보편적 실재로서 존재하는 것이 아니라, 각기 다른 역사적 조건 속에서 상이한 의미로 구성된다는 것을 함축한다. 이러한 입장에 따르면 보편타당한 진리란 존재할 수 없으며, 모든 인식과 가치는 특정한 시대와 문화의 산물로 이해되어야 한다.

이러한 관점은 역사개성주의가 견지하는 실증주의적 태도와 밀접하게 관련되어 있다.[11] 다시 말해, 역사개성주의는 모든 개념과 규범을 그 자체로 초역사적이고 절대적인 것이 아니라, 특정한 역사적 상황에 의해 생성되고 규정된 역사적 사실성(Historizität)의 일부로 간주한다. 그렇기 때문에 역사개성주의의 관점에서는 초시간적 타당성을 지닌 진리나 보편적 윤리규범의 존재는 원천적으로 부정된다. 슈네델바흐(H. Schnädelbach)는 이러한 입장을 "개념과 규범의 역사화"로 규정하며 그 철학사적 함의를 강조하였다.

이러한 상대주의의 이론적 긴장과 실천적 딜레마를 누구보다 깊이 인식했던 인물은 에른스트 트뢸치(Ernst Troeltsch)였다. 그는 역사개성주의의 관점에서 기독교조차도 유일하고 절대적인 진리의 종교가 아니라, 단지 여러 역사적 현상 중 하나로 파악될 수밖에 없다는 점을 지적하였다. 마찬가지로 기독교의 교의 역시 절대적 진리로 간주될 수 없었다. 그러나 신학자인 트뢸치에게는 기독교의 진리들이 상대적인 역사적 사실에 그치지 않고 절대적 의미를 가져야만 했다. 그는 '만물유전(萬物流轉)'의 세계 속에서 자신이 기댈 수 있는 인식론적 거점을 모색했

11 H. Schnädelbach, *Geschichtsphilosophie nach Hegel*, München: Alber, 1974, p. 21.

고, 이를 위해《역사개성주의와 그 문제들》과 유작인《역사개성주의와 그 극복》에서 '문화의 종합(Synthese der Kulturen)'이라는 프로그램을 제시하였다.

트뢸치가 말한 문화의 종합이란, 다양한 문화들 간의 대화를 통해 보다 보편적인 가치와 진리를 도출하려는 시도였다. 이는 일종의 역사적 대화와 해석학적 합의를 통해 가치의 공통분모를 확보하려는 지적 노력이라고 할 수 있다. 그러나 트뢸치 자신도 이러한 시도가 보편적 진리의 객관적 타당성을 확보하기에는 본질적으로 한계가 있다는 점을 인식하고 있었다. 이는 마치 진리의 합의 이론이 광범위한 상호 주관적 동의를 이끌어낸다 해도, 그것이 필연적으로 진리 그 자체를 담보하지는 못하는 것과 같은 논리적 구조를 지닌다.

둘째, 역사개성주의는 개별 사건의 특수성과 독자성에 대한 집요한 천착으로 인해 동일한 유형의 사물이나 사건들이 갖는 일반적 구조를 간과한다는 비판에서 자유롭지 못하다. 예컨대 모든 나무는 고유한 개체성을 지닌다는 점에서 개성적 존재이지만, 참나무와 밤나무가 서로 다르다는 사실은 동일한 종(species) 내에서의 개체 차이일 뿐이다. 마찬가지로, 같은 문명권 안의 사회들 사이에는 개별적 차이를 뛰어넘는 유사성과 구조적 공통성이 존재한다. 더욱이 인간 사회 전체를 원숭이 사회와 비교하면, 인간 사회들은 서로 다른 문명이라 하더라도 보다 높은 수준의 보편적·사회적 구조를 공유하고 있음을 확인할 수 있다. 이런 점에서 볼 때, 사회현상의 분석은 특정 사건의 개성만이 아니라 범주적 속성과 구조적 유사성을 동시에 고려해야 하며, 역사개성주의는 이 점에서 이론적 한계를 노출한다.

셋째, 역사개성주의는 사건의 전개와 변화 과정을 서술할 수는 있지만, 그것을 설명하지는 못한다는 결정적인 문제를 안고 있다. 발전 혹은 변화란 일정한 상태(a)에서 다른 상태(b)로의 이행을 의미한다. 역사개성주의는 이 변화가 '일어났음'을 기술할 수는 있으나, 왜 그러한 변화가 필연적으로 또는 인과적으로 발생했는지를 설명하지 못한다. 설명이 가능하려면 개별 사건들을 연결해주는 일반적 법칙이 필요하며, 이 법칙만이 다양한 역사적 사건들 사이의 인과적·구조적 관계를 해명할 수 있다. 그러나 역사개성주의는 세계를 고유하고 일회적인 개체들의 총체로 보기 때문에, 일반법칙의 존재나 그것을 통한 설명 가능성을 본질적으로 부정한다. 따라서 그것은 단지 개별적 사실의 나열에 머물 뿐, 사건들의 의미 있는 연결과 해석에는 도달하지 못한다.

넷째, 역사개성주의는 정치적 이념과 실천의 영역에서도 심각한 한계를 드러냈다. 트뢸치, 마이네케 등 대표적인 역사개성주의자들은 대체로 보수주의적 정치관에 기반을 두고 있었으나,[12] 동시에 온건한 자유주의 이념을 지향하려 했다. 이들은 역사 발전에 대해 낙관적인 시선을 유지했고, 이를 통해 독일 자유주의의 이론적 기초를 마련하고자 했다. 그러나 이들의 시도는 좌절되었고, 역사개성주의는 결과적으로 정치적 자유주의를 위한 유효한 이론적 기반을 제공하지 못했다.[13] 왜냐하면 역사개성주의가 강조한 '개성'이 구체적이고 실존적인 개인(person)이 아니라, 랑케의 역사관에서 드러나듯 거의 항상 국가 혹은 민족과 같은 집단적 실체(Kollektivreale)로 환원되었기 때문이다.

12 Pietro Rossi, "The Ideological Valences of Twentieth Century Historicism," *History and Theory: Essays on Historicism*, Middletown, Connecticut: Wesleyan University Press, 1975, p. 27.

13 George G. Iggers, *The German Conception of History*, p. 271.

마이네케 또한 국가를 역사 발전의 중심적 매개체로 간주했다. 그는 경제적, 사회적, 문화적인 모든 변화들에 결정적인 인과적 영향력을 행사하는 실체로서 국가를 이해했다.[14] 이러한 국가 중심적 역사관은 필연적으로 국가주의적 역사 해석과 결합되었으며, 이는 역사개성주의가 자유주의적 이념을 실현하는 데 걸림돌이 되었다.

이러한 관점에서 독일 지성사 연구자인 조지 이거스(George G. Iggers)는 역사개성주의가 국가권력의 신성화에 봉사했다고 비판한다. 그는 역사개성주의가 국가를 자족적 목적을 지닌 형이상학적 실체로 간주함으로써 국가에 무제한적인 권위를 부여했고 이를 이론적으로 정당화했다고 주장한다. 이러한 국가주의적 사유의 귀결로서 그는 히틀러의 등장조차도 역사개성주의의 이념적 토대에서 예비된 필연적 결과였다고 분석한다. 요컨대, 이거스에 따르면 역사개성주의는 문화와 개성의 역사적 다양성을 옹호한다는 표면적 수사와는 달리, 실제로는 국가 중심적 사고를 정당화하고 강화하는 이데올로기적 도구로 작동했다는 것이다.[15]

2) 역사적 결정론과 정치적 전체주의

칼 포퍼가 비판적으로 규정한 역사법칙주의는 단순한 철학적 관념이 아니라 사회과학의 방법론적 오류를 지적하기 위한 체계적인 이론적 개입이었다. 역사법칙주의는 사회현상에 자연과학적 법칙을 적용

14 Friedrich Meinecke, *Machiavellism: The Doctrine of Raison d' Etat and its Place in Modern History*(Die Idee der Staatsräson in der neueren Geschichte), trans., Douglas Scott, London: Routledge & Kegan Paul, 1957, p. 6.

15 George G. Iggers, *op. cit*, p. 14.

하고자 하는 시도로 이해될 수 있으며, 이러한 입장은 주로 사회과학의 방법론이라는 테두리 안에서 그 타당성과 한계가 검토되어야 한다. 포퍼에 따르면, 역사법칙주의는 과학적 탐구의 본성에 대한 오해에서 기인한 것인데, 이는 다음과 같은 세 축을 통해 분명히 드러난다.

첫 번째 문제는 사회적 전체론이다. 사회적 전체론이란 사회를 단순한 개인들의 집합으로 환원할 수 없으며, 독립적인 실체로서의 사회 전체가 존재한다는 주장이다. 이러한 견해는 사회현상을 분석할 때 개체의 행동이나 선택만으로는 전체 사회를 설명할 수 없다고 주장하면서 자연과학의 분석 단위인 개체 중심의 접근을 거부하고, '본질주의적 분석이나 구조적 이해'라고 불리는 접근을 요구한다. 그러나 이러한 시각은 이론적으로나 방법론적으로 수많은 난제를 야기한다. 사회를 하나의 유기체처럼 간주할 경우, 개별적 행위자의 자율성과 다양성을 간과하게 되며, 이는 사회 분석의 유효성과 현실적 설명력을 심각하게 저해할 수 있다. 또한 사회 전체에 내재하는 본질을 규명하겠다는 시도는 종종 주관적 해석이나 이데올로기적 전제에 기초하게 되며, 과학적 탐구에서 요구되는 반증 가능성과 경험적 검증 가능성을 상실하게 만든다.

두 번째는 역사적 결정론의 문제이다. 역사적 결정론은 인간 사회의 변화와 발전이 일정한 법칙에 의해 지배된다고 믿는 관점으로, 역사의 흐름이 필연적인 방향성과 목적성을 지니고 있으며, 인간은 그 법칙의 외재적 표현이자 산물일 뿐이라는 주장을 내포한다. 포퍼는 이러한 주장에 정면으로 도전한다. 그는 《역사주의의 빈곤》의 머리말에서 다음과 같은 논리를 제시하며, 역사법칙주의의 이론적 기반을 붕괴시킨다.

1) 인간의 역사적 전개는 인간 지식의 성장에 결정적인 영향을 받

는다.

2) 우리는 합리적 방법이나 과학적 방법을 통해 과학적 지식이 미래에 어떻게 발전할지를 예측할 수 없다.

3) 그러므로 우리는 인간 역사의 미래를 예측할 수 없다.

4) 이는 이론적 역사학의 가능성, 곧 자연과학에서의 이론물리학에 해당하는 형태의 역사적 사회과학의 성립 가능성을 부정하는 결론에 이르게 된다.

5) 따라서 역사법칙주의적 방법이 추구하는 근본적 목표는 방법론적 착각에서 비롯된 것이며, 그 전제가 붕괴함에 따라 역사법칙주의는 학문적 생명력을 상실하게 된다.[16]

이러한 논증은 단순히 역사법칙주의의 오류를 지적하는 데 그치지 않고, 사회과학이 자율적이고 구체적인 인간 행위와 변화무쌍한 사회 조건 위에 서 있어야 함을 역설하는 것이다. 인간의 지식과 이해는 예측 불가능한 창발성을 가지며, 이는 곧 역사도 본질적으로 열려 있고, 우연과 선택, 갈등과 해석의 산물이라는 사실을 시사한다.

세 번째 쟁점은 정치적 전체주의이다. 정치적 전체주의는 철학적이거나 방법론적 문제가 아니라, 윤리적, 정치적 함의를 수반하는 실천적 문제로서 가장 격렬한 비판의 대상이 된다. 이 사상은 개인의 자율성과 존엄을 철저히 부정하고, 사회 전체의 이익이나 목적을 명분으로 개인을 수단화하는 경향을 갖는다. 그런데 이러한 정치적 전체주의는 종종 앞서 언급한 사회적 전체론 및 역사적 결정론과 결합함으로써 이론적

16 Karl Popper, *Poverty of Historicism*, p. vii.

으로 정당화되는 구조를 갖게 된다. 다시 말해, 사회 전체가 유기적 통일체이며, 역사의 방향이 이미 정해져 있다면, 그 목표를 향해 모든 사회 구성원을 조직하고 통제하는 것은 오히려 '합리적'이라는 주장이 가능하게 되는 것이다. 이와 같은 논리 구조는 전체주의 체제를 이론적으로 정당화하며, 다양한 형태의 이데올로기적 억압과 권력 집중을 초래하는 사유의 기반을 제공한다.

이상의 논의를 종합해 보면, 역사개성주의와 역사법칙주의는 각각 다른 극단의 문제점을 드러낸다. 역사개성주의는 상대주의의 위험 속에서 보편성을 상실할 수 있으며, 반면 역사법칙주의는 법칙의 과도한 일반화로 인해 인간 사회의 복잡성과 자율성을 무시할 위험을 내포한다. 이제 과제는 이러한 이론적 입장들을 현대 인식론의 관점에서 재구성하고, 그 철학적 타당성을 면밀히 검토하는 데 있다. 포퍼가 지적하듯, 열린사회는 이러한 문제 제기를 통해 더욱 성숙한 철학적 기반 위에 설 수 있으며, 전체주의의 이념적 유혹을 견디기 위한 이성적 방어선을 형성하는 데 이바지할 수 있다.

역사개성주의는 역사적 닫힌 체계의 인식론을 함축한다

역사개성주의는 역사를 단순히 일련의 사건이나 제도적 흐름으로 파악하지 않는다. 그것은 역사를 개성적 존재들이 각각의 고유한 방식으로 전개하는 독특한 발전 과정으로 본다. 다시 말해, 역사란 수많은 개별 주체들이 자신만의 특이한 궤적을 따라 나아가는 전개 체계이며, 이러한 관점은 역사에 대한 이해가 보편적 법칙의 추구가 아니라 개별적 서사의 존중 위에 성립해야 함을 의미한다. 바로 이 때문에 역사개성주의는 불가피하게 개성기술적 방법론을 요청하게 된다.

개성기술적(ideographisch) 방법은 신칸트학파, 특히 빈델반트와 리케르트에 의해 정립된 개념이다.[17] 이들은 이 방법을 법칙정립적(nomothetisch) 방법에 대립되는 인식 방법으로 제시하였다. 전자의 방법은 개별성과 일회성을 중심으로 대상을 파악하려 하며, 후자는 일반화와 법칙의 구성을 중심으로 대상을 해석하려 한다. 리케르트는 이 차이를 자연과학과 문화과학의 구분으로 표현하면서, 후자는 자연과학의 방법이고 전자는 역사학을 포함한 문화과학의 방법이라고 주장한다.

예를 들어, 자연과학이 화강암을 연구할 때는 크기, 색깔, 밀도, 형상 등 개별 화강암의 특성을 연구하는 것이 아니라, 다양한 화강암들에서 공통적으로 발견되는 속성들-즉 보편적인 성질을 탐색하고, 이를 통해 일반적 속성을 도출하는 데 목적이 있다. 이와 같은 보편성을 기반으로 우리는 개념을 형성하고 전칭적 진술을 할 수 있게 된다. 여기서 개별성과 특수성은 일시적이거나 비본질적인 요소로 간주돼 인식의 핵심에서 배제된다. 이 점을 앙리 베르그송은 기성복에 비유해 설명한 바 있다. 기성복은 특정한 개인의 신체에 맞추어 제작된 것이 아니라, 일반적인 체형에 부합하는 치수를 기준으로 만들어지는 것으로, 구체적 개성은 고려 대상이 아니다.

반면 개성기술적 방법은 이와 정반대의 노선을 따른다. 이 방법은 보편화에 무관심하며, 개별화와 특수화에 주력한다. 빈델반트와 리케르트가 이를 역사적 방법이라 부른 이유도 여기에 있다. 이들은 역사를 개성적이고 일회적인 것을 기술하는 학문으로 간주하며, 바로 그 지점에서 역사학은 일반법칙의 정립을 추구하는 자연과학과 본질적으로

17 하인리히 리케르트, 윤명노 옮김, 《문화과학과 자연과학》, 삼성문화문고 26, 1963, 6장.

구분된다고 보았다.

이러한 '개성적 발전'이라는 개념을 인식과 가치에 적용할 경우, 그것은 필연적으로 상대주의적 함의를 지니게 된다. 우리는 이를 '역사적 상대주의'라 부른다. 이는 개별 시대나 사회의 가치가 그 사회의 고유한 조건과 맥락 속에서 형성된 것이지, 절대적이거나 보편적인 기준에 의해 형성된 것이 아니라는 점을 강조한다. 특정 시대의 가치체계는 오직 그 시대에만 유효한 것이며, 다른 시대나 사회에 일반화될 수 없다는 주장이다.

예컨대 조선시대의 유교적 가치체계는 당시 사회의 역사적 조건 속에서 자연스럽게 형성되고 정당화된 것이다. 그러나 오늘날의 민주주의적 가치체계와 비교해 보면, 삼강오륜과 같은 유교적 이념은 더는 사회적 규범이나 이상으로 받아들여지지 않는다. 이러한 변화를 통해 우리는 가치의 상대성과 역사적 개성을 동시에 인식할 수 있으며, 나아가 어떤 가치가 우월한지를 판단하기 어려워지는 지점에 도달하게 된다. 바로 이것이 상대주의의 핵심이다.

또한, 우리가 사물을 규정하는 방식은 우리가 사용하는 개념 체계에 따라 달라질 수 있다. 예를 들어, '아버지'라는 개념이 존재하지 않는 모계사회를 상상해 보자. 이 사회에서는 일부일처 사회에서 일반적으로 받아들여지는 '이 사람은 누구의 아버지다'라는 판단은 사실로 간주되지 않을 수 있다. 이러한 판단은 특정 개념 체계 내에서만 유효한 것이며, 다른 체계에서는 무의미하거나 잘못된 판단으로 간주될 수 있다.

이와 같은 사고는 인식론적 닫힌 체계, 즉 epistemologically closed system의 개념으로 귀결된다. 인식론적 닫힌 체계란 특정 사회가 자신만의 개념 체계와 언어, 가치, 의식 구조를 통해 세계를 구성하고 있으며, 그 체계는 외부의 다른 체계와 상호 교류하거나 소통할 수 없다는 입장이다. 이 체계는 다른 체계와 통약 불가능하며, 오직 그 자체로 완결성을 갖는다. 이런 점에서 닫힌 체계는 극단적 상대주의와 더불어 인식적 유아론과도 유사성을 띤다.

만약 이러한 닫힌 체계를 역사적 단계들과 연결하여 사회 A에서 사회 B로의 전환이 단순한 변화가 아니라 서로 완전히 다른 인식 체계 간의 단절이라고 본다면, 우리는 이것을 역사적 닫힌 체계의 인식론이라고 부를 수 있다. 즉, 각기 다른 역사적 단계가 각각 고유한 인식 체계, 가치체계, 언어 체계를 갖고 있으며, 그 체계 간에는 상호 이해나 소통이 불가능하다고 보는 관점이다. 이때 역사개성주의는 이러한 역사적 닫힌 체계론을 내포하게 된다.

이와 같은 인식론적 닫힌 체계를 주장한 대표적 사상가로는 칼 마르크스, 칼 만하임 그리고 토머스 쿤을 들 수 있다. 이들은 지식의 형성과 내용이 사회적 조건에 의해 결정된다고 보는 '사회적 전회'를 과감히 단행한 인물들이며, 특히 쿤은 비트겐슈타인(Wittgenstein)의 언어적 전회를 계승하여 지식이 사용되는 언어 체계의 제약을 받는다고 주장하였다. 이들은 공통적으로 지식의 변화 단위를 역사적 단계로 설정하였기에 그들이 주장하는 닫힌 체계 역시 '역사적으로 닫힌 체계'라고 할 수 있다.

이러한 주장은 최근까지도 다양한 철학적 논의에서 중심 주제로 다루어지고 있으며, 그 핵심은 다음의 세 가지 논제로 정리할 수 있다. 첫째, 우리의 존재 조건이 우리의 의식을 결정한다는 '의식의 존재구속성' 논제, 둘째, 사용하는 언어 체계에 따라 세계 인식이 달라진다는 '언어결정론' 논제, 셋째, 서로 다른 인식 체계 간에는 상호 번역이나 소통

[7-1] 우리의 의식은 우리의 언어 체계나 패러다임의 영향하에 있다

이 불가능하다는 '통약불가능성' 논제가 그것이다. 이러한 논제들은 모두 역사개성주의가 암묵적으로 함축하고 있는 인식론적 전제와 깊은 연관을 맺고 있으며, 현대 인식론의 논쟁 축을 형성하고 있다. 이 중에서도 통약불가능성이 핵심을 이룬다.

통약불가능성 논제

통약불가능성 개념은 토머스 쿤의 패러다임 이론에서 가장 전형적으로 드러난다. 쿤은 '패러다임'을 단순한 이론 체계나 이념이 아니라, 한 시대의 과학을 규정하는 모범적 성취로 보았다. 이는 특정한 문제들을 독창적이고 효율적으로 해결하며, 후속 연구자들에게 문제 해결의 기본 틀과 방향을 제시하는 학문적 전범이다.[18] 그가 들었던 대표적인 예로는 아리스토텔레스의 《자연학》, 프톨레마이오스의 《알마게스트》, 뉴턴의 《프린키피아》와 《광학》, 라부아지에의 《화학요론》, 그리고

18 Thomas S. Kuhn, *The Structure of Scientific Revolutions*, The University of Chicago, 1970; 토머스 쿤, 김명자 옮김, 《과학혁명의 구조》, 까치, 1999, 33쪽.

라이엘의《지질학》이 있다. 오늘날의 관점에서 보면, 이들은 각 시대의 표준 교과서 역할을 수행한 저작들이다.

쿤에 따르면, 하나의 패러다임이 정당성을 획득하는 과정은 그것이 동시대의 경쟁 이론들에 비해 보다 성공적으로 몇몇 핵심 문제들을 해결했다고 평가받는 데서 비롯된다. 그러나 이 '성공'은 전면적이거나 절대적인 의미가 아니라, 다소 불완전하더라도 문제 해결의 잠재력을 지닌다는 점에서의 성공이다. 이후 '정상과학'의 시기를 거치며 과학자들은 이 패러다임이 약속한 문제 해결 가능성을 실현해나간다. 그 과정에서 사실과 예측의 일치를 높이고, 이론을 보다 명료화함으로써 패러다임의 정합성을 확장시킨다.[19]

문제는 이와 같은 패러다임들이 단순히 연속적으로 진화하는 것이 아니라, 서로 통약불가능(incommensurable)하다는 데 있다. 쿤의 핵심 주장은 서로 다른 패러다임 간에는 단순한 비교나 번역이 불가능하다는 것이다. 통약불가능성이란, 두 이론 체계가 동일한 기준이나 언어로 환원될 수 없으며, 동일한 개념조차도 서로 다른 방식으로 정의되고 작동된다는 점을 의미한다. 예컨대 뉴턴의 '절대공간'과 아인슈타인의 '휘어진 시공간'은 모두 '공간'이라는 용어를 공유하지만, 그 의미와 작동 방식은 본질적으로 다르다. 동일한 용어가 사용된다 하더라도 새로운 패러다임 안에서는 기존의 개념과 실험 결과들이 새로운 맥락 속에서 새롭게 재구성된다.

결과적으로 이러한 패러다임들은 서로 간에 우열 비교조차 불가능하게 된다. 하나의 패러다임 안에 있는 사람은 그 틀의 외부로 벗어날

19 *Ibid*., p. 50 참조.

수 없으며, 다른 패러다임의 관점에서 자신의 것을 상대화하거나 재구성할 수 없다고 전제하기 때문이다. 이것은 극단적 상대주의로 귀결되며, 각 패러다임은 완전히 폐쇄된 체계, 즉 닫힌 인식 체계로 간주된다.

포퍼는 이러한 입장을 '체계의 신화(The Myth of the Framework)'라고 비판한다.[20] 그는 이 개념이 '우리가 궁극적 원리나 기초 개념에 대해서는 합리적 논의나 비교가 불가능하다'는 가정을 전제한다고 보았다. 이 신화는 모든 합리적 논의가 반드시 어떤 기본 원리로부터 출발해야 하며, 그 원리에 대한 논의는 다시 상위 원리를 요구하게 되어 무한퇴행에 빠질 수밖에 없다는 사고에 기초한다.[21] 즉, 하나의 공리 체계에 대해서 합리적으로 논의하려면 다른 체계를 전제해야 하므로, 결과적으로는 논의 자체가 봉쇄된다. 따라서 체계 간 비교는 불가능하며, 사람들은 자신이 속한 체계에 대해 독단적 신념을 갖거나, 반대로 철저한 상대주의자가 될 수밖에 없게 된다.

하지만 포퍼가 제시한 비판적 합리주의는 쿤의 통약불가능성과는 정반대의 입장을 취한다. 그는 이론이나 패러다임 사이의 비교가 원천적으로 불가능하다는 주장을 부정하며, 오히려 모든 이론은 어떤 방식으로든 비교 가능하다고 본다. 예컨대, 포퍼는 프톨레마이오스의 천동설과 코페르니쿠스의 지동설이 통약불가능한 체계라는 쿤의 주장에 반대한다. 실제로 코페르니쿠스는 지구 중심 체계에서 관측된 천문학적 자료가 태양 중심 체계로 '번역' 가능하다는 점을 논증함으로써 양 체계가 일정 수준에서 상호 대화가 가능함을 입증하였다.[22] 두 체계는

20 Karl Popper, *The Myth of the Framework: In defence of science and rationality*, p. 33.

21 *Ibid*., p. 59.

서로 매우 다르고, 심리적으로도 충격적 전환을 요구하지만, 공통된 관측 자료와 문제의식을 공유한다는 점에서 일정한 비교의 기반이 존재한다. 예컨대 두 체계 모두 천체의 운동 속도에 관심을 갖고 있으며, 동일한 천문 현상을 설명하려는 목적을 지닌다. 이러한 공통 기반이 존재하는 한, 아무리 이질적인 체계라 하더라도 일정한 조건하에서 비교와 토론은 가능하다는 것이 포퍼의 입장이다.

역사법칙주의의 법칙은 진정한 법칙이 아니다

역사법칙주의가 주장하는 '역사의 법칙'은 역사적 단계 A와 단계 B를 연결하는, 즉 한 시대에서 다음 시대로 이행하는 과정의 법칙을 의미한다. 이 법칙은 역사의 발전 과정을 지배하는 결정적 규칙으로 간주되며, 역사법칙주의자들은 이를 통해 역사의 미래 전개를 예측할 수 있다고 믿는다. 19세기 콩트와 밀 같은 사회과학 창시자들은 자연과학, 특히 천문학 법칙의 예측력을 모방하려 했으며, 다윈의 진화론도 이러한 역사법칙 신념을 뒷받침하는 과학적 근거로 자주 인용되었다.

역사법칙주의자들은 흔히 "왜 천문학에서 일식을 예측할 수 있는데, 역사에서는 혁명을 예측하지 못하느냐"고 반문한다. 일식은 달과 지구, 태양의 위치 관계에 의해 발생하는 자연현상이며, 이는 행성들의 규칙적인 운동 법칙에 의해 설명된다. 따라서 천문학적 법칙을 알면 일식의 시기와 형태를 정확히 예측할 수 있다. 이와 마찬가지로, 사회 변화 역시 일정한 역사적 법칙, 즉 '계기의 법칙'에 따라 발생한다고 본다. 예컨대 봉건사회가 자본주의로, 자본주의가 공산주의로 전환되는 역

22 *Ibid*., p. 54.

[7-2] 역사의 법칙은 단계 A와 B를 연결하는 계기의 법칙이다

사적 발전 경로를 법칙으로 파악할 수 있다는 것이다.

[7-2]에서처럼 역사법칙은 특정한 역사 단계 A와 다음 단계 B를 잇는 다리 역할을 한다. 이런 법칙을 알면 사회 발전의 주요 국면들이 어떻게 이어지는지 예측이 가능하다.

그러나 사회 변화의 법칙과 천체 운동의 법칙을 같은 차원에서 비교하는 것은 직관적으로도 설득력이 부족하다. 사회적 동태학이 다루는 대상은 인간의 복잡한 사회 행위와 상호작용이며, 물리적 동태학이 다루는 물리적 법칙과는 근본적으로 다르기 때문이다. 행성의 운동은 엄밀한 수학적 공식과 실험적 검증을 통해 정밀하게 설명되지만, 사회 변화는 무수한 변수와 인간 의지, 예측 불가능한 사건에 의해 영향을 받는다. 따라서 사회 변화를 규정하는 '법칙'은 천문학 법칙처럼 객관적이고 보편적인 의미의 진정한 법칙이라 보기 어렵다.

결국, 역사법칙주의가 제시하는 역사법칙은 자연과학에서 말하는 엄밀한 법칙과는 구별되어야 하며, 사회과학적 맥락에서는 '법칙'이라는 용어 자체가 과도하게 확장된 개념일 가능성이 크다. 이로 인해 역사법칙주의는 사회 변화의 복잡성과 불확실성을 지나치게 단순화한다는 비판을 면하기 어렵다.

토대법칙과 수반법칙

역사법칙주의자들이 말하는 역사의 '법칙'은 실제로 엄밀한 의미의 기초법칙이 아니라 미시적 법칙에 수반된 거시적 법칙, 즉 '수반법칙'에 가깝다는 점을 나는 수반이론에 기초하여 설명하려고 한다.

수반이론은 두 가지 속성 간 의존적 관계를 다루는 철학적 이론으로, 헤어(R. M. Hare)가 가치적 속성과 자연적 속성 간 관계를 설명하면서 처음 도입하였다.[23] 예를 들어, 만약 '훌륭한' 사람이 용기, 자애, 정직 등의 덕성을 갖는다고 정의한다면, 어떤 사람이 이 덕성을 갖고 있으면 그 사람을 '훌륭한' 사람으로 부를 수밖에 없다는 의미이다. 즉, 하나의 속성이 다른 속성에 논리적, 개념적으로 의존한다는 뜻이다.

이제 이 개념을 역사법칙에 적용해 보자. 개인 a, b, c가 각각 A, B, C 라는 개인적 속성 집합 P를 공유하며, 이들이 모여 사회 s를 이루었을 때 s는 Q, R이라는 사회적 속성 집합 M을 가진다. 부분전체론적 수반이론에 따르면, 사회적 속성 M은 개인적 속성 P에 '수반(supervene)'된다. 즉 P가 바뀌면 M도 그에 맞추어 바뀔 수밖에 없다.[24]

만약 개인 속성 P가 변화하여 P'가 되고, 이에 따라 사회적 속성 M도 M'로 변화한다면, 이 둘 사이를 연결하는 법칙 L이 존재한다. 이 법칙 L은 개인 행위의 규칙(ℓ_1, ℓ_2, ℓ_3)에 수반된 거시적 역사법칙이며, 역사법칙주의자들이 주장하는 바로 그 '역사의 법칙'이다. 이 관계를 도식화하면 [7-3]과 같다.

이때 법칙 L은 미시적 법칙에 '수반된' 법칙이다(supervenient causation).

23 Richard M. Hare, "Superveinience," *The Aristotelian Society Suplementary* Vol. 58, 1984, p. 1.

24 이한구, 《역사주의와 반역사주의》, 철학과현실사, 2011, 184쪽 이하 참조.

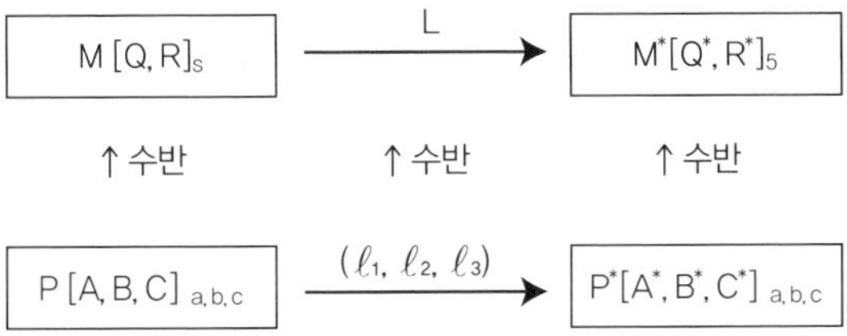

[7-3] 거시적 법칙은 미시적 법칙에 수반된다

즉 거시적 인과관계는 미시적 인과관계에 의존하며, 거시적 역사법칙 역시 개인들의 행위 법칙에 기초해 수반적으로 존재하는 것이다.

여기서 중요한 점은 '법칙'도 수반될 수 있다는 것이다. 전통적으로 수반론에서는 '속성'의 수반이 가장 핵심적으로 다뤄졌지만, 나는 사건이나 인과관계, 더 나아가 그것을 지배하는 법칙도 수반 대상이 될 수 있다고 본다. 즉, 거시적 법칙은 토대가 되는 미시적 법칙에 철저히 의존하는 수반법칙이며 그 자체로 독자적 존재가 아니다.

헤겔이나 마르크스가 주장한 역사의 법칙 역시 토대적 행위 법칙에 기초한 수반법칙이다. 이들은 이러한 법칙의 수반적 성격을 명확히 인식하지 못했고, 역사법칙을 형이상학적 혹은 선험적 직관에 의해 정당화하려 했다는 점에서 오류가 있었다.

결과적으로 역사법칙주의는 법칙을 정당화하는 방법론과 철학적 기반에서 문제를 내포하고 있었던 것이다. 우리가 역사법칙이 수반법칙임을 인정하면, 이를 근거로 하는 역사적 결정론이나 전체주의 정치체제의 정당화는 받아들일 수 없게 된다. 더 나아가 역사 예측도 본질적으로 불가능하다. 즉, 역사적 법칙들은 개개인의 자율적 행위를 설명하는 미시적 법칙들에 수반된 이차적 법칙일 뿐이며, 독립적이고 절대적인 토대법칙이 아니기 때문이다.

맺음말

나는 역사주의의 복잡하고 혼란스러운 문제들을 명확히 이해하기 위해 역사주의를 두 가지 유형, 즉 역사개성주의와 역사법칙주의로 구분하고, 이 각각을 현대 인식론의 관점에서 면밀히 재구성하였다. 특히 역사개성주의가 함축하는 인식론적 특성을 밝히기 위해 토머스 쿤의 패러다임 이론을 도입하여 설명했다. 패러다임 이론에 따르면, 우리가 세계라고 인식하는 사실들은 객관적이고 독립적으로 '발견'된 것이라기보다 사회적·문화적 맥락 속에서 '구성'된 것이다. 우리의 신념과 인식체계 역시 사회적으로 구성되어 있으므로, 어떤 신념도 절대적인 근거를 지니지 못하며, 그 근거는 언제나 특정 패러다임에 상대적인 것에 불과하다.

이러한 상대주의적 인식론은 '닫힌 체계'의 성격을 띤다. 닫힌 체계란, 그 체계가 다른 체계와는 소통이나 비교가 불가능하며, 그 자체로 완결되어 있어 내부 논리와 기준 외에는 합리적 평가가 불가능한 체계를 뜻한다. 나는 역사개성주의를 바로 이러한 닫힌 체계의 인식론으로 재구성하였으며, 이를 패러다임 이론의 틀을 통해 구체적으로 해명하였다. 동시에 역사법칙주의가 주장하는 역사의 법칙들을 과학적 법칙의 관점에서 재조명했다.

이러한 재구성 작업의 결과는 역사주의의 양대 유형 모두가 정당화될 수 없다는 것이다. 그 이유는 첫째, 쿤이 주장한 통약불가능성 논제가 비판적으로 검토되었을 때 그것은 합리적으로 타당한 이론으로 뒷받침되기 어려우며, 둘째, 역사법칙주의가 내세우는 '역사의 법칙'이

실상은 과학적 법칙이라기보다는 단지 일정한 추세나 미시적 법칙에 수반되는 이차적 법칙에 불과하다는 점이 드러났기 때문이다.

종합하면, 1) 역사개성주의는 진리의 상대주의를 낳으며, 2) 역사법칙주의는 정치적 전체주의의 토대를 제공한다. 역사개성주의가 내포한 역사적 닫힌 체계는 오늘날 다양한 형태의 상대주의 사조들의 원형으로 작용하였다. 역사법칙주의가 전체주의를 야기하는 근본 원인은 그것이 '역사의 법칙'이라는 이름으로 우리에게 강제적이고 정해진 역사 노선을 부과하여 개인과 사회를 그 길로 몰아가려 하기 때문이다.

둘째로, 나는 역사적 닫힌 체계가 역사적 열린 체계로 대체되어야 하며, 역사법칙은 합리성의 원리로 교체되어야 한다고 주장한다. 역사적 닫힌 체계는 근본적으로 이성의 자율성과 자기초월성을 부정하기 때문에 정당화될 수 없다. 이성은 역사적 상황에 의해 제한되긴 하지만, 완전히 그 상황에 묶인 노예는 아니다. 이성은 오류를 범할 수 있으나 그것을 수정하며 스스로를 비판하는 능력을 지니고 있다. 또한 이성은 역사적 한계를 넘어서 발전하고 진보하는 인식의 논리를 구현한다. 이러한 인식론적 입장은 역사적 '열린 체계'이며, 나는 이를 계몽주의의 진정한 발전이라 해석한다.

따라서 역사주의의 두 극단, 즉 닫힌 역사개성주의와 결정론적 역사법칙주의 모두를 넘어서는 길은 이성과 합리성의 지속적 작용을 인정하는 열린 역사 인식의 틀을 수용하는 데 있다. 이 열린 체계는 역사와 인간 인식을 고정불변의 틀에서 해방시키며, 다양성과 변화 그리고 비판적 성찰을 통해 끊임없이 자기 수정과 성장을 가능하게 하는 인식론적 원리로 작동한다.

존 롤즈의 자유주의적 관용론*

박정순**

존 롤즈(1921-2002)의 대표 저작인《정의론》(1971)은 개인적·정치적·경제적 자유와 권리가 개인들 사이에서 상호 양립 가능한 방식으로 동일하게 최대한 보장되어야 한다는 자유의 원칙을 우선시하는 고전적 자유주의의 요소를 가지고 있다. 그리고 유사한 능력과 재능을 가진 사람들은 유사한 삶의 기회를 가져야 한다는 공정한 기회균등의 원칙도 포함되어 있다. 더 나아가서 사회적·경제적 불평등은 최소수혜자들의 삶의 기대치를 최대한 향상시키는 한 허용된다는 차등의 원칙을 통한 분배적 정의의 실현이라는 평등주의적 요소도 결합되어 있다.[1] 이러한 결합은 공정한 선택 상황에서의 공평무사한 합의를 도출하는 "공정성

* 이 글은 박정순의《존 롤즈의 정의론: 전개와 변천》(철학과현실사, 2019) 중〈제5장 롤즈의 관용론:《정의론》,《정치적 자유주의》,《만민법》을 중심으로〉를 축약 발췌한 것이다.

** 연세대학교 미래캠퍼스 철학과 교수 정년퇴임. 한국윤리학회 회장 역임.

1 John Rawls, *A Theory of Justice*, Cambridge: The Belknap Press of Harvard University Press, original edn., 1971; revised edn., 1999. 존 롤즈, 황경식 옮김,《정의론》, 이학사, 2003, 1999년본, 400-401쪽. (이하 롤즈,《정의론》으로 표기)

으로서의 정의(justice as fairness)"라는 사회계약론적 방법을 원용하여 이룩된 것이다.[2] 방법론적으로 "공정성으로서의 정의"는 자유주의적 평등주의에 대한 철학적 정당화를 제공하게 된다. 롤즈는 또한 자신의 정의 원칙들이 우리들의 숙고적인 도덕적 판단과 일치한다는 반성적 평형상태라는 정합론을 정당화의 근거로 주장하기도 했다.[3]

그의 정의론은 그동안 사회복지의 극대화 원리를 통해 자유주의에 대한 지배적인 철학적 근거로서 행세하던 공리주의의 약점을 극복하게 한다. 그의 정의론은 전체 복지라는 미명 아래 소수자에 대한 인권이 침해될 가능성이 있는 공리주의의 약점을 원리적으로 극복함으로써 자유주의 윤리학과 정치철학의 한 전형을 이루었다. 롤즈에 의해 창출된 자유주의의 새로운 전형은 "권리준거적 칸트적인 의무론적 자유주의"로서 1980-1990년대에 전개된 "자유주의 대 공동체주의 논쟁"을 촉발한 계기가 되었다.[4] 또한 《정의론》 출간 이후 줄곧 롤즈는 정치적 자유와 경제적 평등의 양립 가능성에 관련하여 자유지상주의와 마르크스주의 양 진영으로부터 평등 때문에 자유가 훼손되고, 자유 때문에 평등이 상실된다는 상반된 비판을 받게 되었다. 이러한 상반된 비판은 오해에서 비롯된 것이라는 주장이 있지만, 자유와 평등을 조화시키려는 롤즈의 시도는 그 자체가 지난한 세계사적 문제라는 것을 웅변적으로 잘 말해주고 있다. 롤즈는 자신의 그러한 시도를 "실현가능한 유

2 롤즈, 《정의론》, 45-52쪽.

3 공정성으로서의 규정과 정당화는 롤즈, 《정의론》, 52-53쪽. 반성적 평형상태는 롤즈, 《정의론》, 56-57쪽, 87-92쪽.

4 박정순, 〈제2부 롤즈의 정의론과 자유주의 대 공동체주의 논쟁〉, 《존 롤즈의 정의론: 전개와 변천》, 철학과현실사, 2019, 233-342쪽.

토피아"를 위한 대장정이라고 지칭했다.[5]

롤즈가 타계한 지도 벌써 23년이 지났다. 롤즈의 정의론이 남긴 사상적 유산과 궤적은 그 방법론적 접근이나 실질적 내용 모두에 있어 국내적 정의는 물론 국제적 정의 문제를 해결하는 데 있어 커다란 자산임에 틀림없다. 롤즈가 정의론을 통해 남긴 문제들은 오늘날도 여전히 살아 있는 이슈들이라고 아니할 수 없다. 롤즈의 정의론이 남긴 사상적 유산과 파장을 철학적으로 파악해 보고, 또한 대립적 이론들과의 비판적 대조와 아울러 그 현실적 적용의 문제를 고찰하는 것은 오늘날 후학들이 당면한 커다란 학문적 과제라고 할 것이다.[6]

우리는 본 논문에서 롤즈의 《정의론》에서 제시된 자유주의적 관용론을 주제적으로 다루게 될 것이다. 주지하다시피 관용은 계몽주의에서 그 단초를 찾아볼 수 있다.[7] 관용은 "자유주의의 실질적 핵심(the substantive heart of liberalism)"이라고 일컬어진다.[8] 또한 "정치적 관용은 흔히 자유주의와 거의 동의어로 생각되고 있다."[9] 그렇다면 현대 자유주의 정치철학의 부흥을 주도한 존 롤즈의 정의론과 그것에 의거한 관용론

5 John Rawls, *Justice as Fairness: A Guided Tour*, Cambridge: Harvard University Press, unpublished manuscript, 1989, p. 3; John Rawls, *The Law of Peoples with The Idea of Public Reason Revisited*, Cambridge: Harvard University Press, 1999, p. 11; 존 롤즈, 장동진·김기호·김만권 옮김, 《만민법》, 이끌리오, 2000; 박정순, 〈'현실적 유토피아' 실현을 위한 철학 제시해: 롤즈의 《만민법》〉, 《출판저널》, 2001, 28-29쪽.

6 박정순, 〈머리말〉, 황경식·박정순, 《롤즈의 정의론과 그 이후》, 철학과현실사, 2009, 5-7쪽.

7 김응종, 《관용의 역사: 르네상스에서 계몽주의까지》, 푸른역사, 2014.

8 Jean Hampton, "Should Political Philosophy Be Done without Metaphysics?," *Ethics*, Vol. 99, 1989, p. 802.

9 Nick Fotion and Gerard Elfstrom, *Toleration*, Tuscaloosa: The University of Alabama Press, 1992, p. 117.

을 고찰하는 것은 커다란 현실적 적실성과 의의가 있을 것이다.

《정의론》에서의 관용

1) 평등한 양심의 자유

롤즈의 《정의론》(1971, 1999)에서 관용의 문제는 제2부 〈제도론〉, 제4장 〈평등한 자유〉, 아래의 34절 〈관용과 공익(Toleration and the Common Interest)〉, 그리고 35절 〈불관용자에 대한 관용(Toleration of the Intolerant)〉에서 논의되고 있다.

관용이 논해지는 두 절에 대한 배경적인 논의로서 33절 〈평등한 양심의 자유(Equal Liberty of Conscience)〉가 우선적으로 고찰되고 있다. 롤즈는 자신의 공정성으로서의 정의관은 평등한 양심의 자유에 대한 강력한 논거를 제시하고 있으며, 이러한 논증이 일반화되면 정의의 제1원칙인 평등한 자유의 원칙도 뒷받침해 줄 수 있으며, 또한 자유의 우선성을 해명할 수 있다고 생각한다.[10] 33절에서 논의되고 있는 양심의 자유는 원초적 입장의 계약자들이 단일한 개인이 아니라 자신들이 속해 있는 단체나 집단이 최선을 다해 보호해야 할 특정한 관심이나 가치관의 자유로운 표출을 뜻하는 적극적인 것으로서의 정치적 자유이다. 이것은 시민 각자가 도덕적 존재로서 공정하게 대우받을 경우 그들이 받아들이게 될 협동 체제의 원칙들을 실현하기 위해서 평등한 양심의 자유에 의거한 종교적·도덕적 자유에 대한 권리들이 부여되는 것을 의미한다.[11]

10 롤즈, 《정의론》, 288쪽.

11 같은 책, 281, 288쪽.

따라서 공정성으로서의 정의가 제공해주는 종교적·도덕적·철학적 교설에 대한 양심의 자유와 그 안전한 보호에 대한 평등한 부여는 계약당사자들의 "상호 관용"에 대한 적극적인 태도를 전제하고 있다. 원초적 입장의 계약당사자들은 자신들의 자유가 어떤 지배적인 종교적·도덕적 교설에 의해서, 혹은 다른 사람들의 자유에 의해서 제약되는 것을 원하지 않을 것이다. 또한 무지의 장막이 드리워진 원초적 입장에서는 다양한 종교적·도덕적 교설이 갖는 상대적 강점을 확인할 수 없는 불확실성하에서의 선택 상황이므로 서로 간의 상이한 관점들을 상호 인정함으로써 타인의 양심의 자유를 인정함과 동시에 자신의 양심의 자유도 인정받는 "상호 관용"이 이루어진다.[12] 롤즈는 종교적인 신교 자유의 원칙을 사회적인 형태로 일반화하면 공공 제도들에 있어서 평등한 자유에 이르게 된다는 점을 강조하고 있다.[13]

따라서 롤즈의 정의 제1원칙인 "평등한 자유의 원칙"은 "각자는 모든 사람의 유사한 자유 체계와 양립할 수 있는 평등한 기본적 자유의 가장 광범위한 전체 체계에 대해 평등한 권리를 가져야 한다"는 것이다. 이러한 자유의 원칙은 제2원칙인 "공정한 기회균등의 조건 아래 모든 사람들에게 개방된 직책과 직위가 결부되어야 한다"는 "공정한 기회균등의 원칙"과 "사회적·경제적 불평등은 최소수혜자에게 최대의 이익이 되도록 편성되어야 한다"는 "차등의 원칙"에 우선한다.[14] 롤즈의 공정성으로서의 정의관이 작동하는 사회는 구성원 상호 간의 양심

12 박준웅, 《롤즈의 관용론》, 중앙대학교 대학원 철학과 석사학위 논문, 2006, 21쪽.

13 롤즈, 《정의론》, 280쪽, 주 6) 참조.

14 같은 책, 400쪽.

의 자유가 정의의 제1원칙인 "평등한 자유의 원칙"에 의해서 권리로서 보장받는다는 것이다. 따라서 롤즈에 따르면, 진보적 존재로서 인간의 항구적인 관심에 근거한 유용성으로 평등한 양심의 자유와 관용을 주장하는 밀의 공리주의는 비록 유력한 것이기는 하지만 모든 사람에 대한 평등한 자유를 정당화하지 못할 것이라고 비판한다.[15]

그리고 "예술이나 학문, 문화에 있어서 인간적 탁월성의 성취를 극대화할 수 있도록 사회가 제도를 마련하고 개인의 의무와 책무를 규정하는 데 지침이 되는 단일 원리의 목적론적 이론"인 완전주의(perfectionism)도 모든 사람이 타인들의 유사한 자유와 양립하는 최대의 동등한 자유를 가져야 한다는 평등한 자유의 원칙과 상호 관용을 보장하지 못한다.[16] 물론 "어떤 사람은 타인들이 그와 동일한 신념과 제1원칙을 받아들여야 하며, 만일 그렇게 하지 않으면 그들은 대단한 과오를 범하게 되어 그들의 구원에로의 길을 상실하게 된다"고 생각하는 종교적 근본주의 혹은 원리주의(religious fundamentalism)는 당연히 배제된다.[17]

롤즈는 제6장 "의무와 책무" 55절에서 59절까지 시민 불복종과 양심적 거부의 문제를 다루고, 그것들의 정당화와 관용의 한계 문제도 논의하고 있다.[18] 롤즈는 "시민 불복종을 흔히 법이나 정부의 정책에 변혁을 가져올 목적으로 행해지는, 공공적이고 비폭력적이며 양심적이기는

15 롤즈, 같은 책, 285쪽; John Stuart Mill, *On Liberty*, Harmondsworth: Penguin Books, 1974. 서병훈 옮김, 《자유론》, 책세상, 2005, 32쪽 참조.

16 롤즈, 《정의론》, 284, 431쪽.

17 같은 책, 283쪽.

18 같은 책, 473-508쪽.

하지만 법에 반하는 정치적 행위라고 정의한다."[19] 시민 불복종은 그것이 정치권력을 쥐고 있는 다수자에게 제기된다는 의미에서뿐만 아니라 정치적 원칙, 즉 헌법과 사회제도 일반을 규제하는 정의의 원칙들에 의해 정당화되는 행위라는 점에서 정치적 행위이다. 시민 불복종의 정당화는 어떤 개인적인 도덕 원칙이나 종교적 교설에 근거할 수는 없고, 한 사회의 "정치적인 질서의 바탕에 깔려 있어 공유되고 있는 공공적인 정의관에 의거해야만 한다."[20] 그래서 롤즈는 정의의 제1원칙인 평등한 자유의 원칙과 제2원칙 중 공정한 기회균등의 원칙이 위배되었을 때만 시민 불복종이 정당화된다고 지적한다.[21]

롤즈는 양심적 거부를 "어느 정도 직접적인 법령이나 행정적인 명령에 대한 불순종이다"라고 정의한다.[22] 위에서 언급한 시민 불복종과 비교해 본다면, 양심적 거부는 다수자의 정의감에 호소하는 청원의 형식이 아니라 한 개인이 숭배하는 종교적 혹은 철학적 신념에 의거할 수 있다.[23] 양심적 거부와 관련하여 제기되는 문제는 "여호와의 증인"처럼 종교적 신념에 의거한 국기에 대한 경례 거부 그리고 집총 및 군복무 거부 등이다. 그리고 평화주의자들의 군복무 기피, 혹은 병사가 전쟁에 적용되는 도덕 법칙에 분명히 어긋난다고 생각되는 명령에 복종하려 하지 않는 것 등을 들 수 있다.[24] 롤즈는 한 사회를 유지시키는 정치

19 같은 책, 475쪽.

20 같은 책, 477쪽.

21 같은 책, 484-485쪽.

22 같은 책, 481쪽.

23 같은 책, 481-482쪽.

24 같은 책, 481쪽.

적 정의의 원리들이 요구하는 것으로 보이는 행위를 거부함에 있어서 종교적 원리에 호소하는 경우는 정당한 절차를 발견하는 것이 어려운 문제라고 생각한다.[25] 즉 종교적 원리에 호소하는 군복무 거부에 관한 진정성을 파악하기 어려울 뿐만 아니라, 종교적 원리에 의거하여 군복무 면제라는 특혜적 위치를 주장하면서도 타인들의 평등한 자유를 침해하는 종파들에게 관용을 베풀 수 없기 때문이다.[26] 롤즈는 "일반적으로 한 사회에 대해서 대립적인 도덕관들에 부여되는 관용의 정도는 정의로운 자유 체제 내에서 그것들에게 동등한 위치가 허용될 수 있는 한도에 달려 있다"고 명시한다.[27] 롤즈는 양심적 거부가 정당화될 수 있는 경우는 한 사회에서 공인된 정치적 원리와 정의의 원칙들이 위배된 경우에 한정한다.[28] 만약 국가가 부정의한 전쟁을 수행할 경우에는 평화주의자는 "단지 관용될 뿐만 아니라 존경을 받을 수 있다."[29] 따라서 롤즈는 일반적이고 전면적인 평화주의가 아니라 특정한 여건 속에서 전쟁에 가담하는 일에 대한 분별 있는 양심적 거부, 즉 조건부의 평화주의는 수용되어야 한다고 인정한다.[30] 그리고 롤즈는 전쟁 중에 한 병사가 불법적인 전쟁 행위에 가담하라는 명령을 받았을 경우, 그가 정의로운 전쟁 행위에 적용되는 원칙들이 명백히 위반되었다고 합당하게 그리고 양심적으로 믿는다면 그러한 양심적 거부는 수용될 수 있다고 인

25 같은 책, 482쪽.

26 같은 책, 483쪽.

27 같은 책, 483쪽.

28 같은 책, 491쪽.

29 같은 책, 483쪽.

30 같은 책, 497쪽.

정한다.[31] 그래야만 6·25 전쟁에서의 노근리 양민 학살 사건과 베트남 전쟁에서의 1968년 미라이 학살 사건을 막을 수 있을 것이다. 그래서 전쟁에 참여한 병사는 인도주의적인 자연적 의무가 상관으로부터의 비인도주의적이고 부당한 전쟁 행위에 관한 명령보다 우선적이며, 따라서 그러한 명령을 "거부할 권리뿐만 아니라 거부할 의무까지도" 갖는다.[32]

2) 관용과 공익

34절 "관용과 공익"에서 롤즈는 평등한 양심의 자유로부터 도덕적인 자유와 사상, 신앙 및 종교적 관행의 자유를 보장하는 체제가 옹호되지만 이러한 자유들은 공공질서와 안녕이라는 국가적 이익을 위해서 규제된다는 점도 인정하고 있다.[33] 국가는 특정한 종교를 선호할 수 없으며, 신앙 고백을 요구하지 못하며, 어떤 종교에 가입하거나 탈퇴한다고 해서 벌금이나 근신을 부과할 수 없다.[34] 이러한 관점에서 국가는 도덕적·종교적 자유를 지지하게 된다. 다만 국가는 철학적·도덕적·종교적 교설들에 관여하지는 않으나 평등한 원초적 입장에서 개인들 자신이 합의하게 될 정의 원칙들에 따라서 그들의 도덕적·정신적 관심 분야에 대한 추구를 규제하게 된다. 비록 그 한계가 부정확하다는 것을 롤즈는 인정하고 있지만 공공질서에 대한 국가적 이익의 한계 내에서 양심의 자유를 통제하는 것은 공동의 이익, 다시 말하면 "대표적인 평

31 같은 책, 494쪽.

32 같은 책, 496쪽.

33 같은 책, 289쪽.

34 같은 책, 289쪽.

등한 시민의 이익이라는 원칙에서 도출되는 제한"이라 할 수 있다.[35] 그러므로 양심의 자유가 제한되어야 할 경우는 제한하지 않을 경우 "정부가 유지해야 할 공공질서를 해치게 되리라는 합리적인 예상이 있을 때"에 한해서이다.[36] 롤즈는 이러한 양심의 자유에 대한 제한은 형이상적 교설이나 인식론 혹은 철학이나 과학의 의미나 진리의 문제는 아니라는 점을 지적한다.[37]

양심의 자유에 대한 이상과 같은 롤즈의 논증은 "관용은 실제적인 필요성이나 국가적인 이유들로부터 도출되는 것이 아니다"라는 점을 명백히 한다.[38] 도덕적·종교적 자유는 평등한 자유의 원칙으로부터 유래한 것이며, 이러한 원칙이 갖는 우선성을 가정할 경우 "평등한 자유를 부정할 수 있는 유일한 근거는 보다 큰 부정의나 나아가 보다 큰 자유의 상실을 피하기 위한 것이다."[39] 롤즈는 여기서 자유 혹은 관용의 근거로서 철학에 대한 회의나 종교에 대한 무관심이 내포되어 있는 것이 아니라는 점도 명백히 한다.[40] 이러한 관점에서 롤즈는 서양의 과거 몇 세기 동안 인정된 관용을 제한하는 여러 근거들은 그릇된 것이라고 결론을 짓는다.[41]

롤즈는 "교회 밖에서는 구원이 없다(Extra Ecclesiam nulla salus)"는 경구

35 같은 책, 290쪽.
36 같은 책, 290쪽.
37 같은 책, 291쪽.
38 같은 책, 292쪽.
39 같은 책, 292쪽.
40 같은 책, 292쪽.
41 같은 책, 293쪽.

를 믿지 않는 종교들에 대해서 관용을 베풀지 않은 루소나[42] 가톨릭 신자들과 무신론자들에게 관용을 베풀지 않은 로크의 입장을[43] 약간은 우호적으로 해석한다.[44] 롤즈는 루소나 로크가 가톨릭 신자들이나 무신론자들에게 관용을 베풀지 않는 이유는 그들이 공공사회의 규약을 준수하리라고 믿을 수 없기 때문이다. 롤즈는 두 사람의 제한적 관용은 많은 역사적 경험과 정치 생활의 보다 넓은 가능성에 대한 지식을 갖게 되면 자신들의 입장이 그릇되거나 혹은 특수한 여건에서만 참되다는 것을 인정할 수 있을 것이라고 지적한다.[45] 그러나 이단자에게 사형을 정당화한 가톨릭의 옹호자 아퀴나스의 경우나 가톨릭 신자들과 개신교 신자들 사이의 상호 적대적인 자유의 억압이 신학적 원리나 신앙의 문제에 근거해 있는 경우는 명백한 불관용의 사례라고 지적한다.[46]

3) 관용의 역설: 불관용자에 대한 관용

35절에서 롤즈는 관용론에서 가장 해결하기 힘든 문제, 즉 불관용자에 대한 관용의 문제를 다루고 있다. 이 문제는 소위 "관용의 역설(the paradox of toleration)"로 알려져 있으며 도덕적 딜레마의 형식으로 제시된다. 롤즈는 여기서 세 가지 문제를 구분하고 있다. 첫째, 불관용하는 종파가 자기들에게 관용을 베풀지 않는다고 불평할 명분이 있는가 하는

42 장 자크 루소, 이재형 옮김, 《사회계약론》, 문예출판사, 2013, 184쪽.

43 John Locke, *A Letter Concerning Toleration*, ed. J. W. Gough, Oxford: Basil Blackwell, 1946, pp. 156-158.

44 롤즈, 《정의론》, 294쪽.

45 같은 책, 294쪽.

46 같은 책, 294쪽.

문제이다. 둘째, 관용적인 종파가 불관용적인 종파에게 어떤 조건 아래에서 관용을 베풀지 않을 권리가 있는가 하는 것이다. 셋째, 관용적인 종파가 언제 관용을 베풀지 않을 권리를 가질 것이며 어떤 목적을 위해 그러한 권리가 행사되어야 할 것인가이다.[47] 롤즈는 종교적 관용에 관련된 관용의 역설의 문제를 다루지만 그러한 논의는 다른 경우까지 확대할 수 있다고 생각한다.

관용의 역설은 도덕적 딜레마의 형식으로 제시된다. 첫 번째 선택지는 불관용자를 관용하면 관용의 정신을 지킬 수는 있지만 사회적으로 불관용이 결과한다는 것이다. 두 번째 선택지는 불관용자를 불관용하면 관용의 정신을 지킬 수는 없지만 사회적으로 불관용을 막을 수 있다는 것이다. 우리가 관용의 정신을 중시하면 첫 번째 선택지를 택해야 할 것이지만, 사회적 결과로서의 관용을 중시하면 두 번째 선택지를 택해야 할 것이다. 첫 번째 선택지는 관용의 자기파괴적인 내부적 모순에 봉착하지만, 두 번째 선택지는 일견해서는 관용의 정신을 살리지 못하지만 관용의 한계를 명백히 함으로써 관용의 정신의 실제적 적용에서의 합당성을 살린다고 볼 수 있다. 그러므로 우리는 두 번째 선택지를 택해야만 한다. 관용의 역설에 관련된 문제는 포퍼, 롤즈 그리고 월저가 다루었으며 두 번째 선택지를 모두 옹호하였다.[48]

관용의 역설은 윤리학적 상대주의의 관점과 연계되면 첫 번째 선택

47 같은 책, 295쪽.

48 Karl Popper, *The Open Society and Its Enemies*, Vol. 1, *The Spell of Plato*, London: Routledge, 1945. 이한구 옮김, 《개방사회와 그 적들, 1: 플라톤과 유토피아》, 민음사, 1997, 457-458쪽, 7장에 대한 주 4; Michael Walzer, *On Toleration*, New Haven: Yale University Press, 1997. 송재우 옮김, 《관용에 대하여》, 미토, 2004, 147-151쪽.

지를 택하게 만들므로 더욱 복잡하게 전개된다. 윤리학적 상대주의는 타문화에 대한 관용과 이해의 정신을 중시한다. 그러나 만약 타문화가 불관용적이라면 우리는 불관용을 관용해야 하는 역설에 빠진다.[49] 관용의 역설은 관용을 중시하는 자유주의의 역설(paradox of liberalism)로도 나타난다. 자유주의 국가에 사는 호전적인 반자유주의자들은 관용되거나 아니면 불관용된다. 만약 관용된다면 그 정책의 결과 관용을 제약하는 호전적인 반자유주의가 득세하게 된다. 만약 불관용된다면 자유주의 국가는 그 정책 자체로 볼 때 반자유주의적이 된다. 그래서 관용에 대한 헌신과 공약을 내세우는 자유주의는 어떻게 하든지 간에 관용을 감소시킬 수밖에 없다. 그렇다면 기본적으로 관용의 광범위한 확대를 주장하는 자유주의의 기본적 입장은 큰 타격을 입게 된다.[50]

롤즈의 경우 《정의론》에서 정의의 제1원칙은 처음에는 "각자는 모든 사람의 유사한 자유 체계와 양립할 수 있는 평등한 기본적 자유의 가장 광범위한 전체 체계에 대해 평등한 권리를 가져야 한다"는 것이었다.[51] 하지만 나중에 "각자는 평등한 기본적 권리와 자유의 충분히 적절한 체계에 대한 평등한 요구권을 가지며 그러한 체계는 모든 사람에게 동일한 체계와 양립 가능해야 한다"로 변경되었다.[52] 《정의론》에서

49 Lawrence M. Hinman, *Ethics: A Pluralistic Approach to Moral Theory*, Belmont: Wadsworth, 2003, p. 47; Barbara Pasamonk, "The Paradox of Tolerance," *The Social Studies*, September/October, 2004, p. 207; 김용환, 〈관용의 윤리: 철학적 기초와 적용 영역들〉, 《철학》 87집, 2006, 75쪽.

50 Andrew Jason Cohen, "Toleration," *The International Encyclopedia of Ethics*, Vol. VIII, ed. by Hugh LaFollette, Oxford: Wiley-Blackwell, 2013, pp. 5154-5155.

51 롤즈, 《정의론》, 400쪽.

52 John Rawls, *Political Liberalism*, New York: Columbia University Press, 2003. 장동진 옮김, 《정치적 자유주의》, 동명사, 1998, 6, 336, 359쪽. 필자가 번역 수정. (이하 롤즈, 《정치적 자

제시된 "가장 광범위한 전체 체계(the most extensive total system)"는 여기서는 "충분히 적절한 체계(a fully adequate scheme)"로 바뀐다. 이것은 기본적 자유들이 상충할 수도 있기 때문에 상호 조정되어야 할 경우가 있으므로 최대의 평등한 자유는 가장 광범위한 자유가 아닐 수도 있다는 하트의 비판을 수용한 것이다.[53] 적절한 예를 든다면, 발언권의 규제 없는 자유로운 토론은 더 광범위한 자유이기는 하지만 중구난방이 될 것이므로 모든 사람의 발언의 자유가 상호 양립적으로 실현될 수 없다. 이것은 발언의 내용을 제약(restriction)하는 것이 아니고 발언의 질서를 규제(regulation)하는 것일 뿐이다.[54] 롤즈는 사실 이러한 구분을 《정의론》에서 제1우선성 규칙, 즉 자유의 우선성으로 이미 제시하였다: "덜 광범위한 자유(a less extensive liberty)는 모든 이가 공유하는 자유의 전체 체계(the total system of liberty)를 강화해야만 한다."[55] 이러한 롤즈의 인식은 자유의 범위와 관용의 범위는 일치한다는 관점에서 보면, "덜 광범위한 관용은 모든 이가 공유하는 관용의 전체 체계를 강화해야만 한다"는 관용의 우선성 규칙으로 재진술할 수 있으며, 이것은 또한 관용에 관련된 자유주의의 역설을 해결하는 하나의 방책이 될 수 있을 것이다.

도덕적 관용에 관련된 "도덕적 관용의 역설(the paradox of moral tolerance)"도 많이 언급되고 있다. 타인의 신조를 배척하는 이유와 그럼에도 불구하고 수용하는 두 가지 근거는 도덕적인 것인데, 도덕적으로 잘못

유주의》로 표기)

53 롤즈, 《정치적 자유주의》, 405쪽; H. L. A Hart, "Rawls on Liberty and Its Priority," *University of Chicago Law Review*, Vol. 40, 1973, pp. 543-547.

54 롤즈, 《정치적 자유주의》, 364쪽.

55 롤즈, 《정의론》, 337쪽, 400쪽.

된 것을 관용하는 것이 도덕적으로 정당하거나 혹은 심지어 도덕적으로 요구된다는 것은 역설이라 아니할 수 없다.[56] 관용에 관한 우리나라 연구들은 이것을 주로 관용의 역설로 여기고 있지만 관용의 역설은 여러 종류가 있으며 그중 가장 난해한 문제는 위에서 언급한 도덕적·딜레마적 형식으로 제기되었던 관용의 역설임을 인지해야 한다.[57]

롤즈는 위에서 언급한 세 가지 문제에 대해서 다음과 같은 답변을 제시한다. 첫째, 불관용적인 종파는 자기에게 평등한 자유가 인정되지 않는다고 하더라고 불평할 근거가 없다. 어떤 사람의 불평권은 그 자신이 다른 사람들과 상호 간에 인정하는 원칙들이 위반되었을 경우에 국한된다. 불관용적인 종파는 자신의 종파에 속하는 사람들은 물론 속하지 않는 사람들의 종교적인 신교의 자유를 인정하지 않으면서 불관용을 포함한 자신의 더 넓은 종교적인 신교의 자유가 인정되지 않는다고 불평할 수는 없다.[58] 롤즈는 불관용자들을 정의로운 제도의 평등한 자유로부터 이익을 취하면서도 그것을 유지하기 위한 자신의 본분을 다하지 않는 사람들로서 "무임승차자(a free-rider)"로 간주한다.[59] 둘째, 관용적인 종파가 불관용적인 종파에게 관용을 베풀지 않을 권리는 양심의 자유를 부정함으로써 정의의 원칙이 어겨지는 경우에 그것을 반대

56 Rainer Forst, "Toleration," *Stanford Encyclopedia of Philosophy* (http://plato.standford.edu), 2012, p. 2; 김상범, 《자유주의적 관용에 대한 연구》, 서울대학교 대학원 윤리교육과 박사학위논문, 2013, 21-22쪽.

57 이일대, 《롤즈의 정치적 정의관에 있어서의 관용의 의미: "정치적 자유주의"를 중심으로》, 고려대학교 대학원 정치외교학과 석사학위논문, 2003, 83쪽; 구승회, 〈차이의 문명화로서의 관용: 마이클 월처의 관용 개념〉, 《철학연구》 제58집, 2000, 183쪽; 김용환, 《관용과 열린사회》, 철학과현실사, 1997, 68-70쪽 참조.

58 롤즈, 《정의론》, 295-296쪽.

59 같은 책, 504쪽.

하는 권리로서이다.[60] 셋째, 관용적인 종파는 그들 자신의 안전이나 자유로운 제도가 위험에 직면할 경우 자기 보존의 권리에 의거하여 불관용적 종파의 자유를 제한하게 된다. 이러한 제한은 원초적 입장에서 계약당사자들이 합의할 정의 원칙들과 그것들에 따른 평등한 자유의 보장에 위배된다는 관점에서 행해지게 된다.[61]

이상의 논의에서 본다면 롤즈의 《정의론》에서 관용의 원칙은 정의의 제1원칙인 평등한 자유의 원칙에 속하는 양심의 자유와 종교의 자유에 의거하여 수립된다. 그러나 롤즈는 나중에 《정의론》에서의 정의의 원칙과 관용의 원칙이 질서정연한 사회에서 모든 사람들이 받아들이는 것으로 가정된 사회계약론에 의한 포괄적인 자유주의라는 도덕철학적 교설로서 제시되었기 때문에 모든 사람의 합의와 사회적 안정성을 담보할 수 없다는 것을 인정하게 된다. 그래서 등장한 것이 정치적 자유주의이며, 여기서 관용의 새로운 근거가 제시된다.[62]

맺음말

현대 자유주의의 부흥을 주도한 존 롤즈의 《정의론》을 통해 본 자유주의적 관용론은 관용의 정신이 자유주의의 중추적이고 핵심적인 도

60 같은 책, 297쪽.

61 같은 책, 297쪽.

62 롤즈, 《정치적 자유주의》, 19-20쪽; 박정순, 〈정치적 자유주의의 철학적 기초〉, 《철학연구》 제42권, 1998, 277-278쪽; 박정순, 〈자유주의 정의론의 철학적 오디세이: 롤즈 정의론의 변모와 그 해석 논쟁〉, 황경식·박정순 외, 《롤즈의 정의론과 그 이후》, 철학과현실사, 2009, 58-59쪽. 정치적 자유주의는 형이상적이 아니라 정치적이라고 주장된다(Rawls, "Justice as Fairness: Political, Not Metaphysical," *Philosophy and Public Affairs*, Vol. 14, 1985, pp. 223-251). 그리고 정치적 자유주의는 합의의 근거로 시민들 간의 중첩적 합의를 추구한다(Rawls, "The Idea of Overlapping Consensus," *Oxford Journal of Legal Studies*, Vol. 7, 1987, pp. 1-25).

덕적·정치적 가치임을 여실히 입증해주고 있다. 롤즈의 《정의론》에서 정의로운 사회는 관용적인 사회이며, 역으로 관용적인 사회는 정의로운 사회임도 밝혀주고 있다. 롤즈의 자유주의적 관용론은 기본적으로 양심의 자유와 인권을 통해서 전개된다. 롤즈의 《정의론》에서 관용의 원칙은 정의의 제1원칙인 평등한 자유의 원칙에 속하는 양심의 자유와 종교의 자유에 의거하여 수립된다. 롤즈는 또한 관용이 공공질서와 안녕이라는 공익을 위해서 규제될 수 있음도 밝히고, 관용의 역설, 즉 불관용자에 대한 관용의 문제도 자유주의에서 관용의 한계라는 관점에서 탁월한 논의를 제시하고 있다.

그리고 본 논문에서 간략히 언급했지만, 근현대 다원민주사회에서의 다양한 포괄적 교설들 사이의 중립성과 사회적 안정성을 확보하기 위한 정치적 자유주의에서 관용 정신의 증진이 논구된다. 그리고 이 문제 역시 자세히 논구하지 못했지만 국제사회에서 기본적 인권들이 존중되고, 구성원들이 상호 존중과 관용의 정신을 배경으로 정치적 영역에서 의미 있는 역할이 주어지는 질서정연한 사회, 즉 자유주의적 관용사회가 만민법의 기초가 된다. 롤즈는 여기서 더 나아가서 적정 수준의 비자유주의적 사회에 대한 관용도 제시한다.[63]

만약 관용의 원칙이 종교에 적용되는 시점, 즉 종교 전쟁과 그 쓰라린 경험 뒤에 공유하게 되는 피로 물든 종교적 관용이 중세를 마감하고 근대를 시작했다면, 그러한 관용의 원칙이 철학과 도덕적 교설들에 적용되는 시점이 근대를 완성시킬 것이다.[64] 이때 우리는 비로소 포스트

63 박정순, 〈'현실적 유토피아' 실현을 위한 철학 제시해: 롤즈의 《만민법》〉, 《출판저널》, 2001, 28-29쪽.

64 롤즈, 《정치적 자유주의》, 11쪽. 이하 세 문단은 박정순, 〈정치적 자유주의의 철학적 기

모던 시대로 진입할 수 있을 것이다. 이러한 의미에서 정치적 자유주의는 근대를 풍미했던 자유주의와는 분명히 다른 철학적 기초를 가질 것이다. 아마도 그레이가 주장하는 대로 인류 사회의 진보에 대한 이성적 확신과 아울러 도덕성에 대한 보편적인 합리적 정당화를 추구하는 "계몽주의적 기획"의 실패와 함께 "거대담론(Grand narratives)"으로서의 자유주의는 또 하나의 거대담론인 마르크스주의와 함께 이미 사라져버렸는지도 모른다.[65] 롤즈도 자기의 정치적 자유주의는 결코 "계몽주의적 기획"을 감히 시도하지 않는다고 겸허하게 고백한다.[66]

거대담론이 아닌 자유주의는 후기자유주의 혹은 탈자유주의(post-liberalism), 아니면 포스트모던 자유주의(postmodern liberalism)로서[67] 거대한 해방의 메시지를 포기하고 서로 양립 불가능한 가치관을 가진 타인들과 더불어 살아가는 지혜, 즉 서로 공멸하지 않고 살아남는 상호 공존의 메시지를 주는 "공포의 자유주의(liberalism of fear)"인지도 모른다. 롤즈는 정치적 정의관에 대한 관용의 원칙을 설명하면서 슈클라의 공포의 자유주의가 그 출발점이 되었다는 것을 지적한다.[68] 우리는 환경

초〉, 《철학연구》 제42권, 1998, 300-301쪽에서 발췌.

65 John Gray, *Enlightenment's Wake: Politics and Culture at the Close of the Modern Age*, London: Routledge, 1995.

66 롤즈, 《정치적 자유주의》, 23쪽.

67 박정순, 〈자유주의 정의론의 철학적 오디세이: 롤즈 정의론의 변모와 그 해석 논쟁〉, 황경식·박정순 외, 《롤즈의 정의론과 그 이후》, 철학과현실사, 2009, 69쪽.

68 롤즈, 《정치적 자유주의》, 26쪽, 각주 10; Judith Shklar, *Ordinary Vices*, Cambridge: Harvard University Press, 1984 참조; Thomas Hobbes, *Leviathan*, London: Penguin Book, 1968, p. 186 참조. 우리 인류는 "만인에 대한 만인의 투쟁 상태(a time of Warre, where every man is Enemy to every man)" 속으로 빠져들어 실낙원의 운명과 자연 상태로의 원대 복귀에 처해진다: "최악의 상황인 끊임없는 공포와 갑작스러운 죽음의 위험으로 말미암아 인간의 삶은 고독하고, 초라하고, 야만적이고, 짐승 같고, 단명하다."

위기와 핵위기, 문화와 문명 충돌의 위기에서 살아남기 위해서 정의론과 정치적 자유주의와 만민법과 그것들이 주는 관용의 정신이 적절한 처방이라고 말할 수 있는가? 롤즈의 정의론과 정치적 자유주의와 만민법은 1980년대 이후 미국 사회에 무서운 세력으로 등장하고 있는 기독교적 원리주의자들에 대한, 혹은 서구 사회에 만연한 이슬람 사회의 원리주의에 대한 자유주의적인 또는 십자군적인 공포를 반영하고 있는지도 모른다. 그렇다면 우리는 아직 정의론과 정치적 자유주의와 만민법은 문화적 다양성이 삶의 사실일 뿐만이 아니라 삶의 환희인 세계에서 인류가 가질 수 있는 최선의 희망으로 남아 있다고 말할 수 있을 것인가?

자유주의적 관용의 정신의 확장 중 가장 중요한 것은 롤즈도 인정하고 있듯이 근대의 고색창연한 종교적 관용의 문제와 철학적·도덕적 교설들 사이의 추상적인 갈등이 아니라 보다 현대적 갈등인 "인종, 민족 그리고 성(race, ethnicity, and gender)"의 문제들을 다루는 것이 될 것이다.[69] 롤즈의 정의론과 정치적 자유주의와 만민법이 근현대 철학으로 만족하지 않고 근현대 이후까지 그 영향력을 발휘하기 위해서는 중첩적 합의와 아울러 문화적 소수와 최소수혜자를 보호하는 "다문화주의적 정의(multicultural justice)"와 합의에 의해서도 해소될 수 없는 억압과 갈등을 인정하고 치유하는 "차이의 정치(politics of difference)"를 보다 활성화시켜야만 진정한 관용의 정신을 구현할 수 있을 것이다.[70]

69 롤즈, 《정치적 자유주의》, 35쪽.

70 Iris Marion Young, "Rawls's Political Liberalism," *The Journal of Political Philosophy*, Vol. 3. 1995, pp. 181-190 참조; 구승회, 〈차이의 문명화로서의 관용: 마이클 월처의 관용 개념〉, 《철학연구》 제58집, 2000, 181-203쪽 참조.

하버마스의 소통 이성과 비판적 계몽*

윤평중**

'계몽'의 의미를 다시 묻는다

21세기 세계는 거대한 퇴행의 시대다. 제2차 세계대전 이후 전지구적 질서의 토대였던 자유주의적 세계주의의 제도와 규범이 해체되고 있다. 민주주의의 보편타당성이 공공연히 위협받는 가운데 국내적 차원에서도 '정치적 올바름'의 원칙이 무너지고 있다. 세계 곳곳에서 크고 작은 독재자들이 규칙 기반 국제질서를 공공연히 희롱해도 국제연합은 무력하기만 하다.

대퇴행의 시대를 철학적으로 압축한다면 '계몽'의 후퇴로 개념화할 수 있다. 여기서 우리는 영구적 운동으로서의 계몽과 특정 시기 특정 지역에 출현한 계몽주의를 구별해야 한다. 우리가 논구하려는 계몽은 18세기 유럽에서 출현한 계몽주의 사조의 영향을 받았지만 그 한계 안에 머무르지 않는다. 계몽은 계몽주의 교리조차 넘어서려고 하는 끝없

* 이 글은 〈제3부 위르겐 하버마스〉(《푸코와 하버마스를 넘어서》, 1997)와 〈제5장 담론이론의 사회철학〉(《담론이론의 사회철학》, 1998)을 중심으로 수정·보완한 것이다.

** 한신대 철학과 명예교수, 한신대 대학원장 및 학술원장 역임.

는 자기 성찰적 운동이자 변화의 시도다. 계몽주의가 굳어져 자유로운 정신에 방해가 될 땐 '계몽의 계몽'이 요청된다.

계몽의 후퇴는 널리 관찰되는 현실인데 한국 사회도 예외가 아니다. 우리 사회를 강타하고 있는 정치 불안은 모범적 민주국가로 평가받아온 선진국 대한민국의 실상이 매우 취약하다는 사실을 보여준다. 현대 한국 문명을 떠받쳐온 공통 규범의 붕괴와 극심한 정치 갈등은 한 동전의 양면이다. 현대성(Modernity)을 가능케 한 계몽의 실체와 역학에 대한 철학적 성찰이 시급하다. 계몽은 현대철학의 핵심 문제인 데다 세계적 차원과 한반도 상황에서 두루 중대한 실천적 의미가 있다.

계몽이란 무엇보다도 우리가 무지와 미성숙에서 깨어나는 움직임을 가리킨다. 계몽은 인간이 이성 능력을 발휘해 미신과 몽매주의를 극복하는 실천 행동이다. 인간 합리성에 대한 계몽의 신념은 현대 민주주의와 인권의 이론적 기반으로 진화하게 된다. 이는 철학사적으로 칸트의 계몽 개념에서 비롯된 것이다. 계몽이란 곧 인간 주체가 자신의 이성을 활용하여 자유롭고 자율적인 삶을 지향하는 과정 그 자체다.

이 글은 임마누엘 칸트의 '계몽이란 무엇인가' 소고에 대한 분석으로 시작한다. 이어 계몽주의의 핵심 이념이 서양 현대성의 화두로 압축 가능하다고 논변한다. 계몽주의와 현대성의 상호 관련성은 이성적 인간 주체, 자연의 수학화, 진보의 역사철학으로 요약할 수 있다. 여기서 발원한 서양 현대성의 빛과 그림자는 1세대 비판이론가들이 천착한 '계몽의 변증법'을 낳는다. 계몽의 변증법은 서양 문명이 직면한 자기 정체성 문제에 대한 서양 사상 탐구의 한 극점이다.

이어서 계몽의 변증법이 요청하는 현대적 합리성의 이념을 하버마스의 소통 이성론을 중심으로 분석한다. 보편화용론에서 시작해 의사소통적 합리성으로 진화한 하버마스 소통 이성론은 현대 공론장에 대한 해명으로 귀결된다. 담론 윤리나 사실성과 타당성을 매개로 한 소통적 법치국가 논구의 뿌리도 소통 이성론이다. 따라서 하버마스 보편화용론과 공론장 이론에 대한 분석이 글의 뼈대를 구성한다.

마무리 논의로서 하버마스적인 계몽의 계몽 작업이 서양 철학사상사에서 갖는 자기성찰적 의의를 해명하고 한국 사회에서 갖는 구체적 의미도 점검해 본다. 현대 한국 문명의 공통 규범이 해체 위기를 맞고 있는 지금 한국 사회에서 가장 긴급한 계몽의 에토스는 사실과 합리성에 대한 존중이라는 점을 역설한다. 사실과 합리성의 존중은 21세기 대퇴행의 시대를 치유하는 철학적 처방전이다.

하버마스는 자신의 소통 이성이 서양 계몽주의의 성과를 계승하면서 그 한계도 심원한 방식으로 넘어섰다고 자부한다. 하버마스 소통 이성론을 다루면서 우리는 하버마스의 이런 자화상이 설득력이 있는지도 비판적으로 살펴볼 것이다. 계몽의 정신으로 하버마스 소통 이성론의 공과를 조망해 보면 서양 현대성과 합리성의 한 단면이 선명하게 포착된다. 이 글은 서양 현대성의 영향을 받고 그 안에서 주체성을 쌓기 위해 고투하고 있는 한국 사회의 얼굴에 대한 자기 성찰적 조명이기도 하다.

계몽의 변증법

임마누엘 칸트는 1784년 〈계몽이란 무엇인가에 대한 답변(Beantwortung der Frage: Was ist Aufklärung?)〉이라는 소고를 발표했다.[1] 칸트의 문제

1 Immanuel Kant, "Beantwortung der Frage: Was ist Aufklärung?," *Berlinische Monatschrift*,

제기는 '계몽이란 무엇인가'의 화두가 서양 철학사상사의 전면에 나타나는 계기로 작용한다. 계몽의 화두는 크게 보아 칸트와 헤겔에서 니체와 하이데거를 거쳐 비판이론가 1세대와 하버마스, 그리고 하버마스를 근본 비판한 탈현대 철학자들에 이르기까지 현대 서양철학사의 핵심을 꿰뚫는 연구 주제가 된다.

칸트에 따르면 "계몽이란 인간이 빠져 있는 미성숙 상태에서 자신의 힘으로 벗어나는 것"을 가리킨다. 여기서 미성숙함이란 타인의 지도 없이는 자신의 이성을 사용할 수 없는 예속적 상태를 지칭한다. 계몽의 본질은 인간이 자신의 이성을 사용하여 자율적으로 사고하고 행동할 수 있는 독립적 인격을 갖추는 실천 과정에 있다. 칸트는 계몽의 정신을 라틴어 "Sapere aude(감히 사유하라, 과감히 생각하라)"로 압축한다. 결국 계몽은 다른 목소리에 열려 있되 궁극적으로는 자신의 이성을 사용해 진리를 탐구하는 자율적 실천이다.

칸트는 계몽의 내용에 대해 응답하면서 이성의 사적 사용과 공적 사용을 구분한다. 이성의 사적 사용이란 가정에서 부모에게, 학교에서 선생에게, 직장에서 상사에게 스스로 생각하지 않고 타성적으로 복종하는 행위를 지칭한다. 이에 비해 이성의 공적 사용이란 타인의 명령에 맹종하지 않고 이성의 불빛을 따라 자유롭게 비판하는 행동을 가리킨다. 계몽은 인간 이성을 공적으로 사용할 때 비로소 획득되는 품성적·사회적 덕목이다.

계몽은 저절로 이루어지지 않는다. 우리는 삶의 모든 단계에서 자신의 잠재력에 더해진 교육과 훈련, '스스로 애씀(Selbstbildung)'이 동행해

1784: 11; 〈계몽이란 무엇인가에 대한 답변〉, 이한구 편역, 《칸트의 역사철학》, 서광사, 1992.

야 비로소 깨어날 수 있다. 지식을 닦고 이성을 개발해야 미성숙 상태에서 벗어난다. 칸트는 계몽이 개인의 문제에 그치지 않고 사회적·정치적 의제로 확장된다는 사실을 강조한다. 계몽은 칸트의 비판철학 체계 전체를 관통하는 공통 에토스이다.

1세대 비판이론가들인 호르크하이머와 아도르노는 인간 해방을 추동한 계몽주의가 세계의 합리화라는 긍정적 성과를 낳음과 동시에 이성의 도구화로 변질되기 시작했다고 주장한다. 계몽주의의 자기 파괴성에 대한 비판이론가들의 고뇌를 폭발시킨 사건이 나치 홀로코스트라는 대재앙이다.

이들은 해방과 진보, 과학정신과 합리성으로 미망의 족쇄를 깨트린 계몽주의가 이성을 도구화시켜 전체주의의 수단으로 타락하고 인간을 대상화하며 자연을 착취했다고 주장한다.[2] 강제수용소, 제국주의, 전쟁, 환경파괴와 같은 현대의 재앙은 이성의 도구화에서 비롯된 것으로 규정한다. 미망을 깨트린 계몽주의의 이성이 또 다른 미망으로 귀결된 것이다. 그게 바로 '이성의 부식' 현상이다.

하버마스의 소통 이성: 보편화용론과 의사소통 행위론

21세기의 도전에 철학적으로 응전하기 위해서는 계몽의 과감한 개념 재조정이 시급하다. 하버마스의 소통 이성론은 칸트의 낙관론과 1세대 비판이론가들의 비관론에서 합리적 핵심을 보존함과 동시에 더 포괄적이고 설득력 있는 대안을 제시하려고 한다. 자신의 소통 이성론

2 M. Horkheimer and T. W. Adorno, *Dialectic of Enlightment*, N.Y.: Herder and Herder, 1972, p. 38.

을 통해 부식된 계몽주의의 합리성을 비판한 토대 위에서 계몽을 계몽하려고 노력한다. 하버마스는 현대 상대주의와 급진적 해체주의의 도전을 넘어서기 위해서 계몽과 합리성의 상관관계를 근원적으로 재구성한다.

하버마스는 헤겔에게서 역동적인 형태로 정식화된 근대 주관 철학(의식 철학)의 현실 설명력과 비판 능력이 이미 소진되었다고 본다. 주관성의 범주를 상호주관성으로 전화시킴으로써 탈현대의 도전에 대해서도 성공적으로 대처할 수 있다고 확신한다.[3] 이른바 탈현대 논쟁은 따로 다루어져야 할 논제이지만 하버마스의 화두인 상호주관성의 범주는 이성주의 철학의 탈현대적 전유(專有)의 산물이다. 서양 이성주의의 합리적 핵심은 포기하지 않으면서 주관 철학의 실체론적 유산이 초래한 아포리아에 대해서는 강력히 고발하고 있기 때문이다.

소통 이성론의 출발점인 보편화용론에서 하버마스는 계몽이라는 현대적 사유의 목표가 인간의 의사소통 행위 안에 구조적으로 전제되어 있다고 주장한다. 정교한 논증으로 입증되어야 할 논쟁적 테제가 아닐 수 없다. '철학적 해석학 논쟁'에서 언어의 중요성에 공감한 가다머와 하버마스가 서로 쉽게 합의할 수 없었던 핵심 논제는 하이데거의 기초존재론으로 소급되는 '정당한 전(前)판단'이라는 개념이었다. 하버마스가 '해석학적 순환'의 정당성을 수용할 수 없었기 때문이다.

'지평 융합'의 해석학적 감수성에 충실한 가다머는 투명한 초월적 이

3 현대성과 탈현대성의 철학적 담론에 대한 총괄적 정리로는 다음을 참조. J. Habermas, *Der Philosophische Diskurs der Moderne*, Frankfurt : Suhrkamp, 1985. 이는 후기 하버마스의 최대 역작이지만 동시에 이론가로서의 한계를 극명하게 드러내는 작품이다. 하버마스적 이성 중심주의가 여과되지 않은 채 드러나 있기 때문이다.

성의 독립적 존재를 의심한다. 하지만 언어와 의사소통이라는 용어 자체가 이해와 합의로 요약되는 투명한 의사소통의 지평을 이미 전제하고 있음을 역설하는 하버마스는 언어에 대한 화용론(pragmatics)적 접근에서 탈초월적이면서 보편타당한 소통 이성의 정당화 계기를 찾는다.

언어 연구에서 통사론(syntax)이 주로 언어 표현(기호)들 사이의 관계를 문제 삼는 데 비해 의미론(semantics)은 언어 표현과 지시체의 관계에 관심을 기울인다. 이에 비해 화용론은 언어 표현, 지시체, 언어 사용자들 사이의 관계와 사용 맥락을 복합적으로 탐구하면서도 그 핵심은 언어 사용자들 사이의 관계를 연구하는 데 있다. 심리언어학이나 사회언어학 등의 경험화용론이 경험적이고 제한된 의사소통의 조건들을 조명하는 데 비해, 보편화용론은 가능한 모든 의사소통의 조건을 밝힘으로써 언어가 성공적으로 사용되는 데 필연적인 전제 조건들을 해명하려고 한다. 이것이 소통 이성론의 단초다.

보편화용론은 오스틴과 써얼의 언어 행위 이론(speech act theory)의 성과를 빌려온다. 오스틴과 써얼에 따르면 의사소통의 기본단위는 상징이나 단어, 문장 자체가 아니라 "언어 행위의 구성 요소인 상징, 단어, 문장의 생산 또는 발화(發話)이다."[4] 바꿔 말하면 언어 행위 이론은 언어를 관찰할 때 우리가 어떤 것을 말함으로써 무엇인가를 실천하게 되는 점을 집중적으로 조명한다.[5] 현대 언어철학 발전사에서 획기적으로 중요한 것은 통찰이다.

4 J. Searle, *Speech Acts*, Cambridge : Cambridge Univ. Press, 1969, p. 16.

5 J. Austin, *Philosophical Papers*, Oxford : Clarendon Press, 1961. 특히 pp. 231-251에서 수행적 발화(performative utterances)의 중요성을 상론한다.; Austin, *How to do things with words*, Cambridge : Harvard Univ. Press, 1975, p. 109 참조.

논리 실증주의나 경험주의 언어철학은 말과 세계의 관계에 전념함으로써 재현과 지시 기능을 특권화한 지시론적 의미론에 고착되어 있다. 또한 관념론적 의미론은 투명한 주관 의식에 과도한 중요성을 부여하는 유아론의 덫에 빠져 있다. 언어 행위 이론은 이와 달리 수행적 행위인 말의 교환에 근거한 의미 창출 현상을 역동적으로 설명하는 이론이라는 점에서 화용론적 의미론이다. 후기 비트겐슈타인에게 영향을 받은 오스틴의 선구적 작업인 언어와 의미의 위상을 온전히 이해하기 위해서는 행위 이론이 필수적이라는 사실을 보여준다.

언어 행위 이론과 보편화용론을 이해하기 위해서는 발화행위(locutionary act), 발화수반행위(illocutionary act), 발화효과행위(perlocutionary act)를 구별해야 한다. 발화행위는 무엇을 말하는 것이 무엇을 행하는 게 된다고 할 때 '무엇을 말하는' 행위이다.[6] 발화수반행위는 말함으로써 화자와 청자가 화자가 의도한 상호적 인간관계를 성립시키는 행위다. 말함으로써 화자와 청자가 어떤 인간관계로 진입해 들어가게 하는 힘은 발화수반력(illocutionary force)이라고 불린다. 발화효과행위는 말하는 사람이 행한 언어 행위의 결과로 성취된 결과를 의미한다.

예를 들어보자. 지인에게 커피 한 잔을 건네주면서 "이 커피는 뜨거워요"라고 할 때, 발화행위는 이 언명을 말하는 행위다. 발화수반행위는 화자가 청자에게 받아들이거나 거부할 수 있는 일종의 제안을 하는 셈이다. 뜨거운 커피에 대해 경고하거나 주의를 줄 때 상대방이 그것을 수용할 수도 있지만 개의치 않을 수도 있다. 만약 상대방이 나의 경고나 주의를 받아들이면 나와 그 사람 사이에는 어떤 인간관계가 성립하

6 Austin, *Ibid.*, p. 94.

게 된다. 발화효과행위는 그 경고나 주의를 받아들여 성취된 결과로서 청자가 혀를 데는 것을 피할 수 있게 되는 경우이다.

언어 행위 이론과 보편화용론에 이 구분법이 중요한 까닭은 무엇일까? 오스틴과 써얼, 하버마스 모두 언어 행위가 성공하느냐 실패하느냐의 관건이 발화수반력 창출에 좌우된다고 보기 때문이다. 바꿔 말하면 보편화용론의 핵심은 발화수반력의 창출 여부에 놓여 있다. 하버마스는 "청자가 발화된 문장의 뜻을 이해할 뿐만 아니라 동시에 화자가 의도한 상호 관계 속으로 진입하는" 상황을 언어 행위가 성공하는 상황이라고 정의한다. 이는 정확히 발화수반행위의 핵심적 중요성을 강조하는 대목이다.[7]

오스틴은 한편으로 언어 행위의 핵심을 발화수반행위에 두면서도 언어 행위가 발화행위, 발화수반행위, 발화효과행위를 뭉뚱그려 포괄하며, 많은 경우 행위 유형들이 모호한 방식으로 상호 중첩됨을 고백한다. 하버마스 자신도 이러한 어려움을 인지하고 있으면서도 강력한 어조로 발화수반행위와 발화효과행위를 이념형으로 제시된 의사소통 행위와 목적합리적 행위와 일치/대응시킨다. 여기서 목적합리적 행위는 막스 베버가 서양 근대화의 도정을 합리화 과정으로 파악하면서 주도적 개념으로 도입한 바 있다. 프랑크푸르트학파 1세대 이론가들은 이를 단순화시켜 도구적 이성이 추동하는 도구적 행위로 정의했다.

하버마스에 따르면 상호이해를 지향하는 의사소통 행위에 비해 목적합리적 행위는 타인에게 영향을 끼침으로써 성과를 극대화하려고

7 Habermas, "What is Universal Pragmatics?," *Communication and the Evolution of Society*, Boston: Beacon Press, 1979, p. 59.

하는 성취지향적 행위라는 것이다. 이 구별은 그의 소통 이성론 전체를 관류하는 핵심적인 구분법으로서 그의 마르크스 비판에서 드러난 상호작용과 노동의 범주 구별을 연장한 것이다. 후기 하버마스에서 이런 구별법은 생활세계와 체계의 이분법으로 확장된다.

하지만 하버마스의 주장과는 달리 발화수반행위가 왜 의사소통 행위와 동일시되고 발화효과행위가 목적합리적 행위와 동일한지는 그리 분명하지 않다. 논의의 두 수준을 일단 구별해 보자. 먼저 의사소통 행위의 경우 설정된 이해도 하나의 목적이다. 따라서 이해를 달성하기 위한 여러 방안은 전략적 특성을 갖는다. 이 목표를 달성하기 위해서는 내가 남에게 영향력을 행사하거나 남에게 영향을 받는 경우도 발생한다.

여기서 우리는 의사소통 행위와 목적합리적 행위가 서로 대등한 위상과 대척(對蹠)적 의미를 갖는 독립적 행위 유형이라기보다 의사소통 행위 자체가 목적합리적 행위(사회적 맥락에서의 전략적 행위)의 한 구성요소로 보는 것이 더 적절하다는 의구심을 갖게 된다. 물론 하버마스는 이러한 비판에 대해 이념의 차원에서 이러한 구분이 필요하고 유용하다고 대답하겠지만,[8] 위에서 제기된 의문이 근거가 있는 것이라면 그의 구분법이 갖는 설득력은 크게 약화된다.

하버마스에게 큰 영향력을 행사한 베버 이해사회학의 기초를 돌아보면 이 문제가 더 분명해진다. 합리성과 행위 유형 분석을 사회학적 거대이론의 초석으로 삼은 베버의 행위 유형론은 목적합리적, 가치합

8 하버마스는 이러한 '형식적' 구분법이 도입되지 않는다면 "관찰된 일상의 혼란스러움과 복잡함 속에서 언어적 의사소통의 이성적 기초를 인식할 수 있는 개념적 수단을 획득할 수 없게" 될 것이라고 역설한다. Habermas, *The Theory of Communicative Action*, vol. 1, Boston : Beacon Press, 1984, p. 331.

리적, 정의적(情意的), 전통적 행위를 네 가지 이념형으로 제시한다. 의무, 명예, 대의명분 등의 궁극적 가치가 행위를 추동하는 경우가 가치합리적 행위인 데 비해 목적합리적 행위는 "목표, 수단과 부차적 결과 모두가 함께 고려되는" 행위로 규정된다.[9]

목적합리적 행위는 경향적으로 궁극적 목표의 정당성에 대한 배려를 줄이면서 수단에 대한 고려를 앞세우면서도 포괄적 행위 유형으로서 궁극적 가치관을 포함한다. 여기서 하버마스의 의사소통 행위가 베버의 가치합리적 행위인 언어 행위를 이론적으로 변용하고 발전시킨 개념이라는 사실을 알 수 있다. 그러나 하버마스는 목적합리성의 분석에서는 동일한 용어를 사용하면서도 내용상 목표와 도구적 수단을 함께 고려하는 베버의 포괄적 시각을 축소하고 있다.

발화효과행위는 목적합리적 행위와 어떤 근거에서 조응하는가? 오히려 발화효과행위가 상호이해의 증진에 보탬이 되는 사례가 많지 않은가? 또한 발화수반행위가 왜 반드시 상호이해와 합의를 목표로 하는가? 이 문제는 발화수반행위를 언어 행위의 핵심으로 간주한다고 하더라도 언어 행위가 왜 상호이해와 합의를 '텔로스(telos)' 삼아야 하는가의 의문으로 확장되며 또 다른 엄밀한 논증을 필요로 한다. 하버마스에게 이 대목은 근본적 공백으로 남아 있다. 이는 논증이 필요한 결정적 사항을 당연한 것으로 전제하면서 소통 이성론을 전개하고 있다는 비판적 문제 제기를 가능하게 한다.

언어 행위가 이해와 합의를 필연적 내적 이념으로 전제하고 있으며

9 다음의 '사회적 행위 유형론' 참조. M. Weber, *Economy and Society*, vol. 1, N.Y.: Bedminster Press, 1968, p. 26.

이해를 지향하는 언어 행위가 언어의 본원적 모델이라는 하버마스의 주장은 발화수반행위와 발화효과행위의 범주적 구별에 의존한다. 그에 따르면 "이해 지향적인 언어 사용이야말로 원래적 언어 양태이고, … 언어 일반의 도구적 사용은 기생적인 양태이다. 내가 보기에 오스틴에 의한 발화수반과 발화효과의 구별은 이 사실을 확증하고 있다."[10] 하지만 어떤 의미에서 발화효과행위가 기생적인 언어 양태여서 본래적인 언어 양태인 발화수반행위와 위계적으로 서열화되어야 하는가의 이유가 하버마스의 서술처럼 분명한 것은 아니다.

이 부분은 하버마스 소통 이성론의 근본 전제에 대한 의문으로 이어진다. 보편화용론과 그것을 확장시킨 의사소통 행위 이론의 근본 전제는 "이해·합의(Verständigung)가 인간 언어의 본질적 텔로스"라는 명제다.[11] 하지만 이해와 합의는 구별되어야 한다. 상대방의 입장을 투명하게 이해하면서도 전혀 동의할 수 없는 경우는 드문 경험이 아니다. 독재자의 심리와 입장을 정확히 이해하면서도 그것에 동의하는 것은 전연 다른 차원의 문제이기 때문이다.

언어가 단일한 내재적 텔로스를 갖는다는 자신의 직관은 선험적인 것으로 규정될 수 없다고 하버마스는 주장한다. 이 직관은 언어 행위에 대한 경험적·비판적 재구성 작업의 소산이기 때문이라는 논거에서다. 하버마스가 동료 아펠의 선험화용론에 대해 너무 강력한 주장을 담고 있다고 비판하는 것은 이러한 이유에서다.[12]

10 Habermas, *op. cit.*, p. 288.

11 *Ibid*, p. 287.

12 K.-O. Apel, *Towards a Transformation of Philosophy*, London : RKP, 1980 참조.

선험성의 자취를 떨쳐버리려는 보편화용론은 발화수반행위와 발화효과행위, 그리고 그에 대응하는 의사소통 행위와 목적합리적 행위 사이의 범주적 구별에 의존한다. 우리는 이러한 도식적 구분법이 유지되기 어렵다는 사실을 밝혔다. 상호이해와 합의에 이르는 과정은 인간관계로의 진입이라는 발화수반의 차원과 힘, 지난한 설득과 호소, 감정이입과 결부된 발화효과의 차원과도 뗄 수 없는 연관성을 지닌다. 이는 이해와 합의가 발화수반력을 넘어서는 지평 위에 자리한다는 사실을 시사한다.

이해와 합의가 언어 행위를 구조 짓는 것과 비슷하게 오해와 차이(이의)도 언어 행위의 성립과 유통에 있어 본질적 요건을 구성한다. 빛과 그림자처럼 이해·합의와 오해·차이는 균열음을 내면서도 공존하고 동행한다. 전자가 본질적이며 후자는 기생적이라는 하버마스의 주장은 또 다른 치밀한 논증을 필요로 하지만 그는 이를 건너뛰고 있다. 탈현대 논쟁에서 리오타르는 '배리(paralogy)'야말로 언어를 언어답게 만든다고 하버마스를 역공하는데 이는 흥미롭고 중요한 문제 제기이다.

계몽을 근거 지우려 하는 하버마스의 소통 이성론은 제도적으로 제한되어 있지 않은 언어 행위를 실행하기 위한 충족 조건을 발화수반력이 이성적으로 근거 지워질 수 있다는 기대에서 찾는다. 우리가 말의 교환을 매개로 상호적 인간관계 속으로 진입하고 연대하게 되는 이유가 발화수반행위로 제기되는 타당성 요구의 검증 가능성에 있다는 것이다. 계몽, 자유, 정의, 진리 등의 지표도 타당성 요구의 무제한적 교류라는 이념적 정황에서 그 근사치를 찾을 수 있다는 논변이다.

하버마스의 관점은 계몽의 규범적 기초를 확정하는 데 도움을 주는 흥미로운 제안임에는 틀림이 없다. 한편으로 하버마스의 소통 이론은 가치론의 토대를 메타 이론적으로 정초하고자 하는 시도이며 형식이론의 차원에서 상당한 진전을 가져온 것으로 평가된다. 절차적 정의관의 현대적 대변자인 롤즈의 정의관과 하버마스의 소통 이성론이 비교되는 것은 이러한 정당화의 맥락에서이다.

하지만 하버마스의 언어적 전회는 이론 내재적 차원에서도 과도한 일반화와 논의 수준의 혼란으로 얼룩져 있다. 또 다른 문제는 형식적 보편성의 원칙에 집착한 결과로 획득하게 된 소통 이성론의 틀이 구체적 역사 현실에서 어떻게 작동할 수 있는가에 대해 분명한 지침을 찾기 어렵다는 것이다. 언어 행위 이론의 수용도 형식주의적으로 좁히고 있기 때문에 그 형식(또는 형상)을 채울 구체적 내용에 대해서는 침묵하고 있는 셈이다.[13] 바꿔 말하면, 언어 행위 이론의 경험적 차원이 과도하게 축소된 채 관념적 규범론이 개입하고 있다.

하버마스가 소통의 지평을 타당성 요구가 자유롭게 검증될 수 있는 이념적 공간으로 상정하는 것은 우연이 아니라 소통 이성론 자체의 내재적 귀결이다. 하버마스의 소통 이성론의 형식적 이해가 선명하게 드러난다. 하버마스의 소통 이성은 일상적 의사소통(상호작용)과는 달리 하나의 "이상화(idealization)"이다. 소통 이성에 대한 이러한 개념 규정이 의도하는 목표는 분명하다. 여러 이론적 난점에도 불구하고 거대한 퇴

13 하버마스는 오스틴과 써얼의 작업에 대해 여러 군데서 비판하고 있다. 둘 다 타당성 요구의 차원을, 말과 세계의 관계에 주목하는 명제적 진리로 제한하고 있기 때문에 언어 행위 이론의 선진성이 증발하고 있다는 것이다. 하버마스의 저작 가운데서는 특히 다음을 참조. Habermas, "Toward a Critique of the Theory of Meaning" in *Postmetaphysical Thinking*, Cambridge : The MIT Press, 1992, pp. 64-73. 그러나 언어 행위 이론의 출발점 자체가 앞에서 설명한 것처럼 말과 세계의 관계로부터 인간과 인간 사이의 관계로의 패러다임 전환에 강조점이 놓여 있다는 사실을 상기해 보면 하버마스의 주장은 자신의 상대적 우월성을 주장하는 데 초점이 맞추어져 있다.

행의 시대에 인간 이성의 모델인 '계몽의 계몽'을 규범적으로 정초하겠다는 소통 이성론의 중요성은 과소평가될 수 없다.

하버마스가 보편화용론과 의사소통 행위 이론에서 의도적으로 빠뜨린 소통 이론의 구체적이고 역사적인 함의는 《공론장의 구조변동》과 《후기 자본주의 정당성 문제》, 《사실성과 타당성》 등에서 집중적으로 논의된다. 하버마스의 소통 이성론은 공론장 분석에서 구체적 역사 현실과 만나게 된다. 이것은 소통 이성론의 한국적 함의와도 직결되는 논제다.

하버마스의 공론장 분석

현대 공론장 연구의 시금석은 하버마스의 《공론장의 구조변동》에서 발견된다.[14] The Public Sphere는 공적 영역, 공공 영역, 공개성, 여론 등으로 옮겨지고 있지만 여기서는 공론장으로 통일한다. 공론장이 공개성의 원칙에 의해 여론이 형성되고 여론이 다시 공론으로 승화되어가는 제도적이고 비제도적인 차원을 역동적으로 포괄하는 지평이기 때문이다. 이런 관점에서 보자면 공적 영역이나 공공 영역이라는 번역은 다소 평면적인 번역어로 생각된다.

계몽의 계몽 프로젝트와 관련해 하버마스 공론장 이론의 큰 강점 가운데 하나는 자유주의와 공론장의 생성 과정이 역사적으로 동행했다는 사실을 해명한 데 있다. 급진자유주의의 방식대로 변환된 '정치적인

14 J. Habermas, *The Structural Transformation of the Public Sphere : An Inquiry into a Category of Bourgeois Society*, Cambridge : The MIT Press, 1989. 원본은 다음의 1962년에 발간된 그의 교수 자격 논문이다. *Strukturwandel der Öffentlichkeit*, Darmstadt : Hermann Luchterhand Verlag, 1962.

것'의 이념이 공론장의 존재와 불가분리 관계에 있다는 사실을 철학적으로 논증한 것이다.

하버마스는 공론장을 먼저 사적 영역과 구별되는 영역으로 정의한다. 사적 영역이 개인의 사생활과 노동을 중심으로 매개된 친밀한 인간관계로서 구성되는 데 비해 공론장은 개인의 사생활 차원을 넘어서 사회화된 사람들 사이의 실천적 행위와 소통 관계를 지칭한다. 역사적 맥락에서 보자면 공론장은 근대 자유민주주의 정치질서 구성에 핵심적 역할을 담당해 왔다. 국가와 시민사회의 분리라는 근대 특유의 성과 덕분에 공론장이라는 역사 현상이 비로소 성립할 수 있었기 때문이다.

헤겔은 국가와 시민사회의 분리가 현대성의 지표임을 이해했던 최초의 정치철학자였다. 그는 시민사회라는 개념으로 자본주의적 시장경제 기제와 근대 시민민주주의의 정치적 기제를 포괄해서 지칭했다. 하버마스는 헤겔의 통찰을 인정한 기초 위에서 마르크스의 헤겔 비판이 근대 시민사회의 입체적 메커니즘을 과도히 단순화시킨다고 지적한다.[15] 나아가 헤겔에게서 혼란스럽게 뭉뚱그려졌던 시민사회의 내부구조를 하버마스는 더 섬세히 나누어 중층적으로 분석한다.

하버마스에 따르면 시민사회는 상품교환과 사회적 노동의 영역을 포함한다. 이 영역과 소가족 내부 공간이 합쳐져 1차적 사적 영역을 구성한다. 이 영역과 구별되는 공적 권위의 영역은 국가('경찰행정'의 영역)와 궁정(귀족 궁정사회)으로 구성된다. 근대 특유의 현상은 국가와 시민사회만 분리되는 것이 아니라 국가라는 공적 권위의 영역과 시민사회라는 사적 영역 사이에 독립적인 공론장이 형성되기 시작함으로써 공

15 Habermas, *Ibid.*, pp. 117-129.

론장이 두 영역을 매개하는 역할을 담당하기 시작했다는 것이다.[16]

하버마스의 분석에 따르면 중세에는 사적 영역과 공적 영역의 분명한 구별이 존재하지 않았다. 이것은 사적 영역과 범주적으로 차별화된 공적 영역 위에 입각해 있었던 그리스의 폴리스 정치 질서와도 다른 점이고 무엇보다도 근대와 다른 점이다.[17] 중세에 있었던 공적인 것의 지평은 지배권력이 민중들 앞에서 자신의 독점적 권력을 일방적으로 과시하는 "대변적(代辯的) 공론"뿐이었고 봉건 왕정 체제는 모두 이 특징을 공유한다.

반면 근대 공론장의 혁신성은 이런 상명하달 형태의 공론 구조를 타파해 전복시키는 데서 발견된다. 근대 시민계급이 자신의 이해관계를 지키기 위해 국가에 대항하는 통로로 삼았던 공론장이 처음부터 정치적 성격을 지닌 것은 아니었다고 하버마스는 분석한다. 17-18세기 도시인구가 확대되고 자본주의 시장경제가 발전하면서 경제적 역량을 축적한 부르주아들 사이의 만남과 여가가 이루어지는 장소인 살롱과 클럽을 중심으로 한 문예 공론장이야말로 최초로 출현한 근대 공론장 모델이었다. 자생적 만남의 장이 시민계급의 사회적·정치적 요구를 담아내는 정치적 공론장으로 발전되기 시작했고 그 결정적 매체가 된 것이 바로 신문으로 상징되는 대중적 인쇄물의 폭발적 확산이었다.

16 다음에서 도표를 찾아보라(Habermas, *op. cit.*, p. 30). 여기서 하버마스는 국가와 시민사회 중간의 공론장을 2차적 사적 영역으로 위치 지움으로써 불필요한 용어상의 혼란을 초래한다. 이 도표에 따르면, 공론장이 동시에 사적 영역에 포함되기 때문이다. 공론장의 연원이 도시 상인들의 경제활동에서 비롯된다는 역사적 사실을 고려한 것이겠으나 공론장이 이윽고 독자적 영역으로 성장한다는 점, 그리고 공적 권위 영역과 사적 영역을 매개하는 중간 항이라는 사실을 고려하면 공론장은 사적 특성과 공적 성격을 모두 갖는 영역으로 그려져야 한다.

17 Habermas, *op. cit.*, p. 5.

공론장의 성격이 정치적으로 전화되면서 국가와 시민사회를 매개하는 독자적 성격이 분명해졌다. 이제 부르주아 계급은 공론장에 적극 참여함으로써 근대국가의 정치적 의사결정 과정의 한 주체로서 서게 된다. 부르주아 공론장은 영국에서는 17세기 후반, 프랑스에서는 18세기, 독일에서는 19세기에 들어와서야 본격화되기 시작했으며 그 과정이 곧 근대 자유민주주의 정치 질서의 확립과 동행한다. 정치적 공론장의 정립과 대의제의 성립, 법치주의, 입헌국가, 정당의 태동 같은 근대 자유민주주의의 발전은 서로 분리될 수 없다. 개인의 자연권, 보통선거권, 삼권분립에 의한 권력의 견제와 균형, 언론, 출판, 집회, 결사의 자유가 모두 공론장을 통해 확보될 수 있었기 때문이다.

《공론장의 구조변동》에 따르면 공론장을 매개로 한 국가와 시민 여론 사이의 상호 조절 관계는 후기산업사회, 즉 대중사회의 도래와 함께 급속히 약화되기 시작한다. 공론장의 대두를 가능하게 한 국가와 시민사회의 분리가 후기자본주의에 들어서 양자가 재결합되는 현상으로 변질되고 있다.[18]

하버마스가 보기에 그 이유는 크게 두 가지로 압축될 수 있다. 첫째, 20세기 들어 서구에서 시차를 두고 일반화된 복지국가 체제가 계급 갈등과 실업, 경기변동 문제를 해결하는 데 성과를 거둠으로써 과대 성장한 복지국가가 공론장의 매개를 통하지 않고 시민사회에 직접 개입하게 된 것이다. 둘째, 자본주의의 성숙화에 따라 세를 크게 불린 거대 이익집단들이 비판적인 정치적 공론장의 매개를 거치지 않고 곧바로 국

18 하버마스는 여기서 그의 제자인 오페(Claus Offe)의 '조직화된 자본주의론'으로부터 결정적 도움을 받는다.

가에 압력을 행사하게 되었다. 국가와 시민사회의 새로운 수렴 현상은 보통 사람들이 정당과 대의제를 통해 자발적으로 정치에 참여할 가능성을 급감시켜 비판적 공중을 무력한 대중으로 파편화한다. 하버마스는 이런 과정을 "공론장의 재봉건화"라고 부른다.[19]

현대 공론장이 실천적 역량을 급속히 상실해 가는 과정은 대량 소비사회가 시민들을 대중문화의 무비판적 소비자로 변화시키는 과정과 동행한다. 여기서 프랑크푸르트학파 1세대의 문화산업 테제가 하버마스에게 적지 않은 영향을 주었음을 알 수 있다. 정치적 공론의 형성을 선도했던 신문이 대중지로 변화하고 나아가 언론 자신이 소비문화를 확산시키는 역할을 자임함으로써 공론장의 공적 성격도 차츰 무너져 갔다. 자본에 의해 장악된 대중적 상업신문과 방송, 그리고 이를 조작하려는 국가의 개입이 여론의 공적 성격을 심대하게 훼손시키는 실정이다. 여론이 공론적 성격을 상실하고 정치권력이나 자본 같은 거대 권력에 의해 조작의 대상으로 타락하고 있다는 주장이다.

《공론장의 구조변동》의 전체적 정향이 지나치게 비관적이었다고 하버마스 자신이 최근 시인하지만 나는 오히려 디지털 정보혁명이 하버마스의 공론장 이론이 갖는 의미를 새롭게 확장·심화하고 있다고 본다. 보편화용론과 소통행위 이론, 담론윤리, 담론법학 등의 실천적 함의를 압축한 공론장 분석이 '현대에 성숙한 민주주의가 어떻게 가능한가?'라는 정치철학 문제와 직결되기 때문이다. 계몽이라는 화두는 정보혁명 시대의 공론장 분석을 통해 구체적이고 역사적인 의미를 획득하게 된다.

19 Habermas, *op. cit.*, p. 142, p. 231.

소통 이성론은 정치적 참여와 의사결정 과정의 민주화를 위한 이론 구성이 보다 나은 논증과 이성적 설득만으로 평결되는 구조를 해명한다. 나아가 현대 공론장의 구조 분석은 자유민주주의가 제도화하면서 망각된 공화주의적 입헌정의 이상이 강조하는 풀뿌리 참여 정치의 활력을 복원한다. 모두에게 열려 있는 비판적 공론장과 소통 이성론의 해방적 성격은 서로 상승 작용을 불러온다.

이로써 우리는 현대 세계를 강타하고 있는 정치의 붕괴가 21세기 공론장의 재봉건화에서 비롯된 심각한 병리 현상이라는 사실을 알 수 있다. 한국 사회에 특유한 정치공학의 과잉도 비판적 공론장이 제대로 작동하지 못한 탓임을 보여준다. 자유민주주의를 재구성하고 공화정의 철학으로 승화시켜 계몽의 계몽을 실천하고자 하는 정치철학적 기획은 공론장 연구에 크게 빚지고 있다. 우리는 아래에서 소통 이성론과 공론장 연구의 현실적 의미를 분석할 것이다. 소통 이성은 사실성과 합리성에 대한 존중으로 표현된다는 현실적 교훈을 한국 사회 문맥에서 집중적으로 논구한다.

21세기 한국 사회의 계몽을 위하여: 사실과 합리성의 존중

오늘날 한국 사회는 치명적 위기 상황이다. 소통의 부재와 왜곡이 적대와 갈등을 더욱 증폭시킨다. 온갖 매체가 난립하고 만인의 발화(發話)를 가능케 한 디지털 정보 문명 덕분에 정보가 폭포수처럼 쏟아져도 진정한 소통과 계몽에 목말라하는 사람들의 갈증은 갈수록 심해진다. 비유컨대 소통과 관련된 한국 사회의 현실은 대양 한가운데서 식수가 없어 죽어가는 난파선 풍경 비슷하다.

한국 사회의 총체적 위기를 상징하는 사례가 바로 소통의 왜곡, 가짜 뉴스로 인한 적대와 증오의 팽창, 공통 규범의 부재 문제다. 이런 관점에서 보자면 소통 부재의 핵심, 즉 한국적 공론장이 무너진 핵심적 이유는 사실과 합리성 문화의 취약함에서 비롯되었다. 이는 비판적 계몽의 부재로 이어져 심각한 사회 갈등과 정치 불안을 낳는다.

현대 한국 사회에서 사실과 합리성을 존중하는 마음의 습관이나 사회적 훈련이 부족한 것은 잘 알려져 있다. 소통 이성의 한국적 위상과 관련해 최대 위협은 사실과 합리성을 가치와 진실성보다 열등한 것으로 여기는 사회문화적 습속에서 온다. 가치판단이 사실 판단을 압도하는 한국 지식사회와 지식인의 관습은 유교문화의 아비투스(Habitus)라는 장구한 연원을 지니지만 굴곡 많은 한국 현대사의 도전에 대한 지식사회의 응전 과정에서 더 심화되었다. 정의 구현을 외치는 실천가나 '진리의 정치'를 믿는 지식인이 볼 때 사실과 합리성은 가치와 진실성보다 열등한 것으로 받아들여진다.

이런 가치지향적 흐름과 반대편에 있는 게 편협하게 정의된 '사실'을 물신화하면서 힘에의 경배와 결합하는 현실 추수주의다. 객관성의 갑옷으로 무장한 사실 지상주의자들이 과학과 학문의 본질이라고 강조하는 '사실과 현실'이란 기실 기득권 세력의 현상 정당화 논리인 경우가 많다. 현실 추수주의의 논리는 '옳은 자가 살아남는 게 아니라 살아남는 자가 옳다'는 약육강식의 사회진화론에 대한 옹호로 귀결되기 일쑤다.

흥미로운 것은 각각 '진리의 정치'와 '권력의 정치'로 명명할 수 있을 두 극단적 태도가 상대방을 사실 영합론자라고 경멸하거나 독단론자로 경멸하는 현상이다. 적대적 공존 관계에 있는 양자는 우리 사회의 씨줄과 날줄을 이루면서 한국 공론장을 왜곡한다. 불모의 대립 상황에서 진정한 사실과 성숙한 합리성이 설 자리는 갈수록 협소해진다. 그 결과 이성적 대화와 조정의 지평이 부단히 침식되면서 현대 한국 문명의 공통 규범이 붕괴 위기를 맞고 있는 게 오늘의 현실이다.

21세기 계몽의 핵심인 '사실과 합리성'은 무엇을 뜻하는가? 원론적으로 말하자면 사실이란 과학적 사실을 의미하며, 합리성이란 과학적 탐구 방법을 거쳐 획득된 객관적 사실성을 존중하는 사유와 실천의 체계를 뜻한다. 여기서 조심해야 할 것은 이런 맥락의 사실이 현대 실증주의가 이끈 과학만능주의적 사실이 아니라는 점이다. 객관성을 앞세우는 과학적 사실조차도 가치중립적인 것은 아니라는 게 현대 과학철학과 인식론의 기초적 교훈이기 때문이다. 하지만 사실과 객관성을 정당화해 온 철학 패러다임인 토대 이론, 대응이론, 소박실재론이 균열의 위기를 맞았다고 해서 오늘날 유행하는 인식론적 상대주의나 무정부주의가 정당화되지는 않는다.

사실의 중요성과 관련해 한국 사회의 통폐 가운데 하나는 다면적 얼굴을 지닌 사실의 복합성을 입맛에 맞게 단순화시켜 자신의 신념을 옹호하는 데 남용하는 습관이다. '너의 사실과 나의 사실이 다를 수 있다'고 강변하면서 현대 인식론의 다원주의나 상대주의를 악용해 여러 사실이 동등한 것처럼 여기는 태도다. 그러나 사실성을 분유(分有)하는 여러 사실이 기계적으로 균등하게 대접받을 수 있는 건 아니다. 사실성의 정도에는 신뢰도와 설득력에 있어 커다란 차이가 있기 때문이다. 지식공동체에 의한 자유토론과 비판적 검증을 통과한 사실만이 합리성의 지위를 획득하며 제대로 된 과학적 객관성을 자임할 수 있다.

민주다원사회란 사실과 합리성의 기초 위에 가치를 세우는 사회이다. 협소하게 규정된 실증주의적 사실이 아니라 비판 해석학적으로 이해된 사실의 준엄함이 인간 이성의 준거이며 합리성의 잣대이기 때문이다. 이때 사실과 합리성은 진정한 대화와 소통이 이루어지는 공론장을 산출하며 한국 사회문제 해결의 출구이다.

가치판단(정파성, 당파성, 소명의식, 진리의 정치, 양심과 신앙심, 특정한 도덕과 윤리관)이 객관적 사실과 합리성을 압도하고 경시하는 관행이 한국 사회엔 지배적이다. 이 경우 가치지향의 성숙한 삶이 이루어지기는커녕 정의의 이름으로 자기 정당화에 매진하는 권력이 횡행하면서 억압과 탄압이 판치는 현실로 인도되기 쉽다. 중세의 그늘이 보여주는 교훈이다. 억압적 근본 가치를 경배하는 사회 공간에선 소통과 대화가 시들어간다. 한국의 현실이 증명한다.

사실에 부합하지 않는 주관적 가치에 대한 과잉 집착은 '모두가 모두에 대해 늑대인 사회'를 만든다. 만인이 자기가 하고 싶은 말만 하고 남의 말을 듣지 않으면 언어가 소음으로 타락하고 소통이 붕괴해 간다. 특정 가치에 대한 확신과 표현이 상호주관성에 입각한 공감의 지평으로 승화되기는커녕 정치공동체의 통합성을 무너트리게 된다.

당파성이나 정파성의 과잉으로 인한 공론장의 균열도 철학적으로는 사실과 합리성을 존중하지 않는 문화 탓으로 설명할 수 있다. 물론 소통의 위기를 초래하는 다른 문제들도 많이 존재한다. 자본과 권력에 의한 공론장의 재봉건화 가능성이나 언론 정치의 만연이 초래하는 소통의 균열이나 왜곡 현상에 대해서는 별도의 분석이 필요하다. 이 글에서는 사실과 합리성에 대한 존중이 계몽을 실천하는 사회의 준거라는 관점에서 사실과 합리성의 철학적 중요성을 강조한다. 사실과 합리성의 존중과 관용의 정신이 소통 이성을 매개 삼아 민주주의와 과학을 이어준다.

한국 사회에는 관용의 습관이 태부족하다. 이는 사실과 합리성을 존중하는 문화가 취약한 현실과 표리관계를 이룬다. 우리 사회에는 내 주장만이 옳다고 외치는 사람들이 너무 많다. 또한 자기들의 이해관계나 요구사항이 다른 모든 것들을 제치고 먼저 처리되어야 하고 제일 중요하게 취급되어야 한다고 강변하는 조직이나 단체가 매우 많은 것이 특징이다.

이것은 민주다원사회에 공통된 흐름이기도 하겠지만 유아적인 특징이 엿보이기도 한다. 어린아이의 특징 가운데 하나가 극심한 자기중심성이다. 유아와는 반대로 어른은 역지사지할 수 있는 존재이다. 바꿔 말하면 어른들은 다른 사람의 입장과 나의 입장을 바꿔 사유할 수 있는 마음의 여유를 가진 존재다. 한국 사회가 진정 성숙한 어른들의 사회인지 자문해 볼 필요가 있다.

소통과 계몽을 가능케 하는 관용의 첫째 원칙으로 '나 또는 우리의 입장이 틀릴 수도 있다'는 것을 받아들이는 게 가장 중요하다. 내가 오류를 범할 수도 있다는 걸 전제로 하고 대화하고 실천해야 한다. 내가 옳을 수도 있겠지만 마찬가지 논리로 틀릴 수도 있다. 또한 역으로 상대방이 틀릴 수도 있지만 옳을 수도 있다는 사실을 인정해야 한다. 상대방의 입장에 대한 경청과 존중은 이 지점에서 시작된다.

사실의 개방성을 고려하면 누구도 최종적 진리나 정당성을 독점할 수는 없다. 관용이 최대한 장려되어야 할 이유다. 이것이 관용의 두 번째 원칙이다. 관용의 셋째 원칙은 관용의 역설이라고 하는 것으로서 관용의 원칙 자체를 파괴하려고 하는 사람은 관용할 수 없다는 것이다. 우리는 민주사회를 지향하고 있지만 민주주의를 부인하면서 폭력으로 뒤엎으려 하는 사람도 있을 수 있다. 이들은 극소수이겠지만 민주주의라는 이름을 내세워 관용해야 할 대상은 아니다. 민주주의를 파괴하려는 적은 민주적 관용의 대상이 될 수 없다.

사실과 합리성에 입각한 과학과 민주주의 사이에는 중요한 공통점이 있다. 서로 다른 담론들 사이에 상호 비판과 교차검증을 안정적으로 제도화한 모범적인 사례가 과학이기 때문이다. 과학자들은 자신의 주장을 공론의 장에서 피력하며 여러 실험과 증거를 거쳐 학설을 주장한다. 자기만 옳다고 골방에 숨어 있지 않으며 공개적인 무대에서 학설을 주장한다. 그렇다면 과학자 주장의 옳고 그름을 누가 평가하는가? 전문적인 훈련을 받은 동료 과학자들이 그 학설이 옳은지 여부를 검증한다. 검증 과정을 통과하지 못하는 학설은 폐기되며 성공적으로 검증이 가능하거나 반론에 대답할 수 있으면 가설에서 학설로 승격된다. 이것이 과학의 위대함이다.

과학은 끊임없이 주장을 생산하고 과학자 공동체에 검증을 요구한다. 어떤 과학적 주장도 성역이 될 수 없다. 과학적 가설은 부단히 비판받고 토론 앞에 열린 상호 검증의 과정을 거쳐 과학적 이론으로 인정받게 된다. 민주주의 사회도 마찬가지이다. 다른 관점과 다채로운 상상력을 가진 개인과 집단이 자기만의 담론을 자유로이 창출해 낼 수 있다. 나와 생각과 관점을 달리하는 여러 담론이 자유롭게 개진되고 공개적으로 비판하고 답하되 설득력과 증거가 있으면 받아들이고 수용할 수 없는 담론이면 폐기하는 사회가 민주주의 사회이고 소통과 계몽이 가능한 사회인 것이다.

진보와 보수, 좌우를 불문하고 정파성과 가치 담론이 객관성과 사실을 위협하는 행태는 비슷하다. 만성화된 분열의 시대를 넘어 소통과 계몽을 이루기 위해서는 근원적 패러다임 전환이 긴급히 요구된다. 소통과 계몽이라는 구호 자체가 새로운 이데올로기로 전락하지 않기 위해서도 사실에 근거한 비판 해석학적 융합 가능성이 우리 사회의 공준으로 승인되어야 한다.

관점과 이해관계의 다원성이 자연스러운 오늘의 상황에서 독단적 이념과 정파성에 대한 집착은 더 이상 미덕이 될 수 없다. 사실의 힘에 귀를 기울이는 가치와 이념만이 생명력을 유지할 수 있다. 오늘의 한국 사회가 진정 필요로 하는 소통과 계몽은 사실과 합리성에 기초한 상호 검증과 지평 융합을 통해서만 비로소 성취할 수 있다.

21세기의 거대한 퇴행도 계몽과 소통을 꿈꾸는 인류의 간절한 바람을 꺾진 못한다. 아무리 어두운 시대일지라도 인간에게 내재한 계몽의 욕구를 완전히 억압할 순 없다. 스스로 설 수 있는 사람만이 진정으로 경청하면서 타인과 동행할 수 있는 인간이 된다. 특정 사조인 계몽주의의 한계조차 넘어서려고 하는 비판적 계몽의 정신은 어두운 시대를 헤쳐 나가는 철학의 탐조등이다. 현대인은 계몽의 실천 없이 온전히 살아갈 수 없는 존재다. 우리는 모두 계몽의 아들딸이다.

참고문헌

제1부 계몽주의의 이념적 정초

계몽주의와 열린사회의 이념적 기초 이한구

강학순, 〈계몽주의의 갱신을 위한 선결과제 고찰〉, 《OUGHTOPIA》 39권 1호, 2024.

김민정 외, 《문명 안으로》, 한길사, 2011.

니콜라 드 콩도르세, 장세룡 옮김, 《인간정신의 진보에 관한 역사적 개요》, 책세상, 2002.

몽테스키외, 하재홍 옮김, 《법의 정신》, 동서문화사, 2016.

민경국, 《국가란 무엇인가》, 북앤피플, 2018.

버트런드 러셀, 최민홍 옮김, 《서양철학사》, 집문당, 1987.

신중섭, 《자유주의의 철학적 기초》, 철학과현실사, 2021.

______, 〈스코틀랜드 계몽주의와 사익: 애덤 스미스를 중심으로〉, 《OUGHTOPIA》 39권 1호, 2024.

아이샤 벌린, 《자유론》, 아카넷, 2014.

애덤 스미스, 안재욱 옮김, 《국부론》, 박영사, 2022(*Wealth of Nations*, Book Ⅰ, 1776).

위르겐 하버마스, 장춘익 옮김, 《의사소통 행위 이론》, 나남출판, 2006.

이언 샤피로, 노승영 옮김, 《정치의 도덕적 기초》, 문학동네, 2017.

이한구, 〈비판적 합리주의의 열린사회〉, 《철학》 22집, 1984.

______, 〈열린사회와 민주주의에 대한 철학적 성찰〉, 《OUGHTOPIA》 36권 3호, 2022.

______, 《역사학의 철학》, 민음사, 2007.

______, 《칸트의 역사 철학》, 서광사, 2009.

이한구 외, 《민주주의란 무엇인가》, 학지사, 2022.

임마누엘 칸트, 최재희 옮김, 《순수이성비판》, 박영사, 2019.

장자크 루소, 김영욱 옮김, 《사회계약론》, 후마니타스, 1974.

존 로크, 《통치론》, 삼성출판사, 1990.

존 롤즈, 장동진 옮김, 《정치적 자유주의》, 동명사, 1998.

______, 황경식 옮김, 《정의론》, 이학사, 2003.

칼 포퍼, 이한구 옮김, 《열린사회와 그 적들 Ⅰ》, 민음사, 2006.

______, 이명현 옮김, 《열린사회와 그 적들 Ⅱ》, 민음사, 1998.

테오도르 아도르노 & 막스 호르크하이머,《계몽의 변증법》, 문학과지성사, 1944.
프랑스 국회, 〈인간과 시민의 권리선언〉, 1789.
Cassirer, Ernst, *Philosophie der Aufklärung*, Tubingen: J. C. B. Mohr, 1932.
Germino, D.·von Beyme K., *The Open Society in Theory and Practice*, The Hague: Martinus Nijhoff, 1974.
Popper, Karl, *Das Elend des Historizismus*, 4th Edition, Tubingen: J. C. B. Mohr, 1974.

스코틀랜드 계몽주의와 사익 신중섭

김광수,《애덤 스미스: 정의가 번영을 이끈다》, 한길사, 2015.
도메 다쿠오, 우경봉 옮김,《지금 애덤 스미스를 다시 읽는다》, 동아시아, 2010.
브리태니커 편찬위원회, 이정인 역,《근대의 탄생》, 2017.
신중섭, 〈도덕 감정과 이기심: 애덤 스미스를 중심으로〉,《철학논총》 제73집 제3권, 2013.
______ ,《자유주의의 철학적 기초》, 철학과 현실사, 2012.
스티븐 핑커, 김한영 옮김,《지금 다시 계몽》, 사이언스북스, 2021.
쉬지린, 송인재 옮김,《왜 다시 계몽이 필요한가》, 글항아리, 2013.
애덤 스미스, 김수행 역,《국부론 상·하》(개역판), 비봉출판사, 2007.
______ , 박세일·민경국 역,《도덕감정론》(개역판), 비봉출판사, 2009.
______ , 김광수 옮김,《도덕감정론》, 한길사, 2016.
이영석,《지식인과 사회: 스코틀랜드 계몽운동의 역사》, 아카넷, 2014.
이종흡, 〈스코틀랜드 계몽주의와 자본주의적 사회 질서〉,《영국 연구》 제10호, 2003.
______ ,《마술, 과학, 인문학: 유럽 지적 담론의 지형, 1464-1744》, 장미와동백, 2022.
임마누엘 칸트, 〈계몽이란 무엇인가에 대한 답변〉, 이한구 편역,《칸트의 역사철학》, 서광사, 2009.
조지프 히스, 김승진 옮김,《계몽주의 2.0: 감정의 정치를 어떻게 바꿀 것인가》, 이마, 2017.
주명철, 〈계몽주의〉, 김영한·임지현 편,《서양의 지적 전통》, 지식산업사, 1995.
프란시스 후쿠야마, 이수경 옮김,《존중받지 못하는 자들을 위한 정치학》, 한국경제신문, 2020.
호르스트 슈투케, 남기호 옮김,《계몽: 코젤렉의 개념사 사전 6》, 푸른역사, 2014.
Avevuo, Mikko, "Adam Smith's moral foundations of self-interest and ethical social order," *Economic Affairs* 43, 2023.
Berry, Christopher J., *Social Theory of Scottish Enlightenment*, Scotland: Edinburgh University Press, 1997.
Broadie, Alexander, *The Tradition of Scottish Philosophy*, Scotland: Polygon Edinburgh, 1990.

Broadie, Alexander, ed., *The Cambridge Companion to the Scottish Enlightenment,* England: Cambridge University Press, 2003.

Kramnick, Isaac, ed., *The Portable Enlightenment Reader*, England: Penguin books, 1995.

Maxwell, Nicholas, *Karl Popper, Science and Enlightenment*, London: UCLPRESS, 2017.

Mair, Douglas, ed., *The Scottish Contribution to Modern Economic Thought*, Scotland: Aberdeen University Press, 1990.

Petsoulas, Christina, *Hayek's Liberalism and Its Origins: His Idea of Spontaneous Order and the Scottish Enlightenment*, NewYork: Routledge, 2001.

Phillipson, Nick, "On Adam Smith on What Human Beings Are Like," David Edmonds & Nigel Warburton, *Philosophy Bites Back*, England: Oxford University Press, 2012.

Pinker, Steven, *Enlightenment Now: The Case for Reason, Science, Humanism, and Progress*, NewYork: Viking, 2018.

Raphael, D. D., *The Impartial Spectator : Adam Smith's Moral Philosophy*, England: Oxford, 2007.

Smith, Adam, *The Theory of Moral Sentiments*, ed., by D. D. Raphael and A. L. Macfie, Carmel: Liberty Fund, 1984.

_______, *An Inquiry into the Nature and Causes of the Wealth of Nations*, Volume I, eds, R. H. Campbell & A. S. Skinner, Carmel: Liberty Fund, 1982.

_______, *Lecture on Jurisprudence*, eds, R. L. Meek, D. D. Raphael, P. G. Stein, Carmel: Liberty Fund, 1982.

계몽과 근대국가 형성　정용덕

이두갑, 〈과학혁명: 근대과학의 탄생과 근대적 세계관의 도래〉, *Thaumazein*, 1, 2023.

이지순, 〈인류사의 대전환: 인간해방이 촉발한 산업혁명〉, *Thaumazein*, 1, 2023.

정용덕, 〈문명 발전을 위한 국가행정 제도화 시론: 공익 개념을 중심으로〉, 《행정논총》, 2015.

_______, 《한일 국가기구 비교연구》, 서울: 대영문화사, 2002.

임마누엘 칸트, 이한구 옮김, 〈계몽이란 무엇인가에 대한 대답〉, 《칸트의 역사철학 개정판》, 제1장, 서광사, 2009.

조스 라츠헬더르스, 〈동서고금의 이상적 공직자상〉, 안상호·마광열·정용덕 편, 《적극행정의 이론과 실제》, 제2장, 박영사, 2021.

황한찬·정용덕, 《한국 국가의 사회 탐지 제도화, 1945-2023》, 한국행정학회 추계학술대회(서울 한성대학교, 9월 22일), 2023.

Alford, Robert & Friedland, Roger, *Powers of Theory: Capitalism, State, and Democracy*, Cambridge: Cambridge University Press, 1985.

Bendix, Reinhard, *Nation-Building and Citizenship*, NY: John Wiley & Sons, 1964.

Bristow, William, "Enlightenment," *Stanford Encyclopedia of Philosophy*, 2017, https://plato.stanford.edu/entries/descartes/(August 29, 2023).

Chapman, Brian, *The Profession of Government*, London: George Allen & Unwin, 1959.

Dyson, Kenneth, *The State Tradition in Western Europe*, Oxford: Martin Robertson, 1980.

Eisenach, Eldon J., "Book Review: Kenneth Dyson, The State Tradition in Western Europe," *Political Theory*, 1982.

Evans, Peter, *Embedded Autonomy*, Princeton: Princeton University Press, 1995.

Foucault, Michel P., *Surveilleret punir: naissance de la prison*, 1975/미셸 푸코, 오생근 옮김,《감시와 처벌》, 나남출판, 2020.

Giddens, Anthony, *The Nation-State and Violence*, Cambridge: Polity Press, 1985.

______, *The Consequences of Modernity*, Stanford: Stanford University Press, 1990.

Gladden, E. N., *History of Public Administration*, Vol. 2, From 11th Century to the Present Day, London: Frank Cass, 1972.

Greenfield, Liah, *Nationalism: Five Roads to Modernity*, London: Harvard University Press, 1992.

Hisley, F. H., *Severeignty*, 2nd ed., Cambridge: Cambridge University Press, 1986.

Hobbes, Thomas, *Leviathan*, Harmondsworth: Penguin, 1968.

Jacoby, Henry, *The Bureaucratization of the World*, Berkeley, CA: University of California Press, 1973.

Khulmann, Sabine & Hellmut Wollmann, *Introduction to Comparative Public Administration: Administrative Systems and Reforms in Europe*, 2nd Ed., Edward Elgar Publishing, 2019.

Mann, Michael, "The Sociology of Taxation," *Review of Politics*, 1943.

______, *The Sources of Social Power: Vol. II, The Rises of Class and Nation-States, 1760-1914*, Cambridge: Cambridge University Press, 1993.

Oakshott, Michael, *On Human Conduct*, Oxford: Clarendon Press, 1975.

______, *The Politics of Faith and the Politics of Scepticism*, New Haven, CT: Yale University Press, 1996/마이클 오크 쇼트, 박동천 옮김,《신념과 의심의 정치학》, 모티브북, 2015.

Painter, Martin & B. Guy Peters, eds., *Tradition and Public Administration*, NY: Palgrave Macmillan, 2010.

Pierre, Jon, "Stealth Economy?: Economic Theory of and the Politics of Administrative Reform," *Administration & Society*, 43(6), 2011.

Pierson, Christopher, 1996, *The Modern State*, London: Routledge, 1996/크리스토퍼 피어슨, 박형신·이택명 옮김, 《근대국가의 이해》, 일신사, 1998.

Raddschelders, Jos & Mark Rutgers, "The Waxing and Warning of the State and its Study," in J. Kickert & Richard Stillman II, eds., *The Modern State and its Study*, Northhamton MA: Edward Elgar Publishing Ltd., 1999.

Robertson, John, *The Enlightenment*, Oxford University Press, 2015/존 로버트슨, 양창수 옮김, 《계몽》, 박영사, 2023.

Schumperter, Joseph, "The Crisis of the Tax State," *International Economic Papers*, 1954.

Shaw, Carl K., "Hegel's Theory of Modern Bureaucracy," *American Political Science Review*, 86(2), 1992.

Tackett, Timothy, *The Coming of the Terror in the French Revolution*, Cambridge, MA: Harvard University Press, 2015.

Tilly, Charles, "Reflections on the History of European State-making," in *The Formation of National States in Western Europe*, Princeton, NJ: Princeton University Press, 1975.

______, *Coercion, Capital, and European States*, AD 990-1990, Oxford: Blackwell, 1990.

Tout, H. F., "The Emergency of a Bureaucracy," in Robert Merton, et al, eds, *Reader in Bureaucracy*, NY: Free Press of Glencoe.

Turner, Brian S., "Outline of a Theory of Citizenship," *Sociology*, 24(2), 1990.

Weber, Max, "Politics of Vocation," in H.H. Gerth & C.W. Mills, *From Max Weber*, London: Routledge & Kegan Paul, 1970.

______, *Economy and Society*, Vol. 1, NY: Bedminster, 1978a.

______, *Economy and Society*: vol II, NY: Bedminster, 1978b.

계몽주의의 갱신을 위한 선결과제 고찰　강학순

김영례, 〈칸트의 계몽정신의 유효성〉, 《동서철학연구》 제62호, 한국동서철학회, 2011.

김영필, 《현대철학의 전개》, 이문출판사, 1998.

박한표, 〈볼테르의 《캉디드 혹은 낙관주의》의 소설적 여정에서 나타나는 세계와 '정원'의 의미〉, 《프랑스학연구》 72, 프랑스학회, 2015.

볼테르, 이병애 옮김, 《미크로메가스, 캉디드 혹은 낙관주의》, 문학동네, 2010(Voltaire, *Candide ou l'optisme*, 1759).

스티븐, 핑커, 김한영 역,《지금 다시 계몽-이성, 과학, 휴머니즘 그리고 진보를 말하다》, 사이언스북스, 2021.

아도르노, 테오도어 & 호르크하이머, 막스, 김유동 옮김,《계몽의 변증법》, 문학과지성사, 2001.

양운덕,《미셸 푸코》, 살림출판사, 2003.

에드문트, 후설, 이종훈 옮김,《유럽 학문의 위기와 선험적 현상학》, 한길사, 2019.

윤평중,《푸코와 하버마스를 넘어서-합리성과 사회비판》, 교보문고, 1990.

이경원, 〈문명과 야만의 이분법: 계몽주의의 양면성과 식민지 타자〉,《외국문학》47, 열음사, 1996.

이엽, 〈독일 계몽주의의 보편적 인간 이성의 이념과 그 전개〉,《철학논총》제36집, 새한철학회, 2004.

이은주, 〈볼테르의 희극적 글쓰기-《캉디드》를 중심으로〉,《프랑스문화예술연구》제13집, 프랑스문화예술학회, 2005.

임마누엘 칸트, 임홍배 옮김,《계몽이란 무엇인가》, 길, 2022(Kant, *Beantwortung der Frage: Was ist Aufklärung?*, 1784).

조지프 히스,《계몽주의 2.0-감성의 정치를 어떻게 바꿀 것인가?》, 이마, 2017.

최종렬, 〈계몽주의, 대항계몽주의, 반계몽주의〉,《사회와 이론》5, 한국이론사회학회, 2004.

헤르베르트 마르쿠제, 박병진 옮김,《일차원적 인간-선진산업사회의 이데올로기 연구》, 한마음사, 2009.

Boon, James A., *Other Tribes, Other Scribes: Symbolic Anthropology in the Comparative Study of Cultures, Histories, Religions, and Texts*, Cambridge: Cambridge Uni. Press, 1982.

Foucault, Michael, *Madness and Civilization: A History of Insanity in the Age of Reason*, R. Howard, Richard(trans.), New York: Pantheon, 1965.

Habermas, Jürgen, *Kleine politische Schriften* I-V, Frankfurt a.M.: Shurkamp, 1981.

Hinske, Norbert, *Kant als Herausforderung an die Gegenwart*, Freiburg, München: Alber, 1980.

JanMonhamed, A. R., "The Economy of Manichean Allegory: The Function of Racia; Differece in Colonialist Literature," *Critical Inquiry* 12:1, 1985.

Kant, Immanuel, *Kritik der renene Vernuft*, Hamburg: Felix Meiner Verlag, 1972.

Pagden, Anthony, *The Enlightenment: And Why It Still Matters*, New York: Random House, 2013.

Pinker, Steven, *Enlightenment Now: The Case for Reason, Science, Humanism, and Progress*, New York: Viking, 2018.

Weber, Max, "Science as Calling," in *From Max Weber: Essays in Sociology*, Gerth, Hans H. and Mills, C. Wright. (ed.), New York: Oxford Uni. Press, 1946.

White, Hayden, *Metahistory: The Historical Imagination in Nineteenth-century Europe*, Baltimore: The Johnshopkins Uni. Press, 1973.

Young, Robert, *White Mythologies: Writing History and the West*, London: Routledge, 1990.

제2부 계몽주의의 비판적 계승

탈진실 시대와 칸트의 계몽주의 정신 정제기

강성현, 《탈진실의 시대, 역사 부정을 묻는다: '반일 종족주의' 현상 비판》, 푸른역사, 2020.

강수진, 〈마가렛 애트우드의 《심장은 마지막 순간에》에 나타난 탈진실 시대의 파놉티콘〉, 《미국학논집》 제54집, 2022.

구은정, 〈탈진실 시대, 숙의와 공공선〉, 《NGO 연구》 제16집, 2021.

김동영, 〈탈진실 속 문학정전 교육의 가치 모색-하이데거의 존재론과 해석학〉, 《국어교육연구》 제51집, 2023.

김동현, 〈탈진실 개념에 대한 한 가지 분석〉, 《철학연구》 제138집, 2022.

김만권, 〈'탈진실' 시대의 정치와 논쟁적 민주주의 모델〉, 《철학》 제147집, 2021.

김명희, 〈탈진실 시대 사회적 고통과 실재론적 질적 연구의 가능성-5.18 집단 트라우마에 대한 비판적 실재론 접근〉, 《사회와이론》 제43집, 2022.

김부자, 〈한국의 '평화의 소녀상'과 탈진실의 정치학: 일본의 식민주의/남성중심적인 내셔널리즘과 젠더를 검토한다〉, 《한국여성학》 제33권 3호, 2017.

김분선, 〈'탈진실'과 배려 주체의 거리두기-푸코의 진실과 저항의 문제를 중심으로〉, 《현상학과 현대철학》 제87집, 2020.

김사승, 《탈진실 바로잡기-팩트, 사건, 뉴스, 그리고 시스템 C》, 책세상, 2022.

김시형, 〈국가와 지식인-칸트: 정의와 자유수호를 위한 국가 그리고 국가의 감시자와 인간의 자기계몽을 촉구하는 지식인〉, 《인문과학논집》 제21집, 2010.

김영례, 〈칸트의 계몽 정신의 유효성〉, 《동서철학연구》 제62호, 2011.

김용대, 〈계몽이란 무엇인가?-멘델스존과 칸트의 계몽 개념〉, 《독일어문학》 제37집, 2007.

김종길, 〈디지털 사회의 심화와 '탈진실' 시대의 진실 찾기: 가능성, 한계, 과제〉, 《사회사상과 문화》 제26권 3호, 2023.

리 매킨타이어, 김재경 옮김, 《포스트트루스-가짜 뉴스와 탈진실의 시대》, 도서출판 두리

반, 2019.
문미리, 〈'탈진실' 시대 미디어 리터러시 개념과 공영방송의 역할: BBC와 EBS 콘텐츠 비교 연구〉, 《한국과 국제사회》 제7집, 2023.
미치코 가쿠타니, 김영선 옮김, 《진실 따위는 중요하지 않다 - 거짓과 혐오는 어떻게 일상이 되었나》, 돌베개, 2019.
박세혁, 〈탈진실(post-truth) 시대의 진실적 스토리텔링〉, 《영상문화》 제35집, 2019.
박진우, 〈'가짜 뉴스'라는 기호를 다루는 사람들: 저널리즘, 정보기술 그리고 대중들의 문화정치〉, 《사이버 커뮤니케이션 학보》 제37집, 2020.
방교영, 〈탈진실 현상과 벤야민의 번역론〉, 《기호학연구》 제50집, 2017.
배세진, 〈보편을 다시 무대에 올리며, 보편의 상 아래에서 말하기: '탈진실' 시대 진리 개념의 포스트-구조주의적 재구성을 위한 정치철학적 시론〉, 《신학과 학문》 제40집, 2024.
배수연, 〈'포스트-트루스' 시대의 기록과 기억-동시대 다큐멘터리의 '진실' 재현 방식을 중심으로〉, 《사이(SAI)》 제33집, 2022.
백시진, 〈일본군 '위안부' 문제의 탈진실 정치-아베 정권을 중심으로〉, 《동북아역사재단》 제71집, 2021.
송정민 외, 〈탈진실 현상의 원인은 무엇인가?-생산, 유통, 소비구조를 중심으로〉, 《한국정치연구》 제32집, 2023.
송지우, 〈말, 거짓말, 도덕적 진보-쉬프린(Seana Shiffrin)의 소통윤리론과 탈진실 정치〉, 《철학사상》 제63집, 2017.
유용민, 〈포스트 진실의 인식론 넘어서기-진실의 공동체인가 대화하는 공동체인가〉, 《한국언론정보학보》 제99집, 2020.
이국배, 〈탈진실의 조건: 정치가 거짓말에 관대한 이유〉, 《사회와 철학》 제45집, 2023.
이나영, 〈역사적 반동과 탈진실의 시대, '듣는다'는 것의 의미: 2020년 5월 '이용수의 말' 이후〉, 《민주주의와 인권》 제22권, 2022.
이민영, 〈딥페이크와 여론 형성-알고리즘의 권력화와 탈진실의 규제담론〉, 《미국헌법연구》 제31집, 2020.
이상헌, 〈현실과 가상의 경계에 관한 신실재론적 고찰〉, 《신학과 철학》 제42집, 2022.
이영미, 〈탈진실 시대, 진실 전달 방식〉, 《한국언어문학》 제123집, 2023.
이영훈 외, 《반일 종족주의》, 미래사, 2019.
______, 《반일 종족주의와의 투쟁》, 미래사, 2020.
이용준, 권이은, 〈Post-truth 시대의 가짜 뉴스와 리터러시 교육의 중점〉, 《리터러시연구》 제11권 6호, 2020.

이재경, 〈탈진실 사회와 저널리즘의 역할〉, 《언론중재》 제152집, 2019.
이지연, 〈《실낙원》의 아담과 이브에 나타난 탈진실 양상〉, 《중세근세영문학》 제33집, 2023.
이진일, 〈독일 역사수정주의의 전개와 '탈진실'의 시대〉, 《인문과학연구논총》 제43집, 2022.
이충진, 〈칸트 계몽사상의 현재성-사유 혁명과 그것의 정치적 조건〉, 《소통과 인문학》 제12집, 2011.
임마누엘 칸트, 백종현 옮김, 《순수이성비판》, 아카넷, 2006.
______, 전원배 옮김, 《순수이성비판》, 삼성출판사, 1988.
______, 김석수·김종국 옮김, 《도덕형이상학 정초/실천이성비판》, 한길사, 2019.
______, 김진 옮김, 《이성의 오롯한 한계 안의 종교》, 2023.
______, 김미영 외 5인 옮김, 《비판기 저작 Ⅰ》, 한길사, 2019.
______, 정성관 외 5인 옮김, 《비판기 저작 Ⅱ》, 한길사, 2022.
임홍배, 〈칸트의 계몽 개념에 대하여〉, 《괴테연구》 제31집, 2018.
정소라, 〈탈진실 시대의 이미지 조작과 다원적 소통-한나 아렌트의 정치철학을 중심으로〉, 《인간연구》 제6호, 2022.
정철희, 〈탈진실 시대, '개방적 허구'의 교육 가치 탐구: 하루키의 소설론을 중심으로〉, 《교육철학연구》 제45집, 2023.
제임스 볼, 김선영 역, 《개소리는 어떻게 세상을 정복했는가-진실보다 강한 탈진실의 힘》, 다산북스, 2020.
최승현, 〈탈진실 시대의 진실 가르치기: 마르쿠스 가브리엘의 신실재론을 중심으로〉, 《교육철학연구》 제45권, 2023.
최인숙, 〈칸트 철학에서 계몽의 의미〉, 《철학·사상·문화》 제1집, 2005.
코플스턴, 이남원 외 1인 옮김, 《프랑스·독일의 계몽주의와 칸트》, 북코리아, 2023.
허의진, 〈라캉의 자본주의 담화를 통해서 바라본 탈진실 현상에 관한 연구〉, 《용봉인문논총》 제61집, 2022.
황옥자, 〈민주정치와 말의 자유, 그리고 진실의 철학 – 푸코 '파레시아' 개념의 한계와 플라톤적 단서〉, 《철학논총》 제108집, 2022.
Kant, I., *Kritik der reinen Vernunft*, hrg, von R. Schmidt, Felix Meiner Verlag, Hamburg, 1971.
______, *Grundlegung zur Metaphysik der Sitten, hrg, von der Königlich Preußischen Akademie der Wissenschaften*, Walter de Gruyter& Co. Berlin und Leibzig, 1902, AA, Bd. Ⅳ.
______, *Kritik der praktischen Vernunft*, AA, Bd. Ⅴ.
______, *Die Religion innerhalb der Grenzen der bloßen Vernunft*, AA, Bd. Ⅵ.
______, *Der Streit der Fakultäten*, AA, Bd. Ⅶ.

______, *Beantwortung der Frage: Was ist Aufklärung?*, AA, Bd. Ⅷ.
______, *Was heißt: Sich im Denken orientiren?*, AA, Bd. Ⅷ.
______, *Über den Gemeinspruch: Das mag in der Theorie richtig sein*, taugt aber nicht für die Praxis, AA, Bd. Ⅷ.

계몽사상의 서구보편주의를 넘어서 김현구

강순전, 〈헤겔의 보편 개념: 보편, 특수, 개별의 변증법(1)〉, 《철학연구》 157집, 2021.
김영평, 〈정책학의 한국화: 그 빛과 그림자〉, 《한국정책학회보》 18권 4호, 2009.
김우창, 《법 없는 길: 현대문학과 사회에 관한 에세이》, 민음사, 2009.
김운태, 〈한국행정학의 반성과 진로: 영역과 방법〉, 《한국행정학보》 3권 1호, 1969.
김학준, 〈대한제국 시기 정치학 수용의 선구자 안국선의 정치학: 그의 생애와 정치학 관련 저술을 중심으로〉, 《한국정치연구》 7권 1호, 1997.
김현구, 〈한국사회과학 이론의 보편주의: 서구보편주의를 넘어 다원보편주의로〉, 《한국정치학회보》 52집 1호, 2018.
______, 〈일제강점기 민세 안재홍의 학문론: 보편성과 특수성의 조화〉, 한국행정학회 동계학술대회(2019.12.13.) 한국화논단 기획 특집 '3.1운동 100주년 기념 세미나' 발표 논문, 2019.
______, 〈행정이론의 한국화〉, 《학문연구의 동향과 쟁점: 행정학》, 대한민국학술원(편), 2020a.
______, 〈한국 사회과학의 한국화 논리: 이론의 보편성 확보〉, 《한국정치학회보》 54집 4호, 2020b.
______, 〈한국화 논리의 시적(詩的) 통찰: 김춘수 〈꽃〉의 인식론적 조명〉, 《한국행정포럼》통권 179호, 2022.
______, 〈한국 사회과학의 한국화 10대 명제: 우리학문의 길을 찾는다〉, 《OUGHTOPIA》 39권 1호, 2024.
문승익, 〈자아준거적 정치학: 그 모색을 위한 제언〉, 《국제정치논총》 13권, 1974.
백훈승, 《헤겔과 변증법: 그 기원, 전개, 쟁점을 중심으로》, 서광사, 2022.
승계호, 〈승계호 미국 텍사스대 인문학 석좌교수 인터뷰: "서양 흉내만 내면 뭐해, 문제의식이 있어야지"〉, 《교수신문》 2007.06.11: 3면.
이광린, 《한국개화사연구》 전정판, 일조각, 1999.
이기동(역해), 《논어강설》 2판, 성균관대학교출판부, 2005.
이기준, 《한말 서구경제학 도입사 연구》, 일조각, 1993.
이종범·안문석·염재호·박통희(외), 《딜레마 이론: 조직과 정책의 새로운 이해》, 나남출판사, 1994.
이형종, 〈북한 주체심리학의 요구와 변천 과정 연구〉, 《현대북한연구》 25권 1호, 2022.
장경섭, 《가족·생애·정치경제: 압축적 근대성의 미시적 기초》, 창비, 2009.
정대현, 《맞음의 철학》, 철학과 현실사, 1997.
_____, 〈다원주의와 상대주의를 위한 이것 실재론〉, 경희대학교 미래문명원 '인류 문명의 새로운 패러다임에 대한 탐구' 제42차 세미나(2019.10.11) 발표 논문, 2019.
정범모, 《학문의 조건: 한국에서 학문이 가능한가》, 나남출판사, 2006.
정수복, 《한국 사회학과 세계 사회학: 한국 사회학의 지성사 1》, 푸른역사, 2022.
조동일, 《우리 학문의 길》, 지식산업사, 1993.
차재호, 〈한국심리학의 발전과정과 현재〉, 《한국사회과학》 27권 1호, 2005.
가토 히사타케(加藤尙武)·구보 요이치(久保陽一)·고즈 구니오(幸津國生)·다카야마 마모루(高山守)·다키구치 기요에이(瀧口清榮)·야마구치 세이이치(山口誠一), 이신철 옮김, 《헤겔사전(ヘーゲル事典)》, 도서출판b, 1992.
Chakrabarty, Dipesh, *Provincializing Europe*, Princeton: Princeton University Press, 2000.
Hegel, Georg Friedrich, George Di Giovanni(trans. & ed.), 2010, *Georg Wilhelm Friedrich Hegel, The Science of Logic*, Cambridge University Press, 1816.
Huntington, Samuel P., *The Clash of Civilizations and the Remaking of World Order*, New York: Simon & Schuster, 1996.
Janis, Irving L., *Groupthink: Psychological Studies of Policy Decisions and Fiascoes*, Boston: Houghton Mifflin, 1982.
Hahn-Been, Lee, *Korea: Time, Change, and Administration*, Honolulu, Hawaii: East-West Center Press, 1968.
Mannheim, Karl, *Ideology and Utopia*, New York: Harcourt, Brace & World, Inc, 1936.
Popper, Karl, *The Logic of Scientific Discovery*, New York: Routledge, 1959/2002a.
_____, *Conjectures and Refutations*, New York: Routledge, 1963/2002b.
Putnam, Hilary, *Mind, Language and Reality: Philosophical Papers*, vol. 2, Cambridge University Press, 1979.
Ross, Dorothy, *The Origin of American Social Science*, Cambridge University Press, 1991/백창재·정병기 공역, 《미국 사화과학의 기원 1》, 나남, 2008.
Said, Edward W., *Orientalism: Western Representation of the Orient*, London: Routledge & Kegan Pau, 1978.
Wallerstein, Immanuel. et al., *Open the Social Sciences: Report of the Gulbenkian Commission on the Restructuring of the Social Sciences*, Stanford, CA: Stanford University Press, 1996.

칼 포퍼의 역사주의 비판 이한구

김현식, 〈역사주의〉, 김영한·임지현 편, 《서양의 지적 운동》, 지식산업사, 1994.
이한구, 《역사주의와 반역사주의》, 철학과현실사, 2011.
차하순, 〈역사적 상대주의와 현대사학의 전망〉, 《역사학보》 제80집, 1978.
하인리히 리케르트, 윤명노 역, 《문화과학과 자연과학》, 삼성문화문고 26, 1963.
Dilthey W., *Die geistige Welt: Einleitung in die Philosophie des Lebens*, G. S. V, Stuttgart: B. G. Teubner, 1957.
Hare, Richard M., "Superveinience," *The Aristotelian Society Suplementary* Vol. 58, 1984.
Iggers, George G., *The German Conception of History*, Wesleyan University Press, 1984.
Kuhn, Thomas S., *The Structure of Scientific Revolutions*, The University of Chicago, 1970/ 토머스 쿤, 김명자 옮김, 《과학혁명의 구조》, 까치, 1999.
Meinecke, Friedrich, *Die Entstehung des Historismus*, München: R. Oldenbourg, 1965.
______ , *Machiavellism: The Doctrine of Raison d'Etat and its Place in Modern History (Die Idee der Staatsräson in der neueren Geschichte)*, trans., Douglas Scott, London: Routledge & Kegan Paul, 1957.
Meyerhoff, H. ed., *The Philosophy of History in Our Time*, New York: Doubleday & Company, Inc., 1959.
Mannheim, K., "Historicism," G. W. Remmling, ed., *The Sociology of Knowledge*, London: Routledge & Kegan Paul, 1973.
Popper, K., *The Poverty of Historicism*, New York: Harper & Row, 1957.
______ , *The Myth of the Framework: In defence of science and rationality*, Routledge, 1995.
Rand, C. G., "Two Meanings of Historicism in the Writings of Dilthey, Troeltsch, and Meinecke," *Journal of the History of Ideas*, xxv, 1964.
Rossi, Pietro, "The Ideological Valences of Twentieth Century Historicism," *History and Theory: Essays on Historicism, Middletown*, Connecticut: Wesleyan University Press, 1975.
Schnädelbach, H., *Geschichtsphilosophie nach Hegel*, München: Verlag Karl Alber, 1974.

존 롤즈의 자유주의적 관용론 박정순

[존 롤즈 논저]

존 롤즈, 황경식 옮김, 《정의론》, 이학사, 2003.
_____ , 장동진 옮김, 《정치적 자유주의》, 동명사, 1998.
_____ , 장동진·김기호·김만권 옮김, 《만민법》, 이끌리오, 2000.

Rawls, John, *A Theory of Justice*, Cambridge: The Belknap Press of Harvard University Press, 1971.

______ , *Justice as Fairness: A Guided Tour*, Cambridge: Harvard University Press, unpublished manuscript, 1989.

______ , *A Theory of Justice*, Cambridge: The Belknap Press of Harvard University Press, revised edn., 1999.

______ , *Political Liberalism*, New York: Columbia University Press, 2003.

______ , *The Law of Peoples* with "The Idea of Public Reason Revisited," Cambridge: Harvard University Press, 1999.

______ , "Justice as Fairness: Political, Not Metaphysical," *Philosophy and Public Affairs* Vol.14, 1985.

______ , "The Idea of Overlapping Consensus," *Oxford Journal of Legal Studies* Vol. 7, 1987.

[기타 논저]

구승회, 〈차이의 문명화로서의 관용: 마이클 월처의 관용 개념〉, 《철학연구》 제58집, 2000.

김상범, 《자유주의적 관용에 대한 연구》, 서울대학교 대학원 윤리교육과 박사학위논문, 2013.

김용환, 《관용과 열린사회》, 철학과현실사, 1997.

______ , 〈관용의 윤리: 철학적 기초와 적용 영역들〉, 《철학》 제87집, 2006.

김응종, 《관용의 역사: 르네상스에서 계몽주의까지》, 푸른역사, 2014.

마이클 월저, 송재우 옮김, 《관용에 대하여》, 미토, 2004.

박정순, 〈정치적 자유주의의 철학적 기초〉, 《철학연구》 제42권, 1998.

______ , 〈'현실적 유토피아' 실현을 위한 철학 제시해: 롤즈의 《만민법》〉, 《출판저널》, 2001.

______ , 〈머리말〉 황경식·박정순 외, 《롤즈의 정의론과 그 이후》, 철학과현실사, 2009.

______ , 〈제2부 롤즈의 정의론과 자유주의 대 공동체주의 논쟁〉, 《존 롤즈의 정의론: 전개와 변천》, 서울: 철학과현실사, 2019.

______ , 〈자유주의 정의론의 철학적 오디세이: 롤즈 정의론의 변모와 그 해석 논쟁〉

박준웅, 《롤즈의 관용론》, 중앙대학교 대학원 철학과 석사학위논문, 2006.

이일대, 《롤즈의 정치적 정의관에 있어서의 관용의 의미: "정치적 자유주의"를 중심으로》, 고려대학교 대학원 정치외교학과 석사학위논문, 2003.

장 자크 루소, 이재형 옮김, 《사회계약론》, 문예출판사, 2013.

존 스튜어트 밀, 서병훈 옮김, 《자유론》, 책세상, 2005.
칼 포퍼, 이한구 옮김, 《개방사회와 그 적들 1: 플라톤과 유토피아》, 민음사, 1997.
황경식 · 박정순 외 저, 《롤즈의 정의론과 그 이후》, 철학과현실사, 2009.
Cohen, Andrew Jason, "Toleration," *The International Encyclopedia of Ethics*, Vol. VIII, ed. by Hugh LaFollette, Oxford: Wiley-Blackwell, 2013.
Forst, Rainer, "Toleration," *Stanford Encyclopedia of Philosophy*, 2007.
Fotion, Nick and Gerard Elfstrom, *Toleration*, Tuscaloosa: The University of Alabama Press, 1992.
Gary, John, *Enlightenment's Awake: Political and Culture at the Close of the Modern Age*, London: Routledge: 1995.
Hampton, Jean, "Should Political Philosophy Be Done without Metaphysics?," *Ethics*, Vol. 99, 1989.
Hart, H. L. A., "Rawls on Liberty and Its Priority," *University of Chicago Law Review* Vol. 40, 1973.
Hinman, M. Lawrence, *Ethics: A Pluralistic Approach to Moral Theory*, Belmont: Wadsworth, 2003.
Hobbes, Thomas, *Leviathan*, London: Penguin Books, 1968.
Locke, John, *A Letter Concerning Toleration*, ed. J. W. Gough, Oxford: Basil Blackwell, 1946.
Mill, John Stuart, *On Liberty*, Harmondsworth: Penguin Books, 1974.
Pasamonk, Barbara, "The Paradox of Tolerance," *The Social Studies*, September/October, 2004.
Popper, Karl, *The Open Society and Its Enemies*, Vol. 1, The Spell of Plato, London: Routledge, 1945.
Shklar, Judith, *Ordinary Vices*, Cambridge: Harvard University Press, 1984.
Young, Iris Marion, "Rawls's Political Liberalism," *The Journal of Political Philosophy* Vol. 3, 1995.
Walzer, Michael, *On Toleration*, New Haven: Yale University Press, 1997.

하버마스의 소통 이성과 비판적 계몽 윤평중

윤평중, 《푸코와 하버마스를 넘어서-합리성과 사회비판》, 교보문고, 1997.
______, 《담론이론의 사회철학》, 문예출판사, 1998.
임마누엘 칸트, 이한구 편역, 〈계몽이란 무엇인가에 대한 답변〉, 《칸트의 역사철학》, 서광사, 1992.
Apel K.-O., *Towards a Transformation of Philosophy*, London : RKP, 1980.

Austin J., *Philosophical Papers*, Oxford : Clarendon Press, 1961.

______, *How to do things with words*, Cambridge : Harvard Univ. Press, 1975.

Habermas J., "What is Universal Pragmatics?," in *Communication and the Evolution of Society*, Boston: Beacon Press, 1979.

______, *The Theory of Communicative Action*, vol. 1, Boston : Beacon Press, 1984.

______, *Der Philosophische Diskurs der Moderne*, Frankfurt : Suhrkamp, 1985.

______, *The Structural Transformation of the Public Sphere : An Inquiry into a Category of Bourgeois Society*, Cambridge : The MIT Press, 1989.

______, "Toward a Critique of the Theory of Meaning," in *Postmetaphysical Thinking*, Cambridge : The MIT Press, 1992.

Horkheimer M. & Adorno T. W., *Dialectic of Enlightment*, N.Y. : Herder and Herder, 1972.

Searle J., *Speech Acts*, Cambridge : Cambridge Univ. Press, 1969.

Weber M., *Economy and Society*, vol. 1, N.Y.: Bedminster Press, 1968.

문명연구 총서 5

계몽주의와 근대문명의 재조명

초판 1쇄 인쇄　2025년 10월 25일
초판 1쇄 발행　2025년 10월 30일

지은이　이한구, 신중섭, 정용덕, 강학순,
정제기, 김현구, 박정순, 윤평중
펴낸이　김진상
편집　윤민혜, 한승희
디자인　양송희

펴낸곳　경희대학교 출판문화원
주소　서울시 동대문구 경희대로 26
전화　02-961-0106~8
팩스　02-961-0291
설립　1960년 9월 16일 제5-8호
등록　1977년 11월 8일 제6-5호
홈페이지　www.khupress.com
전자우편　press@khu.ac.kr

ISBN　978-89-8222-813-1
978-89-8222-662-5 (94300) 세트